回望驼城

茶叶之路的东方起点呼和浩特

邓九刚 著

内蒙古出版集团
远方出版社

图书在版编目(CIP)数据

回望驼城：茶叶之路的东方起点呼和浩特/邓九刚著.—呼和浩特：远方出版社，2015.9
ISBN 978-7-5555-0523-5

Ⅰ.①回… Ⅱ.①邓… Ⅲ.①商业史—呼和浩特市 Ⅳ.①F729

中国版本图书馆CIP数据核字(2015)第215224号

回望驼城——茶叶之路的东方起点呼和浩特

作　　者　邓九刚
总 策 划　苏那嘎
责任编辑　刘洪洋　王　福
装帧设计　徐爱东
出版发行　内蒙古出版集团　远方出版社
社　　址　呼和浩特市乌兰察布东路666号　邮编 010010
电　　话　（0471）2236471 总编室　2236460 发行部
经　　销　新华书店
印　　刷　北京振兴源印务有限公司
开　　本　710mm × 1000mm　1/16
字　　数　245千
印　　张　16
版　　次　2015年9月第1版
印　　次　2016年7月第1次印刷
印　　数　1—5 000册
标准书号　ISBN 978-7-5555-0523-5
定　　价　36.00元

守望青城文脉

——序邓九刚先生新作《回望驼城》

白朝蓉

新年伊始，《北方新报》在“精彩大草原”专版中开辟了一个专栏，隆重推出著名作家邓九刚先生系列文化散文《回望驼城》。从 2015 年 1 月 5 日起，连载数月，计划年内成书出版发行，并简要评介曰：“这是作家经数十年积累呕心沥血完成的一部重头作品，是为故乡呼和浩特立传的一部力作！”此消息让我眼眸一亮，精神一振，拊掌赞道：“真不愧高产作家，驼城之骄子也！”

对于邓公的作品，本人情有独钟。凡连载者必剪裁在案，先睹为快。《回望驼城》单行本拟由远方出版社于年内隆重推出。也许是“心有灵犀一点通”吧，半月前邓公约我为其新作写序，我欣然应允。因为在不知不觉中我已做了准备。我深信这是我们朋友 28 年间相逢相知的缘分使然。

邓九刚先生是呼和浩特人，1948 年出生，已迈入老年作家行列。但他始终是本土文化的守望者，几十年痴心不改，矢志不渝，且老当益壮。他是本土作家的代表人物，也是为家乡驼城树碑立传的史学家。在本书开卷第一章，他就深情地坦言：“我感恩于呼和浩特，我感激这座母亲城！我当然热爱它，当然要研究它！”可见称他为“驼城之子”是最恰当不过了。请看他以驼城往事为题材创作的中长篇小说的书目吧：《驼道》《驼帮》《驼路》《驼村》《骆驼歌》《大盛魁商号》《走西口》，还有著名的大型史学作品《茶叶之路》（我们原称为纪实性文学作品）、《复活的茶叶之路》等等，洋洋400多万字，哪一篇不是驼城旧事脱胎而来？哪一篇不沐浴着塞上驼城的光辉？当然，“驼城”只是邓公对家乡呼和浩特的昵称、爱称而已。其实，呼和浩特是一座历史名城：战国时赵国初建云中城；北魏建盛乐城；辽朝建丰州城；北元阿拉坦汗及三娘子建库库和屯城，明朝赐名“归化城”，她和18世纪70年代建成的绥远城合为一城，从清代后期到民国时期叫归绥城，至今已有400多年历史。直到1954年初，新中国才恢复了该城的蒙古称谓——呼和浩特（青城），并定为内蒙古自治区首府。

《回望驼城》分为“驼城寻梦”“归化城的桥”“茶叶之路在草原上的经济带”和“驼城的记忆”四章，每章有若干节，约23万字。本书内容极其丰富，涉及面广，无所不包。它集商贸、文化、政治、民族、宗教、民俗、伦理、自然、地理、历史、建筑等多方面内容于一体，是读懂呼和浩特的百科全书，是打开驼城神秘宫殿宝库的金钥匙和咒语“芝麻开门”。

呼和浩特还有一个雅号叫“召城”。本书的“召城归化”一节中有精彩的描述。据考证，当年归化城拥有87座藏传佛教的庙宇（即召庙）。民间流传的顺口溜有“七大召八小召，七十二个免名召”，“喇嘛点上数的三千六，点不上数的无其数”等，可见召庙众多，香火燎烧，盛况空前。同时，汉传佛教，道教的观音庙、城隍庙、关帝庙、财神庙等，同样香客不断。当年的呼和浩特老城（召城）中召庙、寺堂并存，也就是说世界三大宗教——佛教、伊斯兰教、天主教在此和睦相处、互相尊重、各行其教。此风一直延续至今，佛教的召庙、伊斯兰教的清真寺、天主教的教堂同处一城，共享盛世，已成为被各界人士称道的一大景观。

邓九刚先生的系列作品之间有很大的连接性、关照度。比如新作《回望驼城》一书的第三章专门写“茶叶之路在草原上的经济带”。这既与旧作《茶叶之路》相辅相成，又是新得史科的增添和思想内涵的延伸，可谓珠联璧合，相得益彰。其他带“驼”字的作品，都有这种“脐带”关系、基因关系、都运关系。这就叫文学特色、艺术个性和作家风格吧！

为了对邓公新作和整个创作活动有一个深入了解，有必要对《茶叶之路》问世至今的相关情况做简要的梳理与回顾，以飨读者。

2000年，《茶叶之路》第一版问世，揭开了被尘封100多年的茶叶之路的历史，开启了中、蒙、俄三国文化学者和经贸界人士的交流活动。4年后，南开大学米镇皮教授所著《清代中俄恰克图边境贸易》一书，用大篇幅讲了茶叶之路的往事；7年后，美国女学者艾梅霞也出版了一本内容相近的同名著作《茶叶之路》，并被翻译成汉文发行。这些足以证明茶叶之路是客观存在的史实。2008年，邓氏《茶叶之路》再版后，再版发行量猛增，台湾和香港还专门印制汉文繁体字版本，出现预期的轰动效应，令人鼓舞。中国文献出版社计划2015年下半年出版《茶叶之路》俄文版。

2009年阳春三月，经内蒙古党委宣传部批准，内蒙古茶叶之路研究会在呼和浩特成立，邓九刚先生荣任会长。自此，中、蒙、俄三国有关茶叶之路的研究会、学会及基金会，如雨后春笋，破土而出。在恰克图，在乌兰巴托，在乌兰乌德，在中国的福建、湖北、湖南、山西、河北、云南、内蒙古等省区，都相继成立了很多社团机构，可谓“繁花似锦，春色满园”。

《茶叶之路》不是小说、游记，而是独具特色的史学著作。它既有小说家的形象、生动，又有史学家的缜密、严谨，还不乏哲学家的深邃、敏锐。此著作不愧为历史的一面镜子，邓九刚不愧为以驼城为中心的地域文化的一部活字典！

鉴于《茶叶之路》一书的思想性、知识性、可读性、趣味性和文学性俱佳，2012年，该书被国家社科联等部门评为“全国百科优秀科普读物”。获此殊荣，实属不易。同年，由中央电视台科教频道牵头，蒙古国、俄罗斯参与录制的90集大型纪录片《茶叶之路》分期播出后，反响强烈。该频道节目部主任王晓斌不胜感慨地说：“一直以来，我们对于这条贯穿南北的茶叶之路知之甚少。科教频道希望可以为观众们再现这条传奇而悠远的古代商贸之路，进而了解中国的茶叶和茶文化。”

2013年，邓公的《复活的茶叶之路》由甘肃文化出版社出版，给“茶叶之路系列”作品又添新成员。这部22万字的作品，回忆了300年前茶道之盛况，记录了新世纪以来茶道复兴之盛事，拉近了古今茶道的距离，很值得研究者们一读。同年，由中华文化促进会、香港凤凰卫视联合主办的“2013年中华文化人物”评选中，杨鸿年、邓九刚、席慕蓉等12位华人文化翘楚获得本年度“中华文化人物”称号。在颁发典礼的评价中称邓九刚是“用脚步丈量万里茶道的作家”，为中华文化坚守做出了贡献。

熟悉邓公的人都知道，他花了将近30年的时间，从骑自行车穿行呼和浩特大街小巷，到骑马、骑骆驼或乘汽车到草原、沙漠和戈壁滩上，实地勘察古路径，什么驼道、羊道、马道、营道和驿道，都不放过；他走访驼道上幸存下来的老驼工、老商人及他们的后代，记录往事，搜集实物；他以小学生的谦恭，求教老学者、老前辈，解疑释惑；他在国内外查阅历史图文资料，认真细致，对史实反复核对求证，一丝不苟……“梅花香自苦寒来”，邓九刚先生的成就来之不易！事实雄辩地说明，邓公是茶叶之路史学的第一研究者，是茶叶之路概念与名称的第一命名人，是茶叶之路现代研究的奠基人和擎旗手，为万里茶道的研究做出了卓越贡献！

2013年5月，邓九刚的长篇小说《大盛魁商号》荣获第三届乌兰夫基金文化艺术奖的优秀作品奖。大盛魁是茶叶之路上的第一商号，是茶叶之路的命运共同体，曾为著名导演王新民执导的同名长篇电视连续剧提供了蓝本，受到了广大读者和观众的青睐，功绩被载入文学艺术史册。同年8月，茶叶之路研究会在呼和佳地举行了万里茶路运茶第一村（骆驼运茶）、麻花板骆运旧址纪念牌揭碑仪式。碑文上称，当年的呼和浩特拥有20万峰骆驼，呼和浩特的前身归化和绥远城才是万里茶道茶叶的集散地、中转站和茶道的枢纽，是运茶驼队的出发点和落脚地。邓公的贡献就在于还原了历史的本来面目。

自2012年在邓九刚会长的倡导下，第一届茶叶之路与城市发展（二连浩特）中蒙俄市长峰会成功举办，开国际茶路市长峰会之先河。接着组织了百峰骆驼“重走茶叶之路”的大型活动，120峰骆驼组成的驼队，穿越7个省、自治区和直辖市，历时14个月。第二年又以汽车自驾游方式，穿越亚欧十一国。其口号与实践都表明，此举也是重走“万里茶道”了。2014年11月，第三届万里茶道与城市发展中蒙俄市长峰会在福建武夷山举行，三国50多个城市的代表参会。新华社发新闻稿时称：“始于17世纪末，以武夷山下梅村为起点的万里茶道，经由中国八省和内蒙古，直至俄罗斯圣彼得堡，是与汉唐丝绸之路、西南茶马古道、宋元海上丝绸之路齐名的一条中西方物质文化交换的国际大通道。”从大视野鸟瞰，从大文化前瞻，从地理学透视，茶叶之路就是“万里茶道”的概念，已成为大家的共识。

值得欣慰的是2014年8月中旬，习近平主席访问俄罗斯时称茶叶之路为“万里茶道”；在访问蒙古国时对额力博格道尔吉总统说，历史上的草原丝绸之路和茶叶之路经济带和海上丝绸之路的倡议（简称“一带一路”），双方可以共同研究如何合作。国家主席将茶叶之路与草原丝绸之路并列，第一次公诸于世，意义非同凡响，需要我们认真领悟和全面解读。新华社在报道习主席访问蒙古国和中亚几国活动新闻通稿中的两段“注读”，有必要摘录于后，以供参阅。

“注读”一：茶叶之路连接哪些地方？从18世纪中叶至20世纪初，在我国北方草原有一条通向蒙古高原和西伯利亚腹地的“茶叶之路”。这条古代茶路的交通工具是骆驼，起点就在呼和浩特，途径乌兰巴托、恰克图等地，终点为俄罗斯贝加尔湖一带，横跨亚欧大陆，绵延万里。（见2014年8月22日《中国文化报》）

“注读”二：茶叶之路在俄罗斯境内继续延伸，经乌兰乌德、伊尔库茨克、新西伯利亚、秋明、莫斯科等地到达圣彼得堡。这条连接中外、跨越亚欧的茶叶之路，总长1.3万公里，成为闻名于世的万里茶道，创造了辉煌的商业奇迹。（见2014年10月16日《中国文化报》）

历史也是现实的老师。《回望驼城》对昔日情景的精彩回放，特别是第三章“茶叶之路在草原上的经济带”中“板申与茶叶之路经济带”等篇章，足以对当今中、蒙、俄三国及草原丝绸之路上的哈萨克斯坦等几个中亚国家的经贸活动，起到启迪与促进作用。随着时间向前推移，这些作用将更加显现，让我们翘首以待吧！愿邓九刚先生宝刀不老，夕阳奋蹄，驼铃脆响，为新丝绸之路经济带建设再立新功！

让我用曾写的歌词来结束这篇序吧：

草原之路，万里茶道。

大道致远，大道和畅。

大道昌明，大道利贞。

驼城之子，功莫大焉！

2015 年 8 月 10 日

草于青城

（白朝蓉系内蒙古自治区文化厅原厅长、内蒙古茶叶之路研究会名誉会长）

目录

导 言

茫茫的草原和丘陵，悠悠的戈壁和沙漠，梦幻般的驼铃，首尾不能相望的驼队，以及那些把性命掖在裤腰带上闯荡驼道的汉子和商贾们，就像一段永不消散的音乐，常常回荡在我的脑海。驼道、驼城的故事远离我们已经将近一百年了，但是他们创造的商业奇迹却镌刻在历史无形的纪念碑上，为人民所感念。

这本书向读者展示这份辉煌。我们相信本书对重塑呼和浩特历史形象，凝聚社会正能量，实现时代新梦想将会起到积极的作用。

第一章

驼道寻梦

一、驼道寻梦

还是在童年的时候，我就听父辈说过，在后草地曾经有过一条商道从那里穿过（我生活的城市呼和浩特北面横亘着一条山脉——大青山，从大青山北麓向北是绵延不绝的草原，被当地人称作后草地）。那是一条由商人和驼夫的双脚、商队中的骆驼与狗的绵软的蹄掌、马匹角质的硬蹄踩踏出来的道路。这条道路由归化城（今呼和浩特）出发，穿越茫茫的蒙古高原和极寒的西伯利亚大地，向着太阳沉落的西方挺进，越过欧亚大陆的分界岭乌拉尔山，一直通向欧洲的

清代茶叶之路示意图

历史名城莫斯科，可谓是迢迢万里。西伯利亚的劲风迎接着驼队，商旗发出的猎猎声响划破了荒原深处的沉寂；驼铃悠悠，惊散了栖息在草滩上的鸟兽，受惊的黄羊群奔跑起来，它们的黄色的脊背汇聚在一起就像涌动的潮水。这景象就像一个美丽的童话牢牢地印在我童年的记忆中。她就是驼道。

进入20世纪80年代，我已经长成为一个雄心勃勃的小伙子，我开始寻找她。冥冥中我觉得她一定会告诉我更多的故事。在她沿线的草丛中一定隐藏着许许多多的秘密。那时候我的本意是将这些传奇故事拿来用作我写小说的素材。作为一个作家，我把这条商道当作最珍贵的素材仓库。我相信驼道上所发生的那些传奇故事一定能帮我吸引住读者，事实上我真的写了许多"驼道小说"，像《驼道》《驼路歌》《驼村》《驼殇》《驼帮》《大盛魁商号》《走西口》等，加起来有300多万字。关于驼道的小说，我肯定还会接着写下去，因为这个素材仓库对于我来说真的是取之不尽，用之不竭。

但是对驼道的寻觅异常艰难和曲折。为了寻找她，我骑着自行车走遍了呼和浩特的大街小巷；为了寻找她，我或骑马，或骑骆驼，或坐汽车、火车，从呼和浩特到山西的忻州、太原、祁县、平遥、太谷，直到湖北的汉口；为了寻找她，我骑马走遍了内蒙古西部的草原和沙漠，在中蒙边界附近我迷失过方向，在乌兰布和沙漠里留下过我的足迹；我追寻的足迹沿着北京通往莫斯科的铁路一直延伸到俄罗斯境内……为了寻找她，我花掉了无以计数的美好时光，在将近30年的时间里前前后后访问过数千名长者，他们大都是从驼道上退下来的老商人和老驼夫，也有热爱呼和浩特历史文化的学者、专家。他们是业已逝去的世界的见证人和研究者，是本土文化的守望者。他们都是我非常敬重的人。

在呼和浩特市档案馆保存的那些几十年未曾有人触动过的落满尘土的历史文献的故纸堆中，在许许多多老人的回忆中，在法国、日本、俄罗斯（包括苏联）许多学者、专家的著述中，我找到了一个又一个证据，证明散布在大地上的驼道确确实实是存在的。她绵延了数百年，横亘在山西通往中原大地的山谷间，隐没在蒙古高原茫茫的草丛里，铺展在腾格里沙漠的沙海中，伸展在西伯利亚寒冷的荒野上。

其实，这条被呼和浩特人称作驼道的道路就是后来著名的茶叶之路。习近平总书记把她称为“万里茶道”。这些年关于挖掘茶叶之路文化遗产，复活茶叶之路的活动非常频繁，参与者除了中国茶界的人士，还有来自俄罗斯、蒙古国、美国、日本的专家、学者、企业家、学术研究机构研究人员、旅游界人士，一些地方政府也参与进来了。

今天，当我们谈论茶叶之路的时候，大家已经习惯将她放置于世界近代史和欧亚大陆广阔的时空背景之下加以考察和研究；否则，我们就难以认清她的真实面目，甚至会误以为她只不过是一条远离我们这个时代、商人们偶尔穿行的荒僻的小道。茶叶之路与丝绸之路存在某种本质的区别，或许可以这样说：汉唐以来，以长安为枢纽通往欧洲的丝绸之路，由于其悠久的历史和巨大的文化、政治影响而充满了绚丽的浪漫主义情调；而17世纪末清朝康熙年间，在世界上最大的陆地——欧亚大陆上兴起的茶叶之路，则自始至终洋溢着可贵的现实主义精神。

在整个清代，四通八达的驼道使归化城成为八方通衢之地。无论是中原、沿海、南方诸地，还是遥远的欧洲城市莫斯科，人们对归化城这个名字都不感到陌生。莫斯科人习惯把呼和浩特称作科科斯坦。400多年的漫长时间里，在北京、天津、汉口、库伦（今蒙古国乌兰巴托）、恰克图（俄罗斯城市，俄语意为“有茶的地方”）……人们每天都可以看到来自归化城的驼队。从北京、天津、汉口的老照片里都能找到骆驼的踪迹。

400年间，关于归化城驼运业的规模和发展，不同时期的文献有着不同的记载，但是有一条是确定的，那就是有清一代，呼和浩特是蒙古高原通往中原和西伯利亚的交通枢纽，驼道、羊道、马道、营路和驿道在这里纵横交错。追溯她的历史，可以在元代、唐代、南北朝甚至汉代找到她的源头。而在清代，当呼和浩特成为蒙古高原藏传佛教中心的时候，她很快就发展成为北方最重要的商城，随之形成物流中心，于是越来越多的从事驼运的商人和商号聚集在这里。

呼和浩特长时间地聚集着数量庞大的骆驼。据著名的史志学家刘映元先生撰文记述，呼和浩特在清代某一个时期拥有16万峰骆驼。毫无疑问，这个数字背后显示的是庞大的运力。而著名历史学家卢明辉先生在他的著作中记载，呼和浩特在清代某个时期曾经拥有多达20万峰骆驼。

卢明辉先生在他的著作《旅蒙商》一书中记载："捱至19世纪的后半叶，归化城专营驼业运输的字号尚有万盛泰、昌盛源、义和荣、元盛昌、兴盛茂、义昌瑞、福德堂、和盛公、福盛魁、万有堂、德厚堂、贵元堂等数十家。他们多则每个字号拥有骆驼七八百峰至数千峰，少则百余峰至二三百峰。还有数十家字号联合成立的驼业运输公会，名为集锦社。该公会拥有39家驼户会员。这些

现代驼队

驼业字号和公会，共计约拥有20万峰骆驼。其中，十四五万峰为常年‘跑外路’，即来往于外蒙古和俄罗斯各地，另有四五万峰驼为专门“走西路”的驼队。所谓“走西路”是指赴新疆古城、伊犁、塔尔巴哈台、乌鲁木齐等地以至远赴西亚各国的驼队。”

我在内蒙古档案馆的文献中查到，民国初年，呼和浩特的养驼户还多达500多家。这些养驼户散布在玉泉区、回民区、新城区的大街小巷，散布在呼和浩特周边的许多村落，如麻花板、厂汉板、攸攸板、水泉村等。那时候，这些村落都是地地道道的驼村。

驼道的繁荣来自于商业的发达。商业的发达来自于各地区社会发展的不平衡和经济发展的不平衡。就是说时代带给呼和浩特商业和物流崛起以绝好机遇。据不完全统计，从18世纪后期到19世纪60年代，仅在漠北地区定居的来自我国内地的商号即多达500多家，还有俄罗斯商人7000多人、公司30多家，再加上当地的蒙古族商人，活跃在茶叶之路上的商人加在一起达20多万人。这些商人不仅在归化城、包头、多伦诺尔（今多伦）等城市设栈经商，而且在库伦、恰克图、乌里雅苏台（今蒙古国城市）、科布多（今蒙古国城市）等地建筑了许多宽敞的店铺、货栈和住宅，形成了蒙古、汉、回、俄罗斯等族进行贸易交换的买卖城。

茶叶之路从明代万历年间草创，到民国时期衰落，经历了400年的历史演进过程。在此期间，“沙漠之舟”骆驼和辛勤的驼工踩出的驼道不只一条。记得我在20世纪80年代采访老驼夫们的时候，他们几乎人人都能讲出驼队的行进路线，简直是滚瓜烂熟：“……出了归化城，一路向北，过了达茂旗，走上几百里路就是戈壁。有18站没有河水，需要人工打井。这就是所谓的戈壁。走出戈壁不远，有一站叫好得赖，这里只有1口井。到了二十七召河才有河水。过了二十七召河就入了山。在乌里雅苏台东南路上，还有雪山。这条驼路路线长，很难走，要是自己没有大量的运输工具，或是有运输工具而没有丰富的经验和相应的设备，是不容易通行无阻的……”

茶叶之路以茶叶命名，其实茶叶只是代表，还有数量庞大、种类繁多的日用百货。向北流动的货物中，茶叶主要采自于福建、湖北、湖南、云南、安徽等地，而大量的粮食则是来自河南、江西，布匹和丝织品则是来自山东、江西和浙江，生烟、陶器、瓷器等来自河北、山西，面粉来自陕西，金属器皿和寺庙使用的供佛用品大部来自于江浙，绸缎、蔗糖则是产自两广……这些货物通过舟船、马车、驴、骡和骆驼完成远距离的运输，使得归化城、张家口、多伦诺尔等城市百货云集。然后又通过驼运把这些货物运往蒙古草原的角角落落，运往俄罗斯广袤的西伯利亚，直至欧洲腹地。据俄罗斯有关资料显示，从 17 世纪到 20 世纪，俄罗斯年平均进口中国茶叶达 60 万至 80 万担。

在清朝乾隆至道光年间，仅张家口一地，每年运往漠北和西伯利亚的砖茶即达 40 多万箱。以每箱装 27 块，每块重 1.5 千克计算，运量计 12600 多吨。运往喀尔喀蒙古的绸缎、布匹、茶、烟、糖等生活用品，计银约 2083.1 万余两。这是一条双向流动的河流，庞大的物流涌向北方的同时，也有由西伯利亚、喀尔喀蒙古通过归化城、张家口、包头、多伦等城市转销内地的各种商品，包括牲畜、皮毛、药材等，折银约 1767.5 万余两。17 世纪中叶以后，还有大量产自南西伯利亚乌金斯克的小麦输往中国内地。而通过归化城运往内地的商品，仅羊一项，每年就高达 50 万至 80 万只。

所以，清朝乾隆中期以后，由于茶叶之路上的经贸活动进入繁荣阶段，茶叶之路沿线都能够做到稳定畅通、站段固定，逐渐形成为我国内地与西北蒙地以及俄罗斯进行商贸的经济大动脉。

这就是习近平主席所讲的“中俄世纪大动脉”。

大盛魁商号是呼和浩特专事外贸较早的驼帮商号之一，大约始创于顺治、康熙年间，兴旺于乾隆时期。大盛魁创建人为山西省太谷县人王相卿和祁县人张杰、史大学等。总号设在呼和浩特，在武汉、长沙、包头、张家口、北京等地设有国内分号，在喀尔喀蒙古的乌里雅苏台、恰克图等地也设有分号。大盛魁商号自己拥有将近 2 万峰骆驼。大盛魁除了经营驼运外，还开有钱庄、票号、货栈、

行进中的运送茶叶的驼队

绸布庄、牲畜羊马店等。从业人员多达六七千人，年贸易总额 1000 万两白银。

呼和浩特地区与大盛魁齐名的驼帮商号还有元盛德和天义德。除了这几家超级商号，在呼和浩特专门从事对喀尔喀蒙古、俄罗斯贸易的中小商号还有百十多家。

在呼和浩特从事驼运业的还有一支重要的力量，就是回族人的驼运商号。回族是一个特别擅长经商的民族，他们从事驼运业的历史可以追溯到清代初期，只不过当时他们不是茶叶之路上的贸易主力。呼和浩特回族驼运业发展初期，主要以短途运输为主，自备几峰骆驼，贩运日用杂货，跑前山、后山，也就是武川、四子王旗、陶林（今察哈尔右翼中旗）一带，出售或换回山货和农牧产品。在大盛魁等大的驼商商号里，回族驼工和管理人员也不少。他们以自己的辛勤和经验，奔波在万里驼道上，为茶叶之路的开辟和繁荣立下了汗马功劳。

呼和浩特回族驼运业的鼎盛期出现在民国18年至民国26年，也就是1929—1937年之间。究其发达的原因大概是20世纪二三十年代，平绥铁路（北平—绥远）已开通，呼和浩特与内地，如平津等地被铁路连了起来。呼和浩特作为内地货物运往新疆和新疆货物运往内地的重要通道和集散地，其经济地位非常突出。据有关资料统计，民国19年至21年（1930—1932年），每年从新疆、甘肃、宁夏、青海运入呼和浩特，然后转运北平、天津的皮张达170万张，羊驼绒、毛等达2061万斤，各种药材达422万斤。其中，仅新疆运来呼和浩特进而转运内地的货物每年即达282吨。而由天津运来呼和浩特然后转运西北地区的货物运量与东运的相当，每年也高达272吨。例如民国21年（1932年），天津运到呼和浩特的货物计有洋布45715匹、土布87181匹、棉花12814斤、砖茶7735箱、其他类茶叶13485斤、冰糖59076斤、红白糖1320591斤，东西流向的货物的总价约817万元。

归化城规模大的驼户有数百峰甚至上千峰骆驼，规模中等的驼户有数十峰骆驼，小驼户有三五峰骆驼。大体上是汉族驼户少，每户养驼多；回族驼户多，每户养驼少。他们根据骆驼数量多少，组成大小不等的驼运店，自办短途运输或被人雇用。养驼是件很辛苦的事。母驼孕期13个月，一般春季产羔，接羔保育须十分精细。春季又要剪驼毛，一般每峰骆驼产毛8~10斤。清明节前后，要给骆驼灌大黄、绿豆汤、麻油等，以利清热消火。驼队回来后，要给骆驼放青，使其恢复体力。此外，还要经常对驼鞍、驼屉进行修理备用。驼屉是用驼毛制成的垫子，长约1米，宽约3尺。骆驼行进时铺在驼背上，防止驼背被磨坏。这种驼屉还有一个重要用途，就是驼队宿营，驼夫睡觉时把它铺在地上当毯子用——驼毛制品是很隔潮的。

在茶叶之路上，物资的长途运输全都依赖骆驼来完成。骆驼的优点实在太多，最让人喜欢的是性格温顺、善解主人意图且忠心耿耿，因而又有“义畜”之美称。骆驼可以骑乘、挽车、驮载货物，日行可达一百二三十里，挽用时每车可拉一千七八百斤，驮用时可载300多斤。骆驼在沙漠和荒原行进，可以一周不补水草，仍行动自如，这是其他动物无法做到的。骆驼从7岁成年后可役用，役用期长达30年之久。

以归化城为起点，通往漠北的驼道主要有3条，通往漠西的驼道有3条，通向蒙古东部草原的驼道有4条，通往京津冀、汉口的驼道有六七条。密密麻麻的驼道纵横交错，布满了草原大漠、平原山地。有的驼道为公众共享，而有的驼道则是某家商号独享的秘密路线。每条线路上的站段，在这几百年中虽有变迁，但整条线路走向大致是一致的。现在我把这些驼道简略地梳理一下。

从归化城通往漠北的驼道主要有3条，其中货流量最大也是最有名的是归化通往乌里雅苏台的驼道。如今的乌里雅苏台是蒙古国的一座城市，位置在蒙古国的西北部。无论是过去的400年里还是现在，乌里雅苏台的经济地位都十分重要。直到今天，她仍是蒙古国最重要的经济中心。乌里雅苏台的特殊还在于她是茶叶之路培育起来的一座城市，在驼道开通之前这座城市是不存在的。

从呼和浩特至乌里雅苏台的驼道全程约5320里，总共60站段。它从呼和浩特开始，经可可以力更（今武川）、召河、察汗讨勒盖、后白彦不浪、此老温圪楚、贝勒河、哈莫鸟素、塔拉赛汗至察汗乌素，从察汗乌素向北驼道进入喀尔喀蒙古地界，然后依次是章茂公、申圪龙兔、哈拉脑包、哈同不浪、圪图尔乌素、毕令达赖、合毕勒格尔、察不气执、十八圪台、台路闪月、不力圪速太、纳伦不浪、什洛图……以下各段站就不一一列出。

呼和浩特老辈人习惯把乌里雅苏台称作前营。这是因为康熙皇帝带领军队征讨噶尔丹的时候在这里扎过大营。

蒙古西部还有一座重要城市叫科布多，呼和浩特老辈人称其为后营（也和康熙征讨噶尔丹有关）。由呼和浩特至科布多的驼道，全程约6620里，总计73站段。呼和浩特至格里塔拉共54站，这54站和呼和浩特通往乌里雅苏台的站段重叠，长度约4950里。从格里塔拉开始，科布多路与乌里雅苏台路就分道了。从格里塔拉左拐向西行70里到达一个叫川镜的地方，然后经察汗哀勒更、古箭、天灵、心尔把子、阿达圪不贵、驼累口、奎素、雅素脑包、阿贵沟尔贝、可可河、札勒格、集勒盖哀更、乌兰不浪、札汗不浪、奥什、补伦、札康尔忽洞到达科布多。

呼和浩特通往新疆的驼道，当地人称作大西路。

大西路由呼和浩特至古城子（今新疆奇台县），共计72站，全程约5430里。这条驼道从呼和浩特开始，经可可以力更、召河、头号尔、黑沙兔庙、百灵庙、一棵衬、塔布板申、伊克淖、羊肠子沟、公忽洞滩、海流兔河、红古尔鄂博、黑沙兔、摩尔古沁、乌泥乌素、忽尔洞、挨力素忽洞、阿贵尔湖、赛圪帖尔。从赛圪帖尔向北就进入喀尔喀蒙古地界了。接下来是吉尔里卯独、保尔津、夹刚尔兔、勿蓝鄂博、拖累不拉、尔德尼不拉、勿兰忽洞、博尔丹梁、卯尔古沁、土不气、哈塔不盖梁、把圪力尔忽洞、红古尔岭、速力贡尔。这里需要强调的是，从速力贡尔站开始至哈拉纽独站，人称“三不管”地界，原因是草原上各个行政旗在这段地区相互之间并没有确定界标。加之这几站人烟稀少，常有土匪出没，驼队容易被抢劫。一般有经验的领房人经过这里时都要督促驼夫快走，所以这段驼道又被称作紧八站，意思就是驼队要赶紧走路。紧八站之后是乌兰淖、玉石洼、普圪贴尔、卯独鄂博、哈拉纽独、察汗讨勒盖、察汗不拉。忽洞科布尔、白彦科布尔、赛忽洞、锡钮乌素、速红兔、乌什克、小拖累、赶只汗卯独、红淖、甲拉盂、苏计、甲会、老龙鄂博……以下各站段也不一一列出。

呼和浩特通往新疆的驼路还有一条小西路，也是呼和浩特至古城子，全程约5470里，总共72站。从呼和浩特开始，途经站段有可可以力更、召河、头号尔、黑沙兔庙、百灵庙、乌兰不浪、库伦格尔、伊肯不拉圪、张茂忽洞、乌兰闪丹、赛忽洞、什拉哈达，从什拉哈达往北就进入喀尔喀蒙古地界了。小西路行至哈拉纽独，与大西路合并，以后34站与大西路行走同样的站段。

草原上的驼道不是固定不变的，它是随着时间的推移和政情或气象地理的变化而变化，在蒙古人民共和国独立以前，大西路、小西路一直是从呼和浩特前往新疆的主要驼运通道，它基本上是沿着内蒙古和喀尔喀蒙古的边界行走，时而在内蒙古，时而在喀尔喀蒙古。1924年，蒙古人民共和国成立后，呼和浩特的驼队不能再进入蒙古，驼队只能在极端困难的条件下，沿着旧驼路南侧中国边境一侧，重新辟出一条新的驼路。这条新的驼道是从呼和浩特出发经达尔罕、茂明安、乌拉特旗，然后入宁夏、甘肃，最后进入新疆。这条路主要是呼和浩特的回族驼工历经千辛万苦闯出来的。这条新路不但水草不好，而且经常会遇流沙阻挡，还时有劫匪出没。

以上这几条驼道是我在20世纪八九十年代访问了大驼商曹梦麟，领房人赵长子、刘瑞，老驼夫阎万山和文化学者郎正之先生等人后，将访问记录做了粗略的整理后得出的。当时赵长子老先生住在呼和浩特回民区大泊坑附近，他的孩子在体委工作。阎万山则是著名的驼村厂汗板的老驼夫。郎正之先生是回民中学的教师。由于时代久远，加之过去蒙古语地图与现代蒙古语地图所标地名有所差异，以及过去的喀尔喀蒙古语与现在的内蒙古蒙古语的差别，我所做的笔录难免会有疏漏，但是驼道路线大方向是不会错的。后来我还查过《归绥通志稿》，该书有关驼道的记载与老驼夫所述大致相同。

我访问过的老人里给我印象最深的是曹梦麟和刘瑞两位老人，他们全都是回族。曹先生是清末呼和浩特地区最大的驼商德厚堂最后一任大掌柜，号称呼和浩特的末代大驼商。而刘瑞则是呼和浩特最后的领房人，我访问他那年老先生已经高寿96岁。那时候刘瑞家住回民区宽巷子。其实我在少年时代就经常看见刘瑞老先生，20世纪五六十年代刘瑞老先生住在呼和浩特新城，他家与我家也只隔着一条街而已。刘瑞老先生也是我父亲的至交，都是在驼道上跌打滚爬过的人。

郎正之先生是大盛魁著名大掌柜段履庄的儿子段近民的同学。他告诉我，抗战时山西军阀阎锡山曾经朝大盛魁大掌柜段履庄借过钱。日本人占领归绥后，郎正之和段近民逃往重庆。临行前段履庄嘱咐儿子，如遇困难可以找阎锡山求助。但是当郎正之陪段近民在重庆找到阎锡山以后，阎锡山只给了段近民5块大洋。为此段近民伤心地掉下了眼泪。这个山西军阀不仅抠门，还不大讲信义。

驼队的组织结构大体是这样：一链子，又叫一把子，约十八九峰骆驼，由一个驼倌牵引。皮毛“房子”用一百五六十峰骆驼，也由一个驼倌牵引。

每顶“房子”的组织是这样的：有一位领“房子”人、一位班头、一位先生。班头负责引路、寻水及安排食宿的事。先生骑马，负责给骆驼治病和给马钉掌的事。领“房子”人负领导的责任，骑骆驼不骑马。因骆驼能多带些行李和食品，比较舒适。下夜和挑水做饭的营生全由驼夫轮流担任。一队骆驼带七八条或十来条巨獒，作为夜宿防狼之用。驼队走的时候，按人数预备两个月的白面、莜面、炒米和相当数量的黄酱、黑酱，同时还炒些猪肉炸酱和羊肉炸酱，吃光之后，随时在驼道上和牧人买羊，继续再炒肉酱。所有这些都找不到文字依据，全都是因袭习惯形成的。

二、驼城初创时

17 世纪茶叶才进入俄罗斯。在俄国沙皇伊凡雷帝时期，人们听曾去过中国的使者讲过关于茶叶的事情，俄国人只是模模糊糊地知道中国人非常喜欢饮茶。1638 年，蒙古土默特部首领通过俄国使臣送给沙皇米哈伊尔·费奥尔多维奇 4 普特（俄国重量单位，每普特相当于 16.38 千克）茶叶。这是茶叶第一次走进俄罗斯。当时俄罗斯无人知晓茶叶的用途。后来俄罗斯御医用茶叶治好了沙皇阿列克谢·米哈伊洛维奇的大肠疾病，于是茶叶在俄罗斯得到了认可，但起初只是被贵族当作草药。

这段发生在遥远的俄罗斯的故事与驼城呼和浩特、与阿拉坦汗的继任者存在着密切关系。是的，呼和浩特 400 年来的历史无论从哪个角度去谈论，都绕不开阿拉坦汗这个人物。他是草原 400 年来最重要的政治家，他实行的诸多政策对于当时以及后来草原社会的发展起着至关重要的作用。

1571 年（隆庆五年），明朝与蒙古土默特部之间达成了“隆庆和议”，建立了封贡关系，实现了和解，结束了长期的政治对峙和残酷的战争，结束了双方剑拔弩张、生灵涂炭的局面。

说起来容易，其实明蒙议和也不是一件简单的事。从 1541 年（嘉靖二十年）

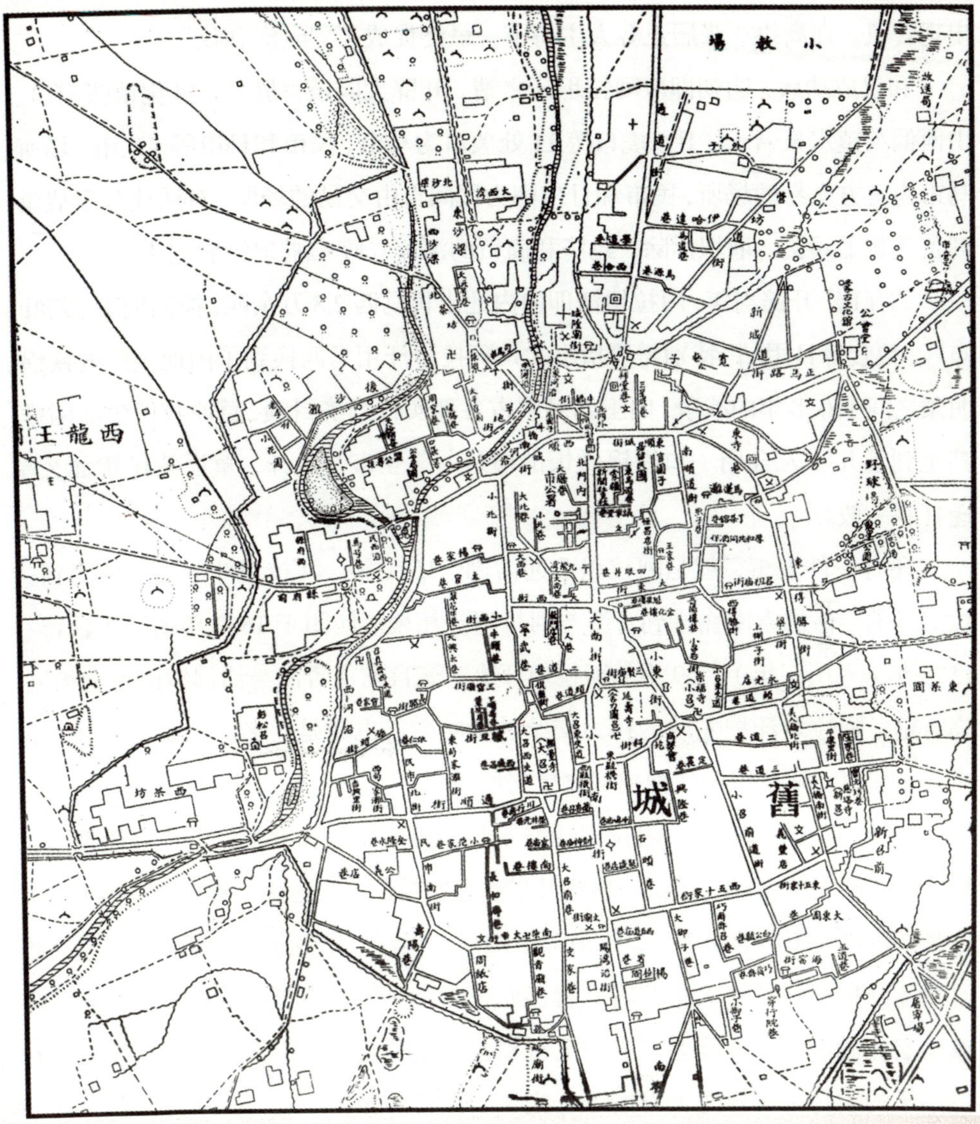

归化城地图

阿拉坦汗第一次请求通贡互市到 1571 年达成“隆庆和议”，中间经历了整整 30 年的漫长时间。在寻求和解的道路上，阿拉坦汗始终扮演了积极主动的角色。为了这一天的到来，他付出了几十年的努力。

1566 年（嘉靖四十五年），嘉靖皇帝死，明穆宗朱载垕继位，明蒙关系才出现转机。在高拱、张居正等人主持下，最终促成了“隆庆和议”。

和议成功后，明朝即应阿拉坦汗之请，开辟大同镇得胜口、宣化镇张家口、山西偏关镇水泉营、右卫杀虎口等 11 处关口为马市、民市和日市等“互市”场所。马市为官方交易的场所，民市和日市则为民间自由交易的场所。对话代替了战争，商贸代替了兵戈。堰坝拆除，经济和商贸的河流哗哗啦啦地流淌起来。

“互市”开辟当年，阿拉坦汗即向内地出售马匹 2.8 万余匹，换回绸缎、茶叶、布匹、粮食等日用品。特别需要指出的是阿拉坦汗用马匹换到了内地生产的铁锅。明蒙之间 100 多年的战争，明王朝对蒙古各部实行经济封锁，草原牧民生活困难，甚至到了几家人合用一口铁锅做饭的境地。“互市”一开，草原牧民犹如久旱逢甘霖一般。

还有一件大事，就是阿拉坦西迎活佛。1571 年，阿拉坦汗派出的使团到达拉萨，邀请活佛索南嘉措到青海与阿拉坦汗相聚。使团于 1572 年返回土默特。1575 年（万历三年），69 岁的阿拉坦汗决定亲自前往青海与活佛索南嘉措相见。临行前，阿拉坦汗把主政的权力交给钟金哈敦，也就是著名的三娘子。钟金提出建城建议，阿拉坦汗便把建城之事交给钟金。

1578 年，青海湖畔，阿拉坦汗终于与活佛索南嘉措相见。两人互赠明号，阿拉坦汗赠索南嘉措“圣识一切瓦其尔达赖喇嘛”（“达赖”蒙古语意为大海。这是“达赖喇嘛”的由来），索南嘉措赠阿拉坦汗“咱克喇瓦尔第彻辰汗”。当时跟随阿拉坦汗的一大批蒙古族青年剃度为僧。阿拉坦汗许诺，要在呼和浩特修建宏伟的寺庙，把释迦牟尼用宝石和金银盛装起来，天天供奉。1579 年，在三娘子的主持下，修建大召的工程完工。大召又称伊克召、无量寺。归化城于 1581 年（万历九年）建成，大召的建成略早于归化城。

据蒙古文《阿拉坦汗传》记载:“大名扬天下的圣主阿拉坦汗在水公猴年(此为藏历),就是汉历的壬申年,明隆庆六年(即公元1572年)召集举世无双的巧工名匠,模仿已失去的大都,在哈剌兀那之阳,哈屯河之滨,始建有八座楼和琉璃金银殿的雄壮美丽的呼和浩特。”文中的哈剌兀那即大青山,也就是阴山,而哈屯河则是黄河,都是根据蒙古语音标翻译过来的。

1581年,呼和浩特城基本完工,明朝赐名“归化城”。

归化城初建成时规模很小,周围只有二里半,城墙高二丈四,有南、北两

阿拉坦汗铜像

个门。那时候大召还处在归化城的南门外。归化城是阿拉坦汗梦寐以求的城池，是他追念先祖忽必烈，仿照元大都（北京）建设的一座城池。这座城池寄托着阿拉坦汗的政治追求和生活愿景。

归化城建成后，明廷封阿拉坦汗为顺义王，封三娘子为忠顺夫人，授阿拉坦汗以下百人以各级官衔。

归化城的进一步扩建发生在 1694 年（康熙三十三年）。当时，噶尔丹东侵，威胁到归化城的安全。而归化城因规模太小，不利于防御，于是清朝决定扩建城池。在原来的城围的东、南、西三个方向增建了一道外城，并增建了东、南、西 3 个城门。同时在 4 个城门处又加建了瓮城。新建的外城东西长一里，南北长半里，墙高一丈五。原来的南门被改建成一座漂亮的钟鼓楼。归化城扩建完工，噶尔丹却没有来，虚惊一场。塞上商城归化又回到往昔的生活轨道，每日早晨撞钟，傍晚敲鼓。所谓“晨钟暮鼓”说的就是这事。钟鼓轰鸣，成为呼和浩特人悠闲生活的一种写照。

大召建成后，明廷赐名弘慈寺。紧接着一场悲剧不可避免地上演了——北方草原最有影响力的政治人物阿拉坦汗溘然长逝。这位杰出的政治家去世的时间是 1582 年，享年 79 岁。

时光就像河流般地流淌，大召寺与归化城全都顺利落成，老迈的阿拉坦汗也驾鹤西去。之后三娘子主政掌兵达 30 年之久，约束蒙古各部，保持了与明朝的和平通贡互市关系。人们为了纪念三娘子，将归化城称为“三娘子城”。

呼和浩特地区第一次建庙高潮就发生在三娘子执掌权力的 30 年间。在 1581 年以后的 30 年期间，在呼和浩特地区一共建成了 16 座大型召庙。其中最有代表性的是无量寺、庆缘寺、灵觉寺、广化寺、崇福寺、延寿寺等六大寺。第二次建庙高潮发生在顺治到康熙年间，呼和浩特再建藏传佛教庙宇 46 座。第三次建庙高潮发生在雍正到乾隆年间，呼和浩特又增召庙 23 座。三次建庙高潮期间共建庙 87 座。弹丸之地耸立 80 多座庙宇，实属罕见。呼和浩特以“召城”闻名天下由此而起，真的是名副其实。

灵觉寺现在已经消失了。现在还完整保留下来的就是广为人知的大召，也叫无量寺。庆缘寺的俗名叫作乌素图召，坐落在大青山下的乌素图村，已经成为呼和浩特一个著名的旅游景点。

在400年以前，在呼和浩特这样一个草原都市里，能够建起这些精美绝伦的宗教建筑，应该说是城市建筑史上的奇观。所以很多建筑史方面和建筑艺术方面的专家都专门来研究她。

呼和浩特的寺庙和城市是同时建造的。建造这样一座宏伟的城市和这么多的召庙建筑，肯定是需要大量的工匠，不仅需要我们现在所说的打工仔、泥瓦匠、码砖的、烧砖的、木匠，还需要大量的设计师、高级画匠、高级木工等。比如修建大召和五塔寺时，为了塑佛像，居然会千里迢迢从尼泊尔请来高级工匠。

所有这些都需要经济的支持。

迅速开展起来的商贸往来使塞外和中原地区的交往频繁起来，大批民工、农民涌进草原。对此，阿拉坦汗一律表示欢迎，并且为他们妥善安排吃住。他们在阿拉坦汗和三娘子的指派下修建庙宇和城郭，开辟新的农田，同时大力发展手工业，改变了只有单一的畜牧业的经济结构。这个历史进程其实早在“隆庆和议”之前就已经悄悄进行了，阿拉坦汗曾经招募过许多从内地逃亡的反明的白莲教的部众，修建了宏伟的美岱召。

呼和浩特召庙的影响力不仅限于民间，它还影响了政治生活。我们知道，康熙皇帝来过呼和浩特3次。他把大召确立为自己的家庙。所以大召寺里没有活佛的塑像，只有康熙皇帝的牌位。每年春节的时候，在朔望日，绥远城的将军，归化城的道台，归化城内土默特衙署的都统，在归化和绥远两城的满、汉、蒙古各级官员都要集中到大召去朝拜皇帝的牌位——因为不能够面朝皇帝，所以朝拜皇帝的牌位。召庙影响了政治生活，政治生活也渗入到召庙中。

游牧是蒙古高原社会生活的主要存在形态，逐水草而居的现实让人们很少能携带大量财富游牧。而寺庙是少有的固定建筑，1000多座寺庙拥有超过1万栋古建筑，成为草原上最宝贵的建筑财富。每座寺庙还是当地的经济、文化、教育中心，数百年间积累的书籍、卷册、艺术品不可胜数，很多知识，像天文、地理、数学、医学等，就是从寺庙向外传播的。寺庙拥有大量金银器皿，是草原上财富的聚集场所。

作为蒙古高原藏传佛教的中心，呼和浩特的召庙在藏传佛教界，甚至在社会各个阶层中都具有极为强大的影响力。藏传佛教的召庙对广大人民的精神影响几乎是不分阶层、不分职业、不分年龄的。一个孩子出生以前，他的母亲要到召庙去求子、许愿。当这个孩子出生以后，要到召庙去请达赖喇嘛给他摸顶，给他起名。所以现在很多蒙古族或者汉族人的名字，都是从藏传佛教的佛经上取来的，都是藏名，比如僧格、呼吉格图，有的直接就叫达赖、葛根。

一个人从他出生、取名，到他的祖辈传给他的这种心理状态、这种信仰，从小就种在了他的心里。那么他对宗教的精神依赖和皈依的情感是非常深刻的。不管你是将军还是士兵，军队要不要出征、仗能不能打赢，出征以前，都要到召庙去祈福求安。商人做买卖，某一笔大单子接不接，合同签不签，他要到召庙去求佛，让佛祖保佑他买卖兴隆。一般的老百姓祈求出入平安、孩子健康，都要和召庙发生关系。一直到死，这种活动都不会停止。人死后，家人要请召庙的喇嘛念经，超度亡魂。所以说，呼和浩特的召庙对社会生活的影响是非常深远的。

商路开通使得呼和浩特商贾云集。呼和浩特作为南北货物的集散地，逐渐成为塞外有名的商埠。

板申犹如雨后春笋，出现在呼和浩特城市的四周。在呼和浩特周边的草原上，一个又一个村庄建立起来，这是阿拉坦汗专门安置内地来的农民、工匠的地方。这是一个呼和浩特独有的特殊现象。“板申”是蒙古语的缩写，本意是“房子”，后来引申为村落或聚居点。数以十万计的农民、工匠在各个“板申”安居乐业。蓝天下的草原召唤更多的人走向她。

这种盛况在《万历武功录·俺答列传》就有记载:“开云田丰州万顷，连村数百。”由此可见，那时候呼和浩特的手工业和农业规模已经相当大了。

紧随着“民工潮”，大量的商人、文化人、自由职业者走进了呼和浩特。

阿拉坦汗实行的社会与经济改革，在三娘子手里得到了继承和延续。建城郭，建板申，大力发展农业、手工业，通过多种经营搞活了经济，使草原社会的发展步入了快车道。加上阿拉坦汗西迎活佛，带领部众皈依藏传佛教，草原社会出现宝贵的安定祥和的局面，这是百年来草原儿女梦寐以求的事情。阿拉坦汗的梦想与草原人民的梦想聚合在了一起，理所当然地受到人民的拥戴。同时，阿拉坦汗善待从四面八方走进呼和浩特的农民和各类人才，从而也得到了他们的拥护和支持。

从呼和浩特建城的1581年算起，到1693年（康熙三十二年）茶叶之路正式开通，中间经历了整整112年。经过一个多世纪的发展，草原都市呼和浩特已经呈现出生机勃勃的景象，加之藏传佛教的迅速传播，使得呼和浩特在17世纪中叶已经成为一座地地道道的召城、一座地地道道的商城，成为整个蒙古高原政治、经济、宗教和商业的中心。

到了康熙年间，连接欧亚的国际商路——茶叶之路终于打通，作为茶叶之路的东方起点的呼和浩特，其商业日渐繁荣，城内城外店铺骤增，鳞次栉比，骆驼日夜穿梭于市，成为对俄蒙贸易的华商和蒙商的大本营。庞大的物流促成驼运业的大发展，于是“驼城”顺理成章地形成了。

呼和浩特作为驼运业的中心，其驼道向四面八方伸展，可谓是四通八达。驼道并非至乌里雅苏台、科布多、库伦、古城子就停止了，而是向前延伸，带着呼和浩特的商人走出了国门。例如呼和浩特通往库伦的驼道，从库伦向北出境到俄罗斯边境城市恰克图，然后沿贝加尔湖深入俄国西伯利亚腹地。再如呼和浩特通往古城子的驼道，从古城子向西行四站地到迪化（乌鲁木齐），再向西至伊犁或向西北至塔尔巴哈台，最后进入中亚诸国境内。

藏传佛教在蒙古高原的迅速传播，无意间也为商品和物流的发展铺平了道路。于是蒙古高原和西伯利亚广袤的大地就成为呼和浩特商人的大舞台。

老驼夫告诉我，大盛魁在鼎盛时期派出的驼队曾到过俄罗斯首都毛斯塔瓦

（莫斯科）。

那么作为呼和浩特商人的大舞台，16世纪、17世纪的西伯利亚是什么样的状况呢？西伯利亚1270多万平方千米的广袤土地上生活着数十个民族，他们大部分从事放牧、渔猎生产，生产方式十分落后。布里亚特人、科里亚克人、吉利亚克人、达斡尔人、鄂温克人、图瓦人、赫哲人、奥斯加特人、沃古尔人、铁勒古特人、涅涅次人、乌梁海人……他们大都过着简单而平静的生活。丰富的渔猎资源，简直就是取之不尽，用之不竭！但是他们还处在氏族公社阶段，经济落后，许多生活必需品都极度匮乏，比如粮食、衣料、医药、医疗等。

我国著名的维吾尔族学者包尔汉和冯家升两位先生运用许多史料，断定“西伯利亚”系“鲜卑”的音转。鲜卑大家当然熟悉了，乃是中国古代生活于北疆的一个民族，他们向西曾到达额尔齐斯河、鄂毕河中游一带。两位先生进而考证说，鲜卑又是一种瑞兽名，相当蒙古语的貊，即五爪虎，鲜卑人崇拜这种瑞兽，将它刻画在金属带钩上，以别于其他部落。

这种看法颇有见地。事实上，早在几千年前就有大大小小几十个民族在西伯利亚这块土地上繁衍生息，创造文明，他们是这里的主人。其中，许多民族在中国史籍中都有诸多的记述，同中国各族人民有着密切的交往，有些民族在某个时期曾经受中国政府管辖，是中央王朝的一个组成部分。

三、商城归化

一个成熟的商业城市归化城出现在蒙古高原的南缘。商业异常繁荣、商业行社众多是商城的重要标志。归化城的商会历史悠久。商会在清代早期被称作乡耆会馆。那时候乡耆会馆在社会上是有相当权威的民间组织。归化城内的所有商业行社，他们内部的“公议条规”都要经乡耆会馆审定才能实行。甚至有些民间官司诉讼，官府也会交给乡耆会馆处理。

呼和浩特老辈人说，归化城最早出现的工商业十二行是土默特左翼都统丹津从北京带回来的。都统属于武职，级别在将军之下。清代将军有正一品、从一品之分。都统属于从一品，大概相当于现在的副部级吧。可见那时候土默特的官员社会地位还是很高的。

归化城的工商业十二行可能仿照了北京的十二行设置。行社头目称总领，十二总领推举乡耆。会馆就设在归化城南门外的三贤庙内。

随着社会的进步、商业的发展，归化城的行社越来越多，分工也越来越细。

归化城北大街

最初是十二行，后增至十五行，接着又出现了外九社和票庄、借庄、茶庄、苏庄、府庄、京羊庄、羊马店、驼庄等。那时候的十五行社是衡义社（经营细毛狐皮、狼皮）、荣丰社（经营小羊羔皮）、威镇社（经营老羊皮）、毡毯社（经营制作毡毯）、集义社（经营鞋靴）、马店社（经营马庄）、福虎社（经营磨面业）、青龙社（经营碾米）、聚锦社（经营粮店、布庄和纸张业）、醇厚社（经营京货、估衣）、集锦社（经营外藩生意）、当行（经营典当）、仙翁社（经营戏园子、饭馆）、聚仙社（经营茶馆）和宝丰社（经营银钱行业）。

十五行社难以包容的行业还有三十家下行社：崇文社（教书匠）、纸房社（纸行）、公义社（纸匠）、六合社（磨面）、协意社（买卖字号伙夫组成）、诚敬社（店铺伙夫）、成衣社（裁缝）、福庆社（骆驼行）、兴隆社（羊马行）、东义合（羊皮匠）、西公义社（皮货行）、义合社（靴匠）、福隆社（京羊庄）、新疆社（专走西营的行社）、义合社（果木行）、骡店社（开骡店的）、鲁班社（泥瓦匠木匠石匠）、净发社（剃头匠）、金炉社（铜铁匠）、吴真社（画匠）、山货社（盆碗笤帚）、杂营行（木器）、银行（银匠）、染行、腊行、铁行、药行等。

据《归化城厅志》记载：“归化城市廛森列，梵宇如林，商贾踵事增毕，有名之社一百二十。”

商业行社在各自的会馆都供奉着自己的神佛，例如金银铜铁锡匠人供太上老君，木工供鲁班，裁缝供轩辕黄帝，画匠供吴道子，造纸的供蔡伦，书役供萧何，靴匠供孙膑等。各个行社的会馆一般多设在已经建成的庙宇，所以由各个商业行社搞的祭祀酬神活动也就很多。

驼运业应运而生。早在阿拉坦汗时代，沿着长城附近的一些城镇，如归化城、张家口、大同、隆盛庄、多伦诺尔、丰镇、包头、武川、河口等地，就出现了专门为商号驮运货物往来于蒙古各地的驼业行帮。以归化城为例，其驼业行帮都是有名有姓、有据可查的。比如集锦社，拥有驼户30多家，骆驼约10万峰左右，专营走漠北喀尔喀蒙古、漠西卫拉特蒙古等地客商货物往返运输。

这些驼运社团的发展非常迅速。据《归绥识略》记载，在归化城有“康熙中商民为抚远大将军费襄壮公（即费扬古）建立的生祠”，献匾者商号名称计有“集锦社乡总：天顺泰、永昌魁、天义昌、九如长、义兴魁”等。以上全都是驼运业行帮组织的首领商号。

说到费扬古，需要花些笔墨介绍。他是呼和浩特历史上一个重要人物。费扬古生于1645年（顺治二年），他的姐姐是孝献端敬皇后（即董鄂妃）。费扬古与姐姐一样，办事认真、为人谦和、追求完美。14岁时，费扬古承袭了其父三等伯的爵位。后追随康熙皇帝征讨噶尔丹。因在征讨噶尔丹战争中的贡献突出，他被康熙皇帝封为一等公。

从乌兰布通战役到噶尔丹兵败身亡，在长达7年的时间里，费扬古一直驻扎在归化城。由于他能约束部众，故军纪严明，深得民心。第三次讨伐噶尔丹的战事结束后，费扬古奉命调离归化城。当他准备开拔时，归化的商人、百姓

归化城北门

纷纷给他送行，不久之后即为他修祠立像，以纪念他在抗击噶尔丹、戍边卫民及绥靖地方的过程中所立下的功绩。

史志的记载与民间碑石的文字证明费扬古其人其事都是真实可信的。费公祠的匾额上用遒劲的王体书写的4个大字“德被商民”，就是对将军最好的铭记。可惜的是费扬古的祠堂如今已经不复存在了。

明末清初，归化城内的大南街、大北街、大东街、大西街、大召前、小召前、北门、南茶坊等地已形成商业街区，当时举众商之首的是天元号、宏图号、范家号，被誉为“三大号”。1696年（康熙三十五年）以后，又有大盛魁、元盛德、天义德等商号相继成立，实力大大超过老“三大号”，被誉为新“三大号”。随后，商界就有了自己的组织——崇厚堂。崇厚堂设立四乡耆，负责主持常务工作，维系各商社及其商号。

当时最大的商社是集锦社，它的商号多是走“大外路”的通事行。所谓“大外路”，指的是到乌里雅苏台（前营）、科布多（后营）、库伦及俄罗斯做买卖的商路。所谓“通事行”，是指用蒙古语或俄语做生意的商号。专做“大外路”生意的商号除了集锦社，还有青龙社、伏虎社等“七大社”“八小社”的商家。崇厚堂直接联系这15个商社及其所属商号，后来又增加了12个总领，协助四乡耆开展工作；总领由各社轮流值班。

在归化城为商号提供各类手工业加工产品的手工业作坊，也建有自己专业的社团行帮组织。此类行帮组织分门别类，有“七大社”“八小社”“九外社”之分。加入同业行帮组织的作坊、商号约有500多家。

以杂货、皮毛、米面、金融、运输、旅店、饮食、典当各自建立行帮社团者，名为“七大社”，包括宝丰社钱业23家、典当业12家、醇厚社杂货业80多家、聚锦社30多家、粮食经营业30多家、青龙社粮食碾磨坊30多家。

1781年（乾隆四十六年），归化城民间为新落成的费扬古生祠献匾额，署名的除了驼帮行社，还有杂货行乡总。其中包括信义店、义盛永、永盛锦、义和号、成锦号、晋会通，即这一商帮的首要商号。

20世纪30年代
归化城北门

“八小社”包括集义社靴业20多家、毡毯社毡房业十余家、威镇社革皮加工业30多家、生皮社牛马羊皮毛坊十余家、兴隆社驮马店业20多家、羊店社牛羊店业6家、献翁社饭馆十余家、聚仙社茶馆十余家。

所谓“九外社”，是指一些流动性较大的商贩。他们做生意没有固定场所。此类商贩在归化城约200多家，多为大商号的附属作坊。这些作坊有大有小，经营活动往往依附于“七大社”“八小社”进行。据有关记载，清代中期，归化城约有各类商号1200多家，而加入行帮社团者“不及500家”，可见不受行帮组织约束的商贾占多数。但是，凡“在社者始领牌照，有交纳商捐义务，受商会之保护。商捐分四等，缴纳每等，又分天地玄黄四级，多者月捐三两许，少者年捐市钱数钱文”。

彼时在归化城经商的人，也就是所谓三百六十行，行行都有各自的帮会组织。这是一个商业城市走向成熟的标志。

四、驼道早期的跨境贸易

其实在茶叶之路正式开通之前，地处蒙古高原北部的喀尔喀蒙古诸部也一直没有停止过与中原的贸易。他们每年都会派遣贡使率领人数众多的商队，前往张家口、北京进行贸易。1651 年（康熙八年），喀尔喀蒙古土谢图汗部一次派遣贡使率领的商队人数就达到 984 人之多。这些商队一般都由有地位的蒙古贵族带领。就是说蒙古贵族本身就是商人。

同时，清政府制定了蒙古各部王公的朝觐年班制度，就是规定蒙古各部已出痘症、不怕染病的王公贵族按人数多寡编定若干班次，每年各一班于年节时轮流进京朝觐，借以笼络蒙古王公，加强满蒙联盟，巩固边疆。蒙古王公贵族到北京值班、朝觐或赴五台山拜佛等来内地时，通常都随人数众多的商队前往。他们携带大量的牛、马、羊、骆驼等牲畜和毛皮等土特产品，在沿途城市像归化城、隆盛庄、张家口、北京等地进行贸易。

地处西部的卫拉特蒙古的商队前往北京，归化城是他们的必经之地。来自西藏的贡使团队也要经过归化城，归化城也是他们逗留、朝佛和贸易的场所。

其实，这些贡使团队名为向皇帝进贡，实则就是做生意。除了做生意，还要拜佛，外带旅游。所以这些贡使团队一般人数都很多。那时候归化城就是他们最为熟悉和经常落脚的城市。往往从喀尔喀来的贡使团队在归化城和张家口会逗留很长时间，吃喝游玩，看戏娱乐。还有就是朝佛——呼和浩特的藏传佛教庙宇是他们必须光顾的地方。

为安排来自漠北和漠西的商队，康熙初年，清政府在北京城内御河西南部设立了专门接待的里馆，在安定门外设立了外馆，专供蒙古各部贡使率领的商队住宿、交易。蒙古王公贵族和他们的商队在京进行贸易时，都须有“通事”（翻译）为其联络。当时在京城担任蒙古通事联络活动的人员，因其与蒙古商队接触日久，逐渐熟悉蒙古人在交易中的供求所需。他们中有的成为京城里商号与蒙古人交易的经纪人，有的成为自己经营蒙古贸易的商人，甚至有“霸占外藩贸易”的现象。

伊台斯商队来华路线图

1689 年，中俄签订了《尼布楚条约》，确定两国之间开展茶叶贸易。1692 年春，俄国沙皇彼得一世派遣由丹麦商人组成伊台斯商队赴华贸易。第二年春，伊台斯商队到达北京，康熙皇帝接见了他们并准许他们在北京进行贸易。1694 年春，满载着中国茶叶的伊台斯商队离开北京，并于次年春回到莫斯科。

此后，在京城蒙古商队住宿的里馆和外馆周围，逐渐开设了专供蒙古人贸易的各种商店，形成对蒙古贸易的商号行帮。

其实在这个经纪人队伍里，最多的是来自归化城的经纪人。他们大多是归化驼商商号的伙计。像大盛魁，它的伙计从进入字号起就开始学习蒙古语，有的还精通俄语和维吾尔语。他们商号中通事人才是很多的。

清政府规定，蒙古贡使商队来京贸易，必须在贡物上交、清廷颁赏以后才能进行。先由礼部行文户部，出告示委官监督。贸易活动分为官市和商市两种形式。官市是由清政府拨库使以库银或库储之绸缎、布匹、茶叶等货物，与蒙古商队进行交易。商市是清政府召集富商大贾，对蒙古商队的畜产品等货物实行包揽贸易，或者通过“通事”由商队直接与经营蒙古贸易的商号进行贸易。同时，清政府规定，蒙古商队在归化城、张家口、肃州等地进行贸易活动时，也要在当地官府监督下进行。但是，无论官市或商市，都要由双方交易者共同议定货物的价格。同时，有些物品朝廷是禁止向蒙古商队出卖的，比如黑色、黄色、紫色和大花缎以及烟硝、牛角等。而来自草原的马匹则是不允许民间交易的，贡使商队只能与朝廷交易。

喀尔喀蒙古和卫拉特蒙古的商队进入北京做生意的时候，由归化的商人替他们做通事和中间商，实际上在茶叶之路的北段和西段，他们自己早就做了驼道贸易的中间商。他们每年都驱赶着大批羊、马、骆驼等牲畜到归化去，和当地的商人换取茶叶、丝绸等货物，除自己使用的以外，他们将大部分商品运到西伯利亚的城市去销售。这种贸易的数量是非常大的。

早在1574年，俄国沙皇在给管辖托博尔斯克、托木斯克和塔拉等地城堡的总督和军政官吏的命令中规定：“凡布哈拉（指在喀什噶尔、叶尔羌和巴尔喀什湖地区居住的信仰伊斯兰教的突厥语系的商人）、卡尔梅克（俄国文献对卫拉特蒙古的称谓）和哈萨克等族的人携带商品前来的，可准许他们免纳税金进行贸易。”

沙皇政府在征服西伯利亚地区初期，通过这种免税贸易来鼓励边境贸易的发展，一方面是为了解决当时边境地区俄国驻防官兵和移民日常生活用品供给困难的问题；另一方面是为吸引中国内地商人，发展与中国的贸易关系。自1574年布哈拉、蒙古商人获准到托博尔斯克、托木斯克等城镇进行免税贸易后，1596年，他们又获准到塔拉、秋明、叶尼塞斯克等城堡进行免税贸易。到17世纪初，塔拉、秋明等地发展成为新兴的商埠，俄国在西伯利亚地区的行政中心城市托博尔斯克，已经成为俄国与中国西北边境贸易的交易中心之一。同时，开辟了俄国商人从托博尔斯克经伊斯母河、额尔齐斯河中下游流域到天山北麓蒙古准噶尔部的贸易路线。不过，这时往西伯利亚经商的中亚商人规模还不是很大，据说，1636—1672年间，布哈拉商人的商队到达托博尔斯克共16次，商队成员共308人。

这一时期，俄国商人在色楞格斯克、涅尔琴斯克（尼布楚）和祖鲁海图等中俄边境城镇，常常与来自中国内地的商人进行贸易。在西伯利亚南部边界与蒙古沙漠之间的鄂尔浑河与土拉河汇合处附近（今蒙古国与俄罗斯交界处），常常可以看到游牧的鞑靼人的帐篷，俄国商人和中国商人每年都在这个地方举行集市，双方把各自的货物运到这里来出售，直到卖完为止。

重要的是这些事发生在1574年“隆庆和议”之后。由此我们可以推断，这些来自中国内地的商人应该是归化城的商人，至少他们中的大部分是来自归化城的。

同时，大大小小的驼商还把从中原地区运来的大量的绸缎、丝绒、布帛、茶叶、烟草等商品，同当地的布里亚特人、萨彦人、达斡尔人和蒙古人等边境地区的游牧民、猎民等交换鹿皮、麋皮、紫貂、海狸皮等贵重、轻软的野兽裘皮。你来我往，走顺了脚的俄罗斯商队自然而然就进入了他们称为“科科斯坦”的城市呼和浩特。喀尔喀诸部的商队更是在呼和浩特与漠北之间频繁往来。被蛛网般散布的驼道联系在一起的亚洲腹地，成为毫无阻隔的商业大平台。商业的道路、商业的网络、商业的人流、商业的信息把广袤的大地结成一体。

下面一段文字是我从俄罗斯文献中找到的，很有意思，我把它录下以飨读者。

1616年，托波尔斯克将军伊·斯·库拉金奉沙皇米哈伊尔·费多罗维奇之命派遣塔拉城的哥萨克阿达曼瓦西里·丘麦涅茨和十人长伊万·彼得罗夫·捷库季耶夫到阿勒坦汗那里去，目的是要探听前往中国的道路和解决向俄罗斯缴纳毛皮实物税的吉尔吉斯人、卫拉特人和铁勒乌特人遭受阿勒坦汗袭击的问题。使节们去到设在乌布苏诺尔北岸附近的阿勒坦汗大本营，在帐篷的喇嘛庙中受到汗的隆重接待。

阿勒坦汗当着两个使臣的面举行了参拜佛教诸神的仪式，而两个使臣则误以为是向俄罗斯沙皇宣誓。但阿勒坦汗当时非常强大，所以是不会加入俄罗斯国籍的。

瓦西里·丘麦涅茨留在阿勒坦汗大本营的时候，遵照对他的指示详细询问了中国情况，打听到这个国家的居民和他们的宗教信仰以及中国人的一些贸易关系和“作战方法”。

瓦西里·丘麦涅茨回到莫斯科后报告说，中国位于海边，距离蒙

过去的库伦茶叶交易场

古有一个月的路程，是个强大国家，统治者是居住在高大的砖城中的台本皇帝。中国人制造的产品有丝绒、绸缎和各种丝织品；国中富有金银。中国的军事力量是强大的，武器为弓和矛，但也有火枪和大炮。

莫斯科对瓦西里 · 丘麦涅茨和伊万 · 捷库季耶夫的旅行结果非常满意；参加旅行的人获得珍贵的赏赐，并蒙赐给大贵族之子的称号。

阿勒坦汗在由专使送往莫斯科的国书中答应向导俄罗斯人经过蒙古领土到中国去。他请求沙皇给他带回银器、珍珠、二十支火枪和两把军刀。专使们是随同瓦西里 · 丘麦涅茨一起来到莫斯科的，沙皇殷勤地接待了他们，赠予了礼品，并像对待加入俄罗斯国籍的臣民那样给了阿勒坦汗以沙皇的恩赐。（普 · 季 · 雅科夫列娃. 1689 年第一个俄中条约 [M] .贝璋衡，译.北京：商务印书馆，1973：84–85）

这是《1689 年第一个俄中条约》中的一段文字，是苏联历史学家普 · 季 · 雅科夫列娃写的一本重要著作。作者在书中关于阿拉坦汗的记载曾经让我困惑多时，后来我在仔细查阅了历史档案之后终于明白了，普 · 季 · 雅克夫列娃书中记载的 1616 年时与俄罗斯使臣接触的阿拉坦汗，其实不是阿拉坦汗本人。

阿拉坦汗在 1582 年去世。他的长子辛爱黄台吉继承了顺义王的王位。辛爱黄台吉逝世于 1586 年卒，其长子扯力克嗣位。1607 年，扯力克去世。1613 年，其长孙卜什图正式即汗位，即博硕克图汗，明朝亦承认他为第四代顺义王。所以，1616 年俄罗斯使臣见到的“阿拉坦汗”是阿拉坦汗的曾孙博硕克图汗。我终于知道了，俄罗斯人习惯把“阿拉坦汗”当作是一个永久的称号，而不是一个人的名字。明白了这一点，我们不但能理解普 · 季 · 雅科夫列娃的记述，而且能理解其他俄罗斯学者的书中关于俄罗斯使臣在 1616 年在呼和浩特会见“阿拉坦汗”的记述了。

俄罗斯使臣到达呼和浩特的这一年，三娘子逝世。熟悉历史的人都知道，土默川的政事在阿拉坦汗去世以后主要是由三娘子执掌的。

五、召城归化

历史上呼和浩特和蒙古草原经历了明朝末年、顺至到康熙年间和雍正到乾隆年间 3 次建庙高潮，总共建成了 1268 座藏传佛教庙宇。这个数字是 1900 年有关方面的统计，清代中期召庙的数字应该比这个要多。其中光是归化城就拥有 87 座藏传佛教的庙宇。关于召庙的民谚流传很广，有“七大召八小召，七十二个免名召”，“喇嘛点上数的三千六，点不上数的无其数”等。所谓“点上数的喇嘛”是指在清朝理藩院注册领取津贴的喇嘛。彼时藏传佛教在归化和草原盛行一时，市民、官场、军营中的信仰者很多。

人口在增加，宗教在传播，商业随之繁荣，城市也在社会潮流的推动下发生变革。归化城由召城向商城迅速演进。召庙与商业从一开始就存在撕扯不清的关系，召城归化商铺的前身无一例外的都是庙产和庙地。

归化地方的行政建制也有许多变化。1723 年（雍正元年），清朝把归化城划归山西朔平府管辖。同属朔平府管辖的还有雁门关北的朔州、马驿、左云、右玉、平鲁。归化城设理事同知，管土默川的汉民与归化城商镇。

1741 年（乾隆六年），清朝又在山西原来的河东、冀宁、雁平三道的基础上增设归绥道。民间常用“富、贵、贫、贱”四字来形容这四道。河东为“富”，因为道台兼运城盐运使，那里财政收入丰厚。雁平道管辖雁门关以南宁武、大同、朔平等地，这一带土地贫瘠，称为“贫”。冀宁道的道台衙门设于太原城，在巡抚、布政使、按察使的眼皮子底下做事，日子不是很好过，故称为“贱”。而归绥道因道台多由满族贵族子弟担任，这些贵族大都束着代表宗室身份的黄带子，故谓之为“贵”。

这个时期归绥地区行政机构是七大衙门并存，它们分别是土默特左旗都统衙门、土默特右旗都统衙门、归绥道台衙门、归化城二府衙门、管监狱的巡检衙门、绥远城将军衙门、绥远同知粮饷府。这七个衙门以绥远城将军衙门最大。

归化城内商铺有多少？并不太多，大概是 300 到 500 家。大北街、大南街有 200 多家。城里城外加起来超过 1000 家。

归化城的召庙和市民生活息息相关。对百姓、官员、军队和商人的精神生活的影响非常深刻。每到除夕夜，喇嘛游行的队伍在夜幕降临的时候就开始了。游行的队伍中有跳查玛的表演，有巨型模型展示，比如大象、长颈鹿，还有佛像，

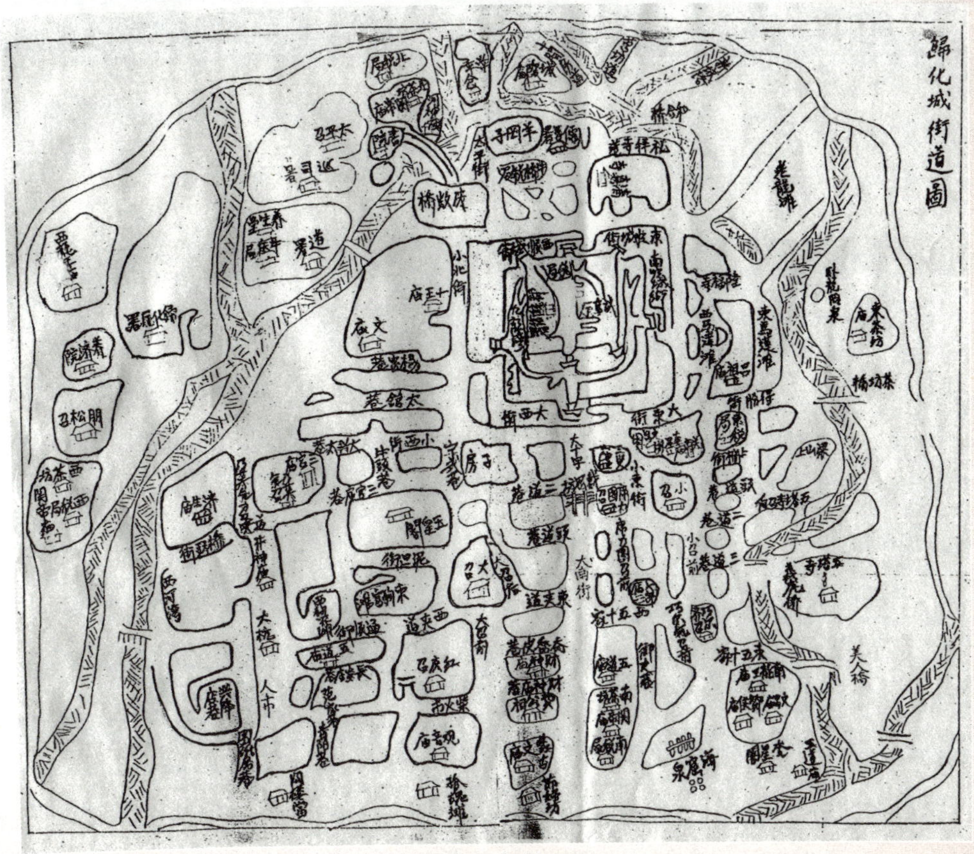

归化城召庙分布图

小召

全都是3米到5米以上的。沿途民众随行，从大召到西龙王庙，最后到慈灯寺（即五塔寺）。一路走下来到达五塔寺的时候天就快亮了。然后在五塔寺门前的广场表演，成为全城百姓的狂欢节。藏传佛教对生活在归化地区各族各界百姓产生了深远的影响。

召庙拥有大量的土地、牲畜和其他财产。比如庆缘寺在土默特有6万亩土地，寺庙周围有200亩一等土地；长寿寺有630多亩；法喜寺有牧场2000多亩、耕地33300亩，是四子王旗王爷为感谢法喜寺的当家喇嘛给自己的福晋治好了病而赠送的。庆缘寺在归化城里有出租商用房屋36处，581间；席力图召在小南街有铺面房50多间；长寿寺在小北街、大西街、大召前等地有铺面房15处，231间；法喜寺在吕祖庙街、小西街、大东街等地有房产21处，318间房屋；大

大召（无量寺）匾额

召在归化城内有 817 间房屋。

大批内地商人涌进归化城，商业日益繁荣，商业用房需求量极大，于是召庙就把土地和房屋出租给商人。据有关史料记载，归化地皮月租金高达2000个“当十钱”。数以千计的房屋做什么了？全都做了买卖人的店铺！就是说召庙也是商人的东家。有的召庙还有众多牲畜和牧场。

大召广场是最大的露天市场，那里有各种生意摊，还有杂耍演出，是归化城最热闹的所在。每当夜幕降临时，就会有两个小喇嘛从大召的东仓小门走出来，抬着一个箩筐，走到正在收拾摊子的买卖人跟前，双手合十道：“掌柜的发财！”买卖人就回答：“师傅辛苦！”说完，买卖人就随手朝箩筐里丢几个铜子儿。丢几个都行，出家人不爱财，多少都行。约定俗成，这是大召的地皮费，就是租金。

呼和浩特的五塔寺是一座神圣的藏传佛教庙宇

买卖做得好，给召庙的租金就多；买卖不好，召庙收入就少，所以召庙盼着生意人买卖兴隆。

召庙按当时的物价，每一座建筑每月收租 300 ~ 2000 个“当十钱”不等，空地皮则收 75 ~ 500 个“当十钱”。

当时归化城城里城外土地、房屋大半属于召庙，于是召庙成为当时最大的土地占有者。此外，他们还拥有离城较远的大片的牧场。

据《东部蒙古》一书记载，自 1820 年（嘉庆二十五年）至 1850 年（道光三十年），“归化城僧侣的生活，极为放纵。格根、呼必勒罕、管理者及高层僧侣，为了得到些许官位，年班进京需巨额赠品费；而家居奢侈更甚”，因此“寺院经费乃称缺乏，以致用未来收入为抵押而借款”。

召庙另一增加收入的办法是不惜将附近所属空地辟为街道，在街道两旁不断地修盖房屋，以致将通行的胡同挤得十分狭窄。在这种情况下，各召庙内部不断发生纠纷，特别表现在呼图克图“转世”的问题上。其结果是许多召庙的呼图克图“转世”停止或长期中断。在这种困顿的情况下，许多失去生活来源的下层喇嘛开始走出召庙，自谋生路。他们移居召外或附近村落中。在归化城，只要走出召门就算是走进了市场。大召前的广场就是市场，从大召通向席力图召的道路两侧全都是市场。这些喇嘛自然而然就变成为驼夫、买卖人或牙纪。角色转换了，但是生活的环境和内容改变不大。一天到晚耳边听到的仍然是晨钟暮鼓和市场的喧嚣，闻到的仍然是骆驼、牛、马、羊身上散发的永不消散的腥臊味儿。对他们来说，世俗生活与僧侣生活只是一步之遥。

说到召城，呼和浩特以召城—商城—驼城的发展脉络，400 多年来已经形成了自己独特的城市文化。我们称其为特色。那么呼和浩特的文化特色究竟是什么呢？我以为，草原文化是其底色，而藏传佛教文化中也渗透了草原文化的内容。其次就是无处不在的“桥”所凝结成的商业文化，还有驼文化。这就是呼和浩特城市文化的特色。宗教的精神、商业的精神是呼和浩特的传统城市精神。包容、平和、坚忍、闯荡是她的特质。而驼道是她最好的表征。骆驼的忍耐、负重、内敛、平和是呼和浩特城市精神的外延。宗教的向善，商人的求和，在几个世纪的磨合中得到融合。这种精神气质已经渗入一代又一代呼和浩特人的血脉骨髓之中，是任何外在的力量都改变不了的。

六、驼道生涯

草原、戈壁、大漠、山峦，在北方的大地上，驼道四通八达，驼队往来不断，一派繁荣景象。可是驼工和驼商在驼道上的生活却是异常艰苦。对此，《绥远通志稿》卷六十九曾做过这样的描述：

至与西北省外交通，则视内地情势大异。中经大漠，流沙塞途，气候寒冷，非独人烟稀少，水草亦多恶劣。沿途所经各站，且多不毛之地。牛马当之，势难远行，遑论负重？故西北商运大道，皆驼路也。以驼能耐饥渴而利行沙也，俗谓之旱船。凡以驼行，以饮料定站口之标准。遇水草缺乏，站程必大，或隔一站，或一二站，始达有水草处，名曰干站。将入干站，则用长形水桶，预储饮水以行。亦不能多携，仅敷人用而已。或站有一井，水量无多，聊以济人饥渴，驼只不能偏领，则各啖盐少许，救其困渴，以渡此干站。而其精力固无伤也，数日弗饮弗食仍能负重以行，绝非他畜所可比拟，誉为旱船，意在此乎？行驼路者，每至一站，驼夫扎帐幕既定，拾薪汲水，各司其事，坎地为灶，出釜作炊。其宿也，大帮备有帐篷，或尽露天而眠。驼只则分班轮牧，昼息夜行，日以为常，即有村庄，概不投止。往返行程，皆需数月始达。每当冬令，路远天寒，夜宿幕中，坚冰或在身底，大雪或没卧驼，堕指裂肤，殆为常事。俗谓其生活为“铺冰盖雪之营业”也。

这种严酷的环境要求驼队一定要有严密的组织和严格的纪律，也就是民间所说要有规矩。归化是个讲究地方，无论什么行当都要讲究规矩，驼队驼帮当然也不例外。那么远行的驼队都有些什么规矩呢？他们的组织结构是怎样的呢？据我采访的老驼夫讲，驼队结构是以一链骆驼为单位，一般以18峰骆驼为一链，几链骆驼又组成一顶“房子”。“房子”并非是真正的房子，而是指驼队用的帐篷。

说到驼队的“房子”就有意思了。在归化，“房子”还是一个计量单位，就像“桥”一样，已经远离它本来的含义了。市面上，当人们谈论某家商号往什么地方运了多少货物，就会问：“走了几顶‘房子’？”运羊的驼队前面就加个“羊”字，运马就加个“马”字，运毛皮的驼队就在前面加“毛皮”两字。再往细了说，人们会问："走的是大'房子'、中'房子'还是小'房子'？"

这就又涉及"房子"的规制。归化城驼帮使用的"房子"又分大、中、小3种。大"房子"包括驼夫14人，再加上领"房子"人和锅头2人，总共16人，约230峰驼。小"房子"约100峰驼。每顶"房子"的驼工多少，视"房子"大小而定。所谓"把子"，是指驼工在装卸货时，两人一组，分站货驮的左右，一起抬驼驮。所以驼队里是谁也离不开谁。中"房子"为5把子10人，加领"房子"人、头儿2人，共12人，管理约180峰驼。小"房子"为3把子6人，加领"房

20世纪30年代呼市旧城驼运社（内蒙古摄影家协会收藏）

子”人、头儿各1人，共8人。驼队远行，领“房子”人和头儿每人备马1匹，其余人员一律步行。

狗是驼队远行时必不可少的配备，一般大“房子”带狗六七条，中“房子”和小“房子”带狗四五条。狗也能成为计量单位。内行人只要打听清楚驼队带了多少条狗，就能判断出驼队的规模、运货的多少。

初到归化的人听当地人说事儿，常常如坠云里雾里，什么“走了几顶‘房子’”、“走了几顶马‘房子’”……不清楚“房子”怎么还会走路。

驼队分工很明确。领“房子”人是整个驼队的总负责，他的职责是带领驼队走正确的道路到达目的地。如遇地理、气象、匪情或其他特殊情况，领“房子”人得随机应变，把驼队带出危险地带。每天驼队朝什么方向行进，走多少路程，在什么地方扎房子休息，这些全都由领房子人说了算。可以这样说，一支驼队驼夫的性命、货运的安全，就全在领“房子”人的肩上担着呢！一旦有什么闪失，他就得吃不了兜着走。

一支驼队动辄数百上千峰骆驼，再加上所载货物，其价值往往有数万甚至数十万、上百万两白银之巨。如遇领“房子”人迷了路，把驼队带入绝境，很可能导致驼队全军覆没。这种情况一旦发生，在归化城的货主和驼夫家属就会找到领“房子”人家里。倘若领“房子”人活着回来，那就得砸锅卖铁赔付人家，要是领“房子”人也死了，其家属得负责到底。所谓父债子还，夫债妻还，没有能力偿还者只有一条路，就是以死抵债，别无选择。这也是归化城约定俗成、不成文的规矩。

因为领“房子”人责任重大所，所以获得的酬金也比一般驼夫要高出好多。领“房子”人属于驼运行中的上等人，走到哪里人们都得高看一眼。就算去吃烧卖，领“房子”人走进茶馆，多数人都得起身让座。这是一种尊重。

领“房子”人身上凝聚着驼运行数百年积累起来的经验和智慧。试想一下，零下30摄氏度的低温，在大雪茫茫的草原上，北风呼号，能带领驼队远行千里，安全抵达，谈何容易！冬天有白毛旋风，夏天有沙尘暴，时或还遭遇盗匪袭击……

真是有七灾八难在驼道上阻击驼队，任何一点失误都可导致严重后果。

驼夫也不容易。没有一天一夜行走200里的脚力，没有一只手提100斤的臂力，没有一个好的信誉，别想着吃拉骆驼这碗饭。驼夫行走一个程头，少的60里，多的100多里，可谓是人困驼乏。但是到了程头，驼工还要轮流做饭、支帐篷、下夜，甚至拾粪、放驼的事情也得他们做。拾粪做什么？当燃料用啊！还得防备狼、獾等野兽，协助护卫狗守夜、护驼、护货。盗匪袭来的时候，驼夫就是战士。每链骆驼都备有刀、枪、棍、戟各种武器。

我听老驼夫讲过，有一次在程头，一觉醒来，走出房子，发现白茫茫的雪原上什么都没有了。骆驼、货驮子都看不见了。原来一夜的大雪把骆驼和货驮子全都掩埋了。只能看见雪地上这里那里有热气在往上冒，那是骆驼在出气。驼夫们七手八脚把骆驼身上的雪清理干净，但是骆驼还是站不起来。驼夫们拉尾巴、拽脖子把它们扶起来。听着像是神话，却是驼道上经常遇到的寻常事。

走上驼道的驼夫在衣食住行方面都有自己的特点。驼队由归化城起程时一般是在初秋时节，只需要穿夹衣即可。但是他必须带上棉衣棉裤和皮衣皮裤。鞋分大鞋和小鞋。大鞋也叫匣子鞋，一双鞋重14斤，特别厚实。拉骆驼走长路，匣子鞋不怕石头磕碰，脚底不打泡。休息的时候脱掉匣子鞋，换上小鞋，也就是便鞋。

“房子”的大小有规矩，而且骆驼“房子”有骆驼“房子”的尺寸，羊“房子”有羊“房子”的尺寸，马“房子”有马“房子”的尺寸，绝不能混淆。路途上，驼夫们晚上睡觉也有规矩，行话叫推磨，意思就是帐篷每晚依时针运行的方向挪位置，就像转磨似的。这样就显示了公平的原则，因为帐篷内每个位置的小环境是不一样的，冬天里挨帐篷口的地方温度最低，容易被风吹。

驼队起程时，驼夫各自带自己食用的炒米、炒面。大量的面粉和炒肉酱则由跟队的锅头负责。锅头就是厨师，单独牵一列骆驼，载着锅碗瓢盆、粮食、油料和蔬菜。

由众多小驼户联合组成的驼队，驼夫各自带馒头、油茶。吃饭是轮流吃大锅饭，即今天吃甲驼工带的食物，明天吃乙驼工带的食物。这样轮过来，可以各自减轻一部分驮重负担。

驼道上“房子”使用的材料为羊毛毡里帆布面，两层。外形也有两种，一种是支起来呈三角形，另一种支起来是两面坡顶，就像房子。

一般情况下，驼队中是没有商号的掌柜跟随的。随驼队行动的只是驼商的掌柜，也就是养驼户的掌柜。这些人无一例外都是驼夫出身，自然也都吃得来驼道上的苦。所以在驼道上，驼户掌柜自己也拉一链骆驼，与一般驼夫无异。只有那些大的商号掌柜，他们跟随驼队时会骑在骆驼的背上。有一种供大商号掌柜骑乘的骆驼轿，由 4 根白蜡杆在驼背上搭起架子，两边挑着两个斗，一边坐人，另一边置一只狗，为的是保持平衡，很是舒适，当然也很讲究。一些随

驼队准备起程

驼队行动的官人、蒙古王爷、小姐也乘坐这种骆驼轿。

我们知道归化城作为一座著名的商城和驼城，它拥有的骆驼数量最多时达20万峰。这个庞大的数字意味庞大的运力，同时也意味着数额巨大的运费收入。从归化到恰克图，以1峰骆驼驮载360斤计算，每峰驼的运费是12两白银（乾隆时运价）。如果一家驼户出动100峰骆驼，走一趟可得白银1200两。这差不多是当时绥远城将军一年的俸银。绥远城将军什么身份？乃封疆大吏，正一品的级别，相当于现在的正部级。

一个普通的驼夫走一趟恰克图，可得脚钱20两银子。20两银子能买60只羊，或买10匹马，或买20峰骆驼。那么第二年再走驼道的时候，他就不再是单纯的驼夫了，别人就得以“掌柜子”称呼他了，因为他已经有了20峰骆驼投进驼运。在驼道上，即便是做驼夫，发财的机会也很多，而且速度很快。彼时归化城的驼运行还有不成文的规矩，驼夫可以在为主家工作的同时，自己也拉一峰骆驼做些小生意，此为捎驼。一般一个有心计的驼夫，经过3年的驼道跋涉就可以成为一个拥有几十峰骆驼的掌柜。

只要你不是特别倒霉，比如遭遇盗匪抢劫，或遭遇严重的自然灾害，如黑沙暴等，就不会空手而归。当然做驼夫也十分辛苦，数千千米的长途驼夫要一步不落地走。在归化驼运行还有不成文的规矩，不只是驼夫，就算是掌柜，一般在驼道上既不骑马，又不骑骆驼，都是依靠两条腿来走，趴冰卧雪自不待言。彼时在归化的养驼户和驼夫，也就是吃驼运这碗饭的人不下万人，大部分人的生活过得都比较富足。其中有不少人因此而飞黄腾达，像元盛德的掌柜就变成了大商号的东家。我在查阅有关资料的时候，看到在呼和浩特周边十几个自然村庄里，差不多每个村庄都有几十户养驼户。有的大一点的村子有上百户养驼户，比如麻花板、厂汉板、攸攸板等，它们全都是真正的驼村。我手上有400多驼户掌柜的名单，他们全都是货真价实的驼户掌柜。

草原上的道路纵横交错，叫法很多，驼道、羊道、马道、营路、驿道等，名堂五花八门，说到底其实都是驼道。归化城驼运具有非常庞大的运力。1峰骆

驼队行进在沙漠中

驼载 360 斤，一个驼夫牵 18 峰骆驼，可载 6480 斤。再乘以 10 万、20 万，那就是一个庞大的数字。庞大的物资供应是由庞大的市场需求决定。几百万平方千米的草原就是一个庞大的市场。

1571 年，阿拉坦汗与明王朝和解了。到 1581 年，归化城初具规模。由于驻牧土默川的阿拉坦汗与明王朝共同执行修和政策，呼和浩特城作为南北货物的集散地，逐渐成为塞外有名的商埠。当时明王朝规定，中原商贾不许深入蒙古腹地贸易，于是每年漠南、漠北、漠西蒙古贵族各自率领大批骆驼来到归化城购买生活用品，同时出售蒙地畜产品。这些蒙古贵族就是早期的蒙古族商人。这样，在蒙古草原腹地和归化城之间，逐步出现了几条或长或短、断断续续的驼运栈道，成为驼道的雏形。也就是我经常说的，驼道就是早期的茶叶之路。据此，我认为茶叶之路的早期开拓者其实是世代生活在蒙古草原上的蒙古人。

据史料记载，早在明代晚期，归化城已经出现许多蒙古族商人，他们多贩运本地土特产到迪化（今乌鲁木齐）或大库伦（今乌兰巴托）去贸易，当时这些人被称为“北套客”，并单立有“乡约”，可见在呼和浩特蒙古族商人也异常活跃。蒙古族商人、回族商人和汉族商人，在归化市场上和草原上是分辨不出来的。因为大家差不多都讲蒙古语，也都讲汉语，混成了一个队伍。

归化城驼运店的掌柜和个人经营的业主，大多数有拉骆驼的人生经历，或者是世代相传，承袭父业，因此成为门里在行的养驼户。他们对饲养骆驼、跋涉草原、承揽运输有丰富的经验。

归化城的驼运店是一种劳动行业。内部组织，除了大掌柜外，仅有一名记

驼队行进在茶叶之路

账先生。每年驼队归来时，他们的工作非常繁忙，但其他时间则没有什么事务。所以曾有许多的驼运店为了节省开支，就共同雇佣一些人。各家的驼队，都由领“房子”人的负责。

归化驼队大有大的规矩，小有小的规矩，大到一顶“房子”容纳多少人，小到绑货驮子的绳索，都有讲究。每个驼列牵引骆驼的缰绳也有讲究，长7尺5寸，毛抓子为7寸，搂头绳为7尺，绑鞍架的挺绳是2丈5尺，这是当年一般驼运店的规定。回民驼队有回民驼队的讲究，汉民驼队有汉民驼队的讲究，总之是不能乱了规矩。

归化城驼运行的队伍是很庞大的，因此有些规矩也不尽相同。比如回族的驼队中，领“房子”人和先生在驼道行走是骑骆驼的，而多数汉族驼队领“房子”人和先生则是骑马。历史形成的规矩是不能随便改变的，所以有时候在草原上遇到驼队，有经验的人远远一看领“房子”人骑着骆驼就知道那是一支回族的驼队了。

但是不管是骑马还是骑骆驼，领“房子”人都是驼队的灵魂。在漫长深夜、风雨雪雾的旅途中，他既有辨别方向，找到草原水头的经验，又有丰富的兽医常识。对驼马疾病，如口疮、脱掌、泻肚、压梁等症，他往往以胡椒、白矾与百步根等简单药物进行诊治。人畜安全，都由他一人负责。骆驼离群，也是由他骑马寻找。

20世纪80年代，我在呼和浩特近郊厂汉板采访老驼夫，村子里上岁数的男人几乎都有拉骆驼的经历，70岁的、80岁的、90岁的都有。我看着这些老人在村道上不紧不慢地移动，一个个迈着拉骆驼的步子向左右摇晃着，聚向阎万山家的院子。在阎万山老人的屋子里，只有80岁以上的人才有资格坐上炕，六七十岁的只能站在地上听人家说话。我记得那年阎万山老人86岁，神清气朗，腰板挺直，张口说话气脉非常冲。

说起驼道上的著名地方，只去过四子王旗、百灵庙、五台山、包头、隆盛庄这些地方的驼夫不被人瞧得起。所以在归化城的烧卖馆里聊天的人们张口闭口就说科布多、奇台、恰克图、北京城，这样的驼夫才算得上是好把式、见过世面，被称作是走大外路的人。

走小外路的驼夫档次差多了。走大外路的驼夫挣钱也多，还能做捎驼买卖。不成文的规矩，主家借给驼夫一峰骆驼，让他捎上一峰骆驼自己也做点小买卖。一峰捎驼弄好了挣的钱比驼工挣的钱还要多。归化街头流传这样的话：“好汉不挣有数的钱。”

单单是厂汉板这座村子就曾经有100多户养驼专业户。这些老驼夫见过世面，精神气质和一般村民很不一样，大气爽快，对很多事情都不屑一顾。那时候村子里尚有几辆骆驼拉的板车，个别人家还饲养着一两峰骆驼，还能够闻到骆驼散发的腥臊的气味。

七、最早走进呼和浩特的俄罗斯商队

无数事实证明，呼和浩特作为茶叶之路上的重要发动机早在茶叶之路正式开通前就已经初具规模了。早在16世纪中期，俄罗斯商人在恰克图市场开辟之前就与蒙古人一起开辟了通往呼和浩特的生财之道。他们还在西伯利亚重要的商业城市托博尔斯克和托木斯克，与私自出境的蒙古商人和布哈拉商人做生意。他们甚至不畏艰难，乔装打扮混迹在蒙古商人中间，深入归化城去做生意。

阿勒坦汗在由专使送往莫斯科的国书中答应向导俄罗斯人经过蒙古领土到中国去。……1618年，将军库拉金派遣伊万·彼特林、安德列·蒙多夫和彼得·基齐洛夫前往中国，并且拨给了他们购买中国商品的资金。四个月之后，他们与阿勒坦汗所派陪伴他们的人拉伯依·塔尔罕和比利特库一同到达北京。在北京，俄罗斯人被安置在舒适的宾馆里，被允许进行交易。（普·季·雅科夫列娃. 1689 年第一个俄中条约 [M]. 贝璋衡，译. 北京：商务印书馆，1973：85）

1857 年，马克思在《俄国对华贸易》一文中对俄国在恰克图进行的进化贸易进行了评论：

因为俄国人被排除在同中国的海上贸易之外，所以他们过去和现在同有关这个问题的纠纷，都没有任何利害关系或牵连；他们也没有尝到中国人对外国人的那种反感——中国人自古以来就对从海上来到他们国家的一切外国人抱有反感，而且并非毫无根据地把他们同那些看来总是出没于中国沿海的海盗式冒险家相提并论。然而俄国人却自己独享内地陆路贸易，这成了他们被排除于海上贸易之外的一种补偿。

1692 年春，康熙接见伊台斯商队

看来，在内地陆路贸易中，他们不会有什么竞争者。这种贸易是依照1787年叶卡捷琳娜二世在位时订立的一项条约进行的，以恰克图作为主要的（如果不算是唯一的）活动中心。恰克图位于西伯利亚南部和中国的鞑靼交界处、在流入贝加尔湖的一条河上、伊尔库茨克城以南约100英里的地方。这种一年一度的集市贸易，由12名代理商管理，其中6名俄国人，6名中国人；他们在恰克图会商并规定双方商品交换的比率，因为贸易完全是用以货易货的方式进行的。中国人方面拿来交换的货物主要是茶叶，俄国人方面主要是棉织品和毛织品。近年来，这种贸易似乎有很大的增长。10年或12年以前，在恰克图卖给俄国人的茶叶，平均不超过4万箱；但在1852年却达175000箱，其中大部分是上等货，即在大陆消费者中间享有盛誉的所谓商队茶，完全不同于由海上进口的次等货。中国人卖出的其他商品是少量的糖、棉花、生丝和丝织品，不过这一切数量都很有限。俄国人则付出数量大致相等的棉织品和毛织品，再加上少量的俄国皮革、锻造金属、毛皮，甚至还有鸦片。买卖货物的总价值——按照公布的账目来看，货物定价都不高——竟达1500万美元以上的巨额。1853年，因为中国内部不安定以及产茶省区的通路被明火执仗的起义者队伍占领，所以运到恰克图的茶叶数量减少到5万箱，那一年的全部贸易额只有600万美元左右。但是在随后的两年内，这种贸易又恢复了，运往恰克图供应1855年集市的茶叶不下112000箱。

由于这种贸易的增长，位于俄国境内的恰克图就由一个普通的要塞和集市地点发展成一个相当大的城市了。它被选中成为这一带边区的首府，荣幸地驻上了一位军事司令官和一位民政长官。同时，恰克图和距离它约900英里的北京之间，最近建立了直接的、定期的邮政交通以传递公文。

1800年，俄国从恰克图贸易中征收的关税，占俄国全国关税的20%。正如1840年时瓦西里·帕尔申在《外贝加尔边区纪行》中所言：“一个恰克图抵得上三个省！它通过自己的贸易活动将人民的财富变成宝贵和富有生机的液汁，输送到西伯利亚。”

其实俄国并不是开启茶叶贸易的先驱。早在陆上茶叶之路开通之前，西欧的海运国家已经从中国南方贩运茶叶了。根据薛福成《出使英德义比日记》“光绪十六年三月二十二日条”说：“中国茶之到欧洲，始于明万历四十年（1612年），荷兰之东印度公司携带少许，以供玩好。国朝顺治八年（1651年），荷兰始载茶之欧洲发售。越十年，茶市益行，英京始立茶税之律。当时甚为珍贵，馈送王公不过一二磅而已。又越三十年，茶务益盛，英京始多收茶叶之税。”与上述情况相仿，“商队茶”在形成过程中也经历了从礼品到商品的转变，但年代比海运茶略迟。在荷兰人首次携带茶叶入欧4年后，即1616年（万历四十四年），哥萨克人什长彼得罗夫才在卡尔梅克汗廷初尝茶味，并对这种“勿以名状的叶子”表示惊异。至崇祯十三年（1640年），俄使瓦西里·斯达尔科夫从卡尔梅克汗廷返国，带回茶叶200袋（每袋重3俄磅，一俄磅合409.51克），奉献沙皇，是为华茶入俄之始。

实际上茶叶之路上的贸易早在16世纪下半叶就在中俄边界的东段展开了，具体地点是尼布楚城、海流图城。一般史学界把它称作是发生在中俄之间的早期的边境贸易。普·季·雅科夫列娃在《1689年第一个俄中条约》中这样写道：

> 从十七世纪初到1689年，尽管处于令人不安的战争环境中，但阿穆尔河流域和外贝加尔地区的俄罗斯居民同中国已经建立了相当密切的贸易关系。中国商人自己并不到俄罗斯来，而是通过鄂温克人和蒙古人把他们的商品运往俄罗斯的边境城堡阿尔巴津和尼布楚，那里有许多军职人员和工商业居民整批地收购这些货物，然后在达呼尔地区做生意并运往西伯利亚，更从西伯利亚运往俄罗斯。西伯利亚最大

的城市托波尔斯克的十七世纪税关记录表明，在前半世纪，即在第一个俄罗斯使臣贝科夫访问中国之前很久，就有颇大数量的中国货物，首先是纺织品运到托波尔斯克市场。满洲的入侵中国，使俄中贸易遇到了困难，缩小了它的规模，但没有使之断绝。贝科夫使节团促使在签订《尼布楚条约》以前很久就已达到颇大规模的贸易关系获得了调整和扩展，例如，1655 年有九百匹中国棉布从中国运到托波尔斯克来；1657 年一千五百二十四匹，166S 年五千六百六十四匹，1680 年二千五百五十五匹，1683 年运进了三千六百三十多匹各种中国纺织品。但是做中国货生意的，主要是莫斯科巨商的代理人。他们经常住在伊尔库茨克、尼布楚、阿尔巴津以及其他俄罗斯城堡。

在七十年代，乌沙科夫、波谢利斯基和纳里齐内 – 穆萨托维三家商人在阿尔巴津定居下来，大规模地买卖从俄中两国运来的商品。商人和服军役的达呼尔人做了居民自己直接组织的俄中贸易的居间人。尼布楚在十七世纪七十年代就成为俄中贸易的根据地，当时那里曾为买卖中国货物的商人修建了专用的商场。

在尼布楚将军衙门的案卷和西伯利亚事务衙门的“关于商人”的大批案卷中，都有资料表明俄罗斯人从十七世纪中叶起就同中国经常进行贸易，在 1689 年以后贸易规模更加扩大。（普 · 季 · 雅科夫列娃. 1689 年第一个俄中条约 [M]. 贝璋衡，译. 北京：商务印书馆，1973：115—116）

当时蒙古地区的一些来自中国内地的商人也有同俄国商人进行边境贸易的强烈愿望。同时，居住在中俄边境地区的游牧民族蒙古人、达斡尔人为旅蒙商与俄国商人发展边境贸易，充当了“中间人”的重要角色。他们首先与俄国商人进行物物交易，并为俄国商人提供与汉族旅蒙商贾直接对话和进行边境贸易的场所，以及为中俄两国商队提供驼队运输货物和膳宿供应等。

19 世纪时的圣彼得堡，被誉为茶叶之路的西方终点

这一时期，俄国商人在色楞格斯克、尼布楚和祖鲁海图等中俄边境城镇，常常与中国的旅蒙商贾进行贸易。

接下来就是狂潮般的贸易大军的身影，或者叫茶叶之路上的第一次商业浪潮吧。特点就是众多商人，包括官商和私商，一起涌上了茶叶之路。俄罗斯人从西线与中国接壤的比斯克、托博尔斯克，东线的尼布楚进入中国，他们在呼和浩特、张家口、齐齐哈尔、北京与中国的商业伙伴做生意。买卖双方用俄语、蒙古语、半通不通的汉语进行交流，语言几乎没有成为贸易的障碍。每年在通往中国的道路上都能够看到一队队负重的马车在漫漫旅途上跋涉，淘金的热情抵消了旅途的寂寞。只是有一点要注意，当时只是俄罗斯人到中国来，没有中国内地的商人到俄罗斯去，倒是有蒙古商人的驼队到莫斯科去的记录。

这种贸易在俄罗斯达到这样的程度：1653年已经能够在西伯利亚买到大批中国商品了。

在中俄之间进行贸易的另外一个途径，是当时漠西卫拉特蒙古的商队每年都驱赶着大批羊、马、骆驼等牲畜到归化来，他们和当地的商人换取茶叶和丝绸，然后将这些商品运到西伯利亚的城市去销售。他们在茶叶之路上与呼和浩特的商人共同扮演了“二传手”的角色。

然而，在纵横两万里的茶叶之路贸易中，最困难的不是资本的运营，不是人力的调集，最困难的是茶叶的运输，是在超长距离的水路、旱路、沙漠、草原乃至极寒的西伯利亚冻土带上的万里迢迢的艰难跋涉以及寒风酷暑的侵袭、贼盗暴客的劫掠和毒虫猛兽的袭击。

那时候，从我国南方到中俄贸易口岸恰克图、买卖城最主要的一条运茶线路是从福建的崇安、分水关、下梅镇将茶运到江西铅山，然后再从铅山装船，沿信江西下到鄱阳湖，从鄱阳湖出九江口，进入长江，再经武昌转道汉水，在湖北的樊城（今襄樊）上岸，改船运为“高脚”运输。“高脚”是行内说法，指的是骡、马、骆驼，而那时候多为骆驼，也就是名扬天下的驼队。他们走的正是驼道。

八、驼道上的官方身影

发生在茶叶之路上的商品交易并不独属民间所有，驼道上也经常出现官方商人的身影。其实明朝和清朝政府都是茶叶之路上商品交易的大主顾，用现在的话说就是政府采购。明朝和清朝政府每年都会拿出大量的国库白银，通过中国商号购买来自西伯利亚和蒙古的优良的马匹、骆驼和牛羊，还通过商人之手采购军队所需要的皮张以及宫廷、皇室和官吏所喜爱的珍贵皮毛。按照清朝朝

绥远城将军衙署正门

廷的规定，“衣定制，寒暑更换，皆有次序，由隆重貂皮衣起，凡黑风袍褂如玄狐、海龙等，皆在期内应穿。由此换白风毛，如狐皮、猞猁、倭刀之类，再换羊灰鼠，再换灰鼠，再换银鼠，再换寒羊皮”（崇彝著《道咸以来朝野杂记》）等等，都有详尽的规定，皮毛使用量是非常大的。

到了清代，每年由呼和浩特运往北京的30万只羊中，有一多半是直接供应北京内城的皇室、满族贵族、驻京八旗及他们的家属。内城人数在60万以上，大都是满族，都是马背民族，习惯吃羊肉。这些羊都属于官方采购。今天北京城吃羊肉的习惯就是从那时延续下来的。

那时候在西伯利亚南部边界与蒙古沙漠之间的鄂尔浑河与土拉河汇合处附近，也就是今蒙古国与俄罗斯交界处，常常可以看到游牧的蒙古人的帐篷，俄国商人与中国商人每年都在这个地方举行集市，双方把各自的货物运到这里来出售，直到卖完为止。同时，中国商人还把从中原地区运来的绸缎、丝绒、布帛、茶叶、烟草等商品，同当地的布里亚特人、萨彦人、达斡尔人和蒙古人等边境地区的游牧民、猎民等交换鹿皮、麋皮、紫貂、海狸皮等贵重轻软的野兽裘皮。从蒙古和西伯利亚运回来的珍贵毛皮，相当部分都成了政府采购的对象。

据1620年，沙皇政府派往中国的使臣撰写的《佩特林和蒙多夫的出使报告书》记载："我们曾在张家口向一个布里亚特农民、鞑靼人库什坦探听鄂毕河，据他回答："有一条大河叫喀喇台尔河，沿哈喇台儿河游牧的是喀尔噶各兀鲁思。在这条河上游游牧的则是阿勒坦汗和他的部众。……哈喇台尔河畔，有两座砖砌的城镇及布里亚特人的定居地，再往下游去则是布里亚特人的游牧地。河对岸的蛮子运各种货物来与我们交易，也有来自萨彦岭（似指从科布多地区来的中国商人）的，用缎子、塔夫绸、丝绒、里津登布等换取我们的鹿皮、麋皮、紫貂、海狸后，又回到河的对岸去。"

这种边境贸易使中俄商人都能获得巨额的盈利。而1727年恰克图的开埠只是把这种早已存在的贸易合法化、规范化、常态化了。

中国商人在恰克图贸易中用茶叶、丝绸、粮食等物品与俄罗斯商人交换珍贵野兽毛皮。他们双方都不使用金钱，而是以物易物，但是这并不影响双方从这种贸易中获取丰厚的利润。

对中国商人来说，他们除了选择上等皮张供朝廷和八旗使用之外，还把大量貂皮、海獭、猞猁等贵重毛皮在北京、天津、河北、山东等地的市场上出售。这些来自西伯利亚的毛皮常常成为抢手货。即便是朝廷采购的毛皮，也是"官买皮革，均按时价"，商人同样能挣大钱，其利润常常是货值的数倍以上。

还有更为重要的交易，那就是马匹的交易。在清代早期和中期，马匹交易是被官方垄断的。绥远城的马税厅、绥远城西街的马王庙就是见证。马匹是军需物资，在清代前期和中期是不允许民间经营的。那时候几个大的马市分别在归化城、张家口、隆盛庄、五台山、潞州府、漯河、汉口等地。

在俄罗斯有一个尽人皆知的秘密，那就是沙皇彼得一世本人就是一个大商人，他有着商人的渴望、商人的冲动、商人的眼光与商人的智慧。从一开始，他就把《尼布楚条约》看成一个商业条约。许多沙皇皇室成员都在私人公司占有股份。这一点与大清皇室是极不相同的。1689 年在尼布楚谈判时，沙皇彼得一世给谈判的俄罗斯代表的主要任务，就是尽量得到与清帝国直接贸易的许可。谈判成功后，俄罗斯官方商队将货物直接运到北京，从中获利。这个目的，大商人彼得一世达到了。

达到最初目的后，彼得大帝发现自己的官方商队已被私商抢了先，私商早已在新近建立的货运中心库伦出售商品。《尼布楚条约》规定，俄国官方每 4 年可派遣一支商队到北京，同行的商人不能超过 200 人，但是私人商贩却不受限制，能于任何时间在库伦和张家口做买卖。1689 年以后，北京和蒙古的私人毛皮交易被禁止，但这些制约刺激了原本已很活跃的走私贸易。俄国官方商队很快发现，在蒙古，俄国毛皮的私人交易很活跃，并进一步发展到南面的北京。

从 1689 年开始，在很短的时间内，俄国官方就派出了 11 支商队到北京，最初获利甚丰。1706 年，彼得大帝严厉禁止私商在北京从事贸易，那一年官方商队有 27 万卢布的收入。然而，私人商贩又在库伦卷土重来。18 世纪早期，俄国人买进的产品包括茶叶、牛、马、皮革、丝绸、瓷器，还有大黄的根和茎。同时，俄国人及其代理布哈拉人也卖掉了皮革、家用陶器和欧洲纺织品，特别是羊毛织物。

由于官方商队在生意上不敌更具经营头脑的私商，莫斯科的俄国当局要求清朝政府重新协商条约。1720 年，一个由伊兹麦伊洛夫率领的俄国官方代表团到达北京，重新谈判贸易协定。但清廷坚持首先解决两个问题：遣返逃亡者和勘定中俄境界。伊兹麦伊洛夫未被授权谈论这些问题。结果不仅伊兹麦伊洛夫两手空空回到莫斯科，清廷还在库伦驱逐了所有俄国商人，北京对俄国商队也关上了大门。茶叶之路在正式开放前就被关闭了。

这个时期到达呼和浩特的俄罗斯商人很多，能够查到的有费奥多尔·伊萨

屏藩朔漠

光绪十六年(1890年),绥远城将军克蒙额在将军衙署照壁上书写的“屏藩朔漠”四字。“屏藩朔漠”的意思是保护清朝的北部疆土。

科维奇·巴伊科夫(1656年1月)、米哈伊尔·瓦西里耶维奇·彼扑佐夫(1879年)、格里哥里·尼古拉耶维奇·波塔宁(1884年)。此外,还有一位蒙古学家——阿列克赛·马特维耶维奇·波兹德涅耶夫,他到亚洲草原是为了考察蒙古的人文与地理。

1656年1月,巴伊科夫走进呼和浩特的时,正是清初顺治年间。那么巴伊科夫看到的是什么景象呢?《巴伊科夫出使报告》中这样写道:

库库河屯城是个土城(指城墙是土垒的),城楼则用烧制的砖建成，城门楼很高大，每个城门楼下面有两道门。门道宽约十六哼，城门用橡木做成，包以铁皮。有六个城门楼可供通行。他们没有火器，大炮和枪都没有。但是城里城外庙宇很多，都用砖砌，庙顶像俄国式样，还铺着琉璃瓦。

城里店铺林立，都用砖石砌成，还带后院。店铺建造的样式很像俄国的，也挂着招牌。按他们的秤，一两等于十钱，但只折合我国的九佐洛特尼克。零星的商品他们都是拿茶叶去换的，十四包茶叶值白银一两。商店中的货物有各种缎子和棉布，都是他们中国的色彩，还有大量的各色丝绸。他们有许多铁和铜。柴草是用大车运到城里来的。他们的农田也很像俄国的农田，种植的作物有糜黍、小麦、大麦、燕麦、亚麻及大麻等等。他们也种瓜果蔬菜，如大蒜、芜菁、核桃，还有许多油料作物。各种木材都有，如橡木、白桦、松杉、菩提树以及枞木。这里不见有雷。城市位于一个大盆地的洼处，四周都是高山，靠城流过的一条河并不大，它是向西流的。整个郊外都是耕地。（约翰·弗雷德里克·巴德利. 俄国·蒙古·中国[M]. 吴持哲，吴有刚，译. 北京：商务印书馆，1981：1153）

应该说这段关于呼和浩特的文字记载是真实可信的。说明在清初的时候，呼和浩特就已经成为一个商业繁荣、农业发达的草原都市了。

1878年，彼甫佐夫随比斯克商队经由阿尔泰斯克进入清朝境内，经科布多、阿拉善抵达呼和浩特。他在呼和浩特结识了比利时神甫斯甫林格（斯甫林格是呼和浩特天主教圣母圣心大教堂的神甫，此人在呼和浩特历史上很有名），通过斯甫林格把大批鹿茸卖给了当地商人。他在《蒙古和中国北部省份旅行概述》中写道，呼和浩特坐落在平原上的一条小河两岸。城市四周筑有城墙，东西长20里，南北长15里。城边有一座四四方方的城堡，每边长2里，里面住着守军，设有衙门。呼和浩特有许多商号、店铺、货栈和客栈，有几个分别进行马、牛、羊和骆驼交易的集市。呼和浩特与整个喀尔喀蒙古保持着广泛的贸易往来，就其规模而言，中国其他城市无有出其右者。呼和浩特的驼队直达库伦、科布多、乌里雅苏台。此外，呼和浩特还与新疆全境以及青海、西藏部分地区保持着密切的贸易往来。呼和浩特是中国内部省份用工业产品与喀尔喀蒙古及其他藩属地区的牲畜、各种原材料进行交换的贸易重镇。从喀尔喀蒙古运到呼和浩特的有各种牲畜、生皮、原毛，从呼和浩特运往喀尔喀蒙古等地的货物有布匹、砖茶、铁制品、鞋子、木碗、生烟叶、木头家具、面粉等。呼和浩特有染房，可将来自天津等地的素布染成蒙古人喜欢的图案样式，卖给喀尔喀蒙古。他还听说呼和浩特西南边黄河岸边有一座大型铸造厂，能铸造蒙古人需要的铁锅。

1892—1893年，俄国蒙古学家阿列克赛·马特维耶维奇·波兹德涅耶夫对喀尔喀蒙古和内蒙古进行过一次考察。1893年3月上旬到中旬，他在呼和浩特逗留了10天左右的时间。他在《蒙古及蒙古人》一书中描述了呼和浩特的商业、手工业、驼运业和社会经济状况。他说：

> 呼和浩特的商业中，自古以来最主要的项目就是茶叶，而茶叶中又以砖茶，尤其是二十四块一箱的砖茶为主。……茶叶和布匹这两种基本商品，主要是由蒙古的骆驼来运输；但除此之外，呼和浩特也有人专门从事这些商品的运输。现在在呼和浩特自行畜养骆驼从事运输的，既有合伙经营的商行，又有独资的商人。根据我搜索的资料，此地从事这一行业的主要有十二家。……除这几家大商号外，在归化城大概还可以找到上百家有三四十峰骆驼从事运输的商号。所以归化城仅汉人可供出租的骆驼总数就有七千至七千五百峰，可运输货物十万普特。……呼和浩特在蒙古经商的最主要商号有下面几家：（1）大盛魁：……这家商号单是同蒙古的贸易就不下九百万两或一千万两白银。为了运输货物，该店有一千五百峰自备的骆驼经常往来于归化城与乌里雅苏台之间。（2）元盛德：……据说它在蒙古和中国的贸易额近

驼道上的骆驼

元人刘秉忠的《驼车行》以“驼顶丁当响巨铃，万车轧轧一齐鸣。当年不离沙陀地，斩断金原鼓笛声”来描绘骆驼对蒙古族生产生活的贡献。

八百万两。这家商号经常往来于归化城和乌里雅苏台之间的骆驼就有九百峰左右。（3）天义德：一年贸易额也近七百万两，同样也有九百峰骆驼运输货物。（4）义和敦：在中国、蒙古和东土耳其斯坦的年贸易额为五六百万两。为自己运输贸易货物的骆驼总数近七百峰。……归化城商人用输出的商品从蒙古换回的首先是骆驼、马、牛 和羊，这些牲畜都在呼和浩特卖出。向他们购买骆驼的是专门从事运输的中国内地和长城以外的一些商号；马匹被运往长城以 南，直到上海和广东，牛的数量不大，几乎全部供呼和浩特本地需要；在来自蒙古的牲畜中占大多数的羊则供北京、河南、山西及其他各地的需要。……除了赶往内地的牲畜外，归化城本身每年购买和消费的羊不下二十万只，牛近四万头。

说这话的时候已经是晚清时期了，可见当时呼和浩特商业、驮运业等行业的繁荣。

九、帝王的身影

康熙皇帝曾经3次走进归化城。其中，第三次走进归化城是在1693年，正是沙皇彼得一世派往中国的第一支商队达到北京的时间。

1697年（康熙三十六年），康熙皇帝御驾亲征，第三次征讨噶尔丹时，写下一首七律《出塞》，描写了战事结束、政治统一、社会稳定、驿路通畅的情景：

森森万骑历驼城，沙塞风清碛路平。
冰畔长河堪饮马，月来大野照移营。
邮签纪地旬余驿，羽辔行边六日程。
天下一家无内外，烽销堠罢不论兵。

兵戈之后，和平安定的环境使呼和浩特迅速发展成为繁华的商城。归化城的驼运业，正是在康熙平定噶尔丹后兴起的。

康熙皇帝和彼得一世，两只巨大的手握在一起，共同促成了茶叶之路的开通。所以说，茶叶之路上的贸易在很大程度上是国家之间的事情。

从清初到清朝中期的200多年间，社会秩序的稳定和商品经济的发展繁荣，呼和浩特的驼运业极大地促进了中俄之间的国际贸易的同时，也推动了我国内

清朝康熙皇帝朝服像

地与蒙古高原各民族的往来与物资交流，方便了各民族人民的生产生活，推动了农、牧、工商各业的发展，更重要的是为茶叶之路的开通和繁荣发挥了不可替代的重要作用。呼和浩特也随着茶叶之路的繁荣而名播四海，成为一座具有国际品格的商业都市。18 世纪和 19 世纪，在俄罗斯，在欧洲，那里的人都在谈论呼和浩特，他们把呼和浩特称作科科斯坦。

总之，清朝平定噶尔丹的胜利，北方辽阔疆域社会的稳定，内地商人赴蒙古草原经商政策的放宽，以及蒙古族上层人物、广大牧民和清朝驻军对内地商品需求的激增，促进了蒙古草原和内地之间商贸活动的发展，因此漠南蒙古各商埠的长途运输业——驼运业也应运而生。而归化城作为漠南蒙古的重要商埠和军事重镇，驼运业更是很快繁荣起来。

那么，从归化城出发的驼路都通往什么地方呢？归化城的地理位置重要，驼运路线也是四通八达，但主要的驼路有 4 条：往北到喀尔喀蒙古，俗称北路；往西到新疆，俗称西路；往东到北京，俗称东路；往南到太原，俗称南路。

1727 年（雍正五年），中俄在恰克图签订《恰克图界约》，规定恰克图为两国通商口岸后，这个边境小村很快繁荣起来。道光年间，曾任驻俄大臣的满族官员斌良曾写诗道：

戈壁苍茫万里途，盘车北上塞云孤。
海龙江獭鱼油锦，贸易新通恰克图。

来自江南水乡的茶叶、丝绸、粮食、海马、水獭和丝织锦缎，都源源不断地输入万里之外的恰克图，可见当时货运之通畅，交易之兴旺。一些实力雄厚的商号，还派出驼队经恰克图深入俄罗斯腹地进行贸易活动。

西路是指从归化城到新疆的驼路，又分大西路和小西路。大西路是从科布多进新疆，往南 1000 里是古城子（今奇台县），往西南 1000 多里是迪化（今乌鲁木齐），从迪化再往西 1000 多里是伊犁。小西路是指从归化城经阿拉善、额济纳两札萨克特别旗（直属清廷理藩院管理，不会盟）到新疆哈密、古城子的驼路。西路是同治年间开辟的。当时西北地区回民起事，清廷派左宗棠率军镇压。光绪初年，左宗棠又奉命西征，收复被阿古柏侵占的新疆。这两次战事，均征用包括归化城驼队在内的各地驼队用于军事运输，开辟了大西路。待军事敉平，此路开始兴旺，但路线更长，支路更多。从归化城到迪化，单程就需 4 个月。

东路到北京，路线是归化—丰镇—张家口—道口（今北京丰台）。从归化城启程，20 天左右可达道口。另从张家口还有一条通往内蒙古东部的支路。驼倌们常说的“西口到东口，再到喇嘛庙”，就是指归化经张家口到多伦诺尔的驼路。

俄国沙皇彼得一世

南路主要是指由归化城向南经和林格尔、杀虎口进入山西境内，再继续南下到山西太原及周边地区的路线。归化城各大商号，人员多为山西籍，而且大商号在原籍一般设有分号，负责从中原和南方组织货源，从蒙古各地购回的活畜及肉、皮、毛等畜产品，又经这些分号往中原和南方运销。因此，南路驼队的规模虽小，但也十分繁忙。

望中宫阙隔云霞，叹息今年负物华。
六月驼毛飘满地，浑疑春尽洛阳花。

此诗作者高士奇，康熙年间曾任礼部侍郎。他是浙江杭州人，到草原上做官，诗作颇丰。这首《塞外杂咏》是其中一首。高士奇在诗中自注曰：“驼于五六月脱毛，塞上处处皆有，风吹展转如杨花也。”作者在塞外虽看不到京城的美好景色，但漫天飘舞的驼毛犹如古都洛阳的杨花。“驼毛出在驼身上”，可见塞外养驼之盛，景色之奇。

史载，归化城驼运业兴盛时走喀尔喀蒙古的骆驼有 14 万峰，走新疆的骆驼有 4 万峰，可谓名副其实的“万驼之城”。蒙古族饲养骆驼有着悠久的历史和丰富的经验，并培育出许多优良品种。1688 年（康熙二十七年），张鹏翮出使俄罗斯，使团随员钱良择在其两首诗中形象地描写了蒙古族牧民游牧养驼的情景。

掣马驱驼半妇人，白羊黄犊亦随身。
不愁终日离家去，翻爱他乡水草新。

置儿鞍背等怀中，絮里函盛络绎从。
遇便开襟来乳哺，全家相对在驼峰。

十、驼商巨擘大盛魁

当年归化城大的商号都自己养着骆驼，其养驼数量占了归化城的大头。如大盛魁商号鼎盛时养驼将近 2 万峰。他家的骆驼主要不是养在归化城内，而是散布在驼道沿线的驼场里。其中，在百灵庙靠近大营路的地方，养着 2000 多峰骆驼；在乌里雅苏台分庄的驼场养着更多的骆驼，少的时候 1500 多峰，多的时候超过 3000 峰。大盛魁在科布多分庄的驼场规模更大，经常养有 5000 峰健硕的骆驼。此外，在大北路沿途各旗众多的梢子（蒙古语“庄子”之意）中，也有属于大盛魁的骆驼。大盛魁长期雇有大量的驼倌，饲养的骆驼量多、点广，沿路随时可以补充顶替，所以驼队运输时换驼不换人。一般驼队从归化城到乌里雅苏台需要 3 个月，而大盛魁的驼队只需两个月即可达到，可谓是驼队中的精锐部队。

直到 20 世纪 50 年代，人们还可以在呼和浩特玉泉区东尚义街看到一处大院落，里面很宽敞，那里正是大盛魁用来圈养骆驼的院子。因为当时的大盛魁在归化城是首屈一指的大驼商，眼看归化城内人口越来越多，空地越来越少，找个合适的地方安置这些骆驼也是重要的事情。东尚义街这一带原本就是空旷

保存至今的大盛魁旧址

的苟家滩，虽然后来有人居住，但空地依然有，于是其中一座院子就被大盛魁买下来当作养骆驼的场所。

康熙年间，费扬古率军在杀虎口驻防时，大盛魁的创始人王相卿、张杰和史大学等，在费扬古的军队中当厨夫或服杂役。他们随军队进入草原，身份是“丹门沁”。“丹门沁”是蒙古语，意即货郎。他们只是肩挑叫卖的角色。

肩挑叫卖的同时，大盛魁的创始人也为费扬古的军队采购一些生活日用品，得便的时候，也采集一些蘑菇之类的东西，挑到归化城售卖。由于他们经常出入呼和浩特的集市，特别是为费扬古部采买牛羊，同蒙古人进行交易，因而逐渐学会了简单的蒙古语，懂得了一些蒙古人的礼仪、生活习惯以及相互交易的

肩挑叫卖的货郎

19世纪后期恰克图附近身穿羊皮制成的蒙古袍的中国商贩照片。大盛魁创始人王相卿、张杰、史大学最初就是这种肩挑叫卖的货郎。

一些方法。

费扬古的军队在康熙统率下进入乌里雅苏台和科布多的时候，王相卿、张杰和史大学等也以负贩小商的身份随军前往，做部队的随营生意。

清政府为剿灭噶尔丹，在乌里雅苏台、科布多驻有重兵。大规模的军事行动自然需要庞大的军需供应。这给王、张、史三人提供了施展的舞台。当时清军兵力达数十万人，军需补充，诸如马匹、粮草、衣服，吃喝拉撒全靠后勤供应。军队打到哪里，军需就跟到哪里。随军商人活动范围极为广大，在草原上频繁地与牧民打交道，筹集草料，大量地买马、买牛、买羊。马作为战斗装备，牛肉和羊肉则是士兵的食物。当粮食供应跟得上的时候，牛肉和羊肉是副食；当粮食供应跟不上的时候，牛肉和羊肉就是士兵的主食。军需数量是非常庞大的，于是就出现了庞大的商机。通过频繁地与草原上的牧民交道，这些随军商人熟悉了牧民的语言、生活习俗和宗教信仰，也熟悉了草原的地理环境。

不久，王相卿、史大学和张杰便以他们三人为主体，联合杀虎口的几个人，形成了合伙的集体小商伙，并且第一次打出“吉盛堂”的堂名。自此王、张、史三个农民的小买卖可算是初具商号的雏形了。

当时像王、张、史这样为军队服务的人有很多，但唯独他们三人成了事，这就在于人的眼光。正像红顶商人胡雪岩所讲：“看得到天下就能做天下的生意。”

胡雪岩说出了一个真理：无论是过去还是现在，也不管是国内还是国外，但凡是做生意，最重要的在于眼光。眼光是一种判断，是审时度势捕捉商机的能力。事实证明大盛魁的创始人具备这种能力。同时期参与军事行动的人员很多，军队的人数在 10 万以上，按照一兵一后勤的规律，那么承担后勤保障的人数也应该在 10 万以上。战事结束后，绝大多数的商人和民工都返乡了，而王、张、史三人却在草原上留了下来。当时出于战略的需要，清军主要驻扎在乌里雅苏台和科布多两地，十多万军队和大量的政府官员一日也离不开物资供应。王、张、史三人审时度势，决定把大盛魁的总号设在乌里雅苏台。大盛魁开始了由丑小鸭到白天鹅的蜕变。

这是出于王、张、史对大形势的判断。对于朝廷来说，这意味着国家的统一，版图的扩大。对于商人来说则意味着一个庞大的市场在自己的眼前铺展开。100 多万平方千米的土地，数以百万计的人口的生计，加上长期的战争和经济封锁造成喀尔喀草原物资极大匮乏，都给商业带来机遇。这机遇可以用千载难逢形容这是一片未曾开垦的商业处女地。在许多地方，生活必需品甚至没有价格的概念。牧民须臾不可缺少的茶叶、粮食、棉布等生活必需品，商人想定什么价就是什么价，唯一需要的是当地消费者的认可。物物交换，以物易物，甚至一套火镰可以从牧民手里换去一只羊，一把菜刀可以换得一头牛。就是在这样的市场中，大盛魁的创始人掌握了先机，展现了自己的商业才华。由军事到政府，由政府到地方，再到牧民，100 个旗是他们掌控的市场。

市场中自然少不了竞争。数以万计的商人同时进入，只有大盛魁牢牢地抓住军队和官府，掌握了控制权。

大盛魁商号就是以乌里雅苏台为基地，为清朝的军政人员服务，开展各项营业活动的。不久在科布多设立分号，其后又在归化城设立第二个分号。这些都是它的重要分庄。随着清朝对喀尔喀蒙古的统治进一步加强和大盛魁业务的发展，大盛魁为清朝军政服务的范围更加广泛。除清朝驻前营、后营的大员和大小部门的军需供应均由大盛魁经办外，喀尔喀蒙古王公向北京纳贡、值班和引见，也由大盛魁予以协助、联系，并以高利贷的办法，贷给所需要的一切费用。

乾隆末年嘉庆初年，大盛魁有了很大的发展，经营范围更大，清朝政府把喀尔喀蒙古的税收包给了大盛魁。

1803 年（嘉庆八年），清廷诏令派驻喀尔喀蒙古的将军、参赞、办事大臣和帮办大臣等官员，会同喀尔喀蒙古各王公，严格检查旅蒙商的经商票照，并严令每年彻底检查一次。经过这样的检查，在乌里雅苏台、库伦、科布多、恰克图以及在喀尔喀蒙古其他地方进行贸易的旅蒙商，很多因为没有经商票照，或者因为所持的经商票照业已过期，被驱逐出境，有的还受到罚款和没收货物

大盛魁旧址上建设的大盛魁博物馆

的处罚。而大盛魁由于和清廷派驻喀尔喀蒙古的军政大员和军队，和喀尔喀蒙古王公贵族有着密切的关系，因此它不仅没有被驱逐出境，没有受到丝毫损失，还得到了一个大发展的机会。它以极便宜的价钱接收那些被驱逐的旅蒙商号的铺底和货物，开设分号。这不仅使大盛魁得到了大笔意外的财富，而且接收了许多旅蒙商号多年来在喀尔喀蒙古的贸易关系。清朝政府没收下的货物，官员们不会处理，也以低价卖给大盛魁，这就使大盛魁又得到了一种意外的好处。

道光年间，大盛魁一方面扩大销售地区，增加经营货物的品种和数量，一方面加大放印票账的数量。这时清朝把征收驿站的费用也包给了大盛魁，大盛

大盛魁旧址

魁更加发展壮大了。

咸丰以后，大盛魁又在一些城市增设分支机构和小号，不仅获得了大量的利润，也形成了一个自成体系的、庞大的商业网络。

大盛魁就是这样经过不断发展,成为蒙古草原市场上一家垄断性的大商号。

当然，除了大盛魁先人的商业眼光，还需要具备吃大苦耐大劳的勇气和一副好的身板。草原环境艰苦，物资运送全靠驼队。没有好身板，没有养驼使驼的本事，没有吃苦耐劳的精神是不行的。长时间和草原牧民打交道，大盛魁的先人还学会了蒙古语，熟悉了蒙古民族的生活习惯和礼仪，做到说蒙古语、习蒙古礼、吃蒙食。

我曾经在呼和浩特郊区的厂汉板访问过一个名叫阎万山的老商人，那是 20

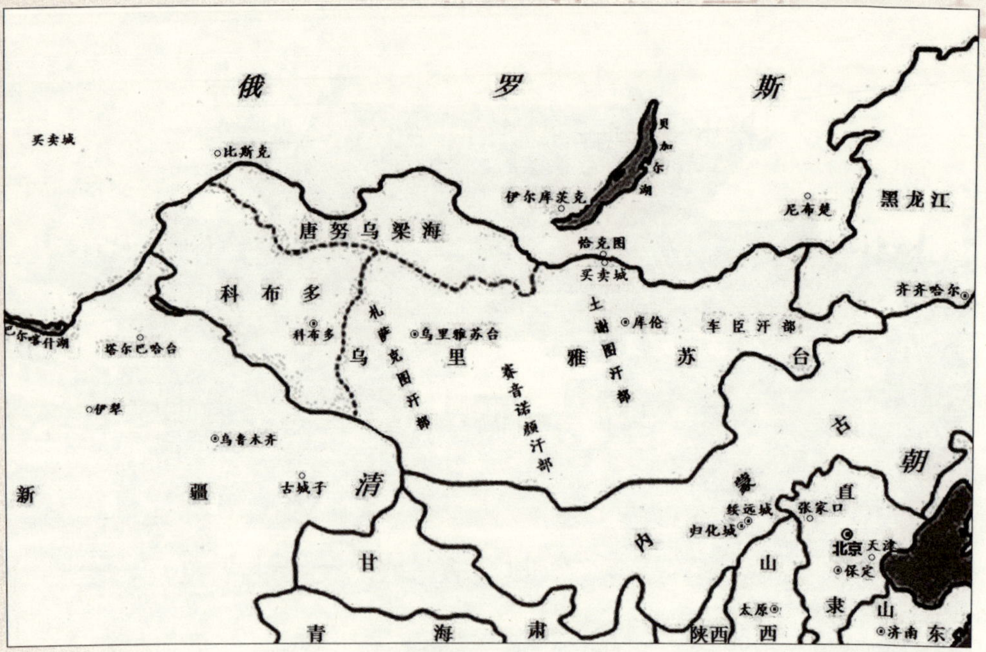

清代喀尔喀蒙古示意图

喀尔喀蒙古是清代漠北蒙古族诸部的统称。清初分为三部，即札萨克图汗部、土谢图汗部和车臣汗部。1732 年（雍正十年），清朝从土谢图汗部分出二十一旗置赛音诺颜部。至 1759 年（乾隆二十四年），喀尔喀四部及所附厄鲁特、辉特二部编为八十六旗，共四盟。喀尔喀四部接受驻乌里雅苏台的定边左副将军和驻库伦的库伦办事大臣管辖。

世纪 80 年代初。他与我谈话到激动处不自觉地就讲开了蒙古语。他用熟练的蒙古语背诵中药的药名，速度之快就像是相声里的贯口。

他自 14 岁进入草原，在一家药铺做伙计，60 岁退休回到呼和浩特，一生中大部时光，也是最为精华的时光是在草原度过的。漫长的时光早已经把他的生活习惯固定下来了，那就是草原牧民的生活习惯：吃羊肉，喝奶茶，讲蒙古语。改变的不仅是这些，就连思维方式也改变了。其实他已经不再是那个山西农村的人了，而是一个地地道道的草原人了。

乌里雅苏台位于喀尔喀蒙古西部，1733年（雍正十一年），清廷在这里设置了定边左副将军，又称乌里雅苏台将军，统辖喀尔喀蒙古四部（后从土谢图汗部析出赛音诺颜部）的军队。1767年（乾隆三十二年），又在这里修筑城池，使乌里雅苏台成为漠北蒙古军事要塞，时称前营。相沿日久，前营就成了乌里雅苏台的别称。前营在归化城的西北方向，相距4000多里。沿途除沙漠、戈壁外，还有雪山、峡谷。归化城通往乌里雅苏台的道路颇为艰难，一般驼队从归化城到乌里雅苏台单程要3个月。像大盛魁这样的实力雄厚的商号在驼道沿路设有多处自己的驼场，可以更换具有生力的骆驼。因而他家的驼队从呼和浩特到乌里雅苏台只要两个半月即能到达。时间就是金钱，这道理古今相通。大盛魁占据驼道优势，赚钱比别家更容易更多也就是顺理成章的事情了。

科布多东距乌里雅苏台1000多里，1727年（雍正十一年）始设参赞大臣，统辖阿尔泰山南北两麓厄鲁特蒙古诸部和阿尔泰、阿尔泰乌梁海两部，也是一座军事重镇，俗称后营。

大盛魁在过春节时曾贴出这样的对联：

戴月披星似鹏程，历尽沙漠极边路；
栉风沐雨若豹变，鸿开乌科万世基。

从这一对联中，可以看出归化城到乌里雅苏台、科布多驼路的漫长与艰难，也说明乌、科两地重要的商业地位。大盛魁在这两地设有分庄，还曾将货物远运到哈萨克斯坦进行贸易。

清初，喀尔喀蒙古主要是靠牧业经济支撑社会，居民所需的生活日用品完全依靠与旅蒙商的商品交换而取得。清朝政府派驻喀尔喀蒙古的军政人员的一切用品也是取自于商号。随着清朝军政部署而来的乌尔屯（驿站）徭役以及各部、旗派驻乌里雅苏台、科布多的值班人员和应差兵夫的开支，会盟和清查等各项浩繁的费用，全由旅蒙商垫付。各旅蒙商所垫付的货物款项，最后由札萨克在票据上加盖官印，转为“印票”账。

清朝派驻乌里雅苏台和科布多的各衙门，除官俸兵饷按照规定由户部发给外，关于办公、杂费、伙食、马干、车驼、旅运、燃料和器具以外其他一切由地方支应的人工、物品和款项等，甚至处罚犯人用的刑具、装殓死人的棺材等款项，统由“三大号”——大盛魁、元盛德、天义德预先垫付。事后再按地方七成、商号三成或地方八成、商号二成分别负担。这些支应十分浩繁，由大盛魁垫付的最多。

抗日战争前，大盛魁前任大掌柜段履庄同《大公报》记者杨令德的一次谈话中曾说：“大盛魁在外蒙供应浩繁，如前后营将军、参赞衙门，一切日用食品，统由大盛魁供给。旧历年前，水果、鸭鱼之类，以数百骆驼由归化城运载而去。每年招待王公及支应官差，仅饺馅用肉一项，即需羊四千余只，诚为惊人。”

大盛魁一方面代理地方办理供应，同时也利用这个机会做些生意。凡是摊派到地方的部分，大盛魁就在收“印票”账的时候一同收讨。如果当时不能收清，就转为“印票”账，按月行息。

清末，光绪帝妃子珍妃的堂兄、曾任乌里雅苏台参赞大臣的志锐曾为革除值月支差奏请朝廷：“……查承平之年，乌、科、塔三城各大臣日用之需，皆有各商家轮流支应，谓之值月。兵燹后，商号歇业大半，而值月仍未革除，贵至钟表绸缎，贱至米盐酱醋，无不立折支取，年终归商号清偿。甚至例进马匹亦归采买，每年总在八九十匹，概以八两官价付之，每马非数十两不能入选。此外，狐皮、猞猁、狼皮、羊皮每年均有定章，应交之数，统归商号应差。……昨至科城调查，每年总有一万四五金……”从这也可以看到大盛魁旅蒙商支差放贷的情况。

乌里雅苏台和科布多两处，喀尔喀各部、旗都派驻不少官员和应差兵夫。据姚明辉《蒙古志》记载：“喀尔喀之乌里雅苏台住班如下：副将军、参赞和札萨克、汗、王、贝勒、贝子、公一人，札萨克公台吉四人，协理台吉四人，管旗章京副章京四人，听差台吉二人，向导兵六人，以上每季一更；协理台吉一人，管旗章京副章京一人，骁骑校一人，骁骑二百人，以上每年一更；驻牧场札萨克一人，协理台吉一人，管旗章京副章京一人，骁骑三十五人，以上每季一更；驻滋生驼场土谢图汗左翼中旗札萨克一人，管旗章京副章京一人，骁骑七十二人。驻马场三音诺颜部中右旗骁骑二十二人，以上常住不更；共计三百五十八人。”

以上所有的开销都须大盛魁来垫支。由此可以看出大盛魁在喀尔喀蒙古的分量和在朝廷眼里的地位。

十一、驼城巨商元盛德

归化城驼商“三大号”之一的元盛德有着自己传奇的历史。

400 多年间，在呼和浩特大大小小从事驼运业的商号数以百计。历史上最有名的民间称作“三大号”，即大盛魁、元盛德和天义德。大盛魁拥有骆驼约 2 万峰，元盛德有 7000 峰，天义德约有 5000 峰。元盛德的掌柜段泰起家很有故事。说起来他原本是呼和浩特城内一家小驼户的掌柜，最初只有几十峰骆驼，后来发展到了几百峰。元盛德原来叫元盛宏，它的东家经常雇请段泰的驼队为自己运货，结果欠下了段泰脚钱，就是运费。一时资金周转不开，还不了脚钱，东家就把欠债转成了商号的股份。这样段泰就成了元盛宏的股东。再后来元盛宏又欠下段泰更多的脚钱，东家干脆就把生意盘给了段泰。段泰把商号名改了一个字，称作元盛德。

说起元盛德的历史，它的起家还早于大盛魁和天义德，资格很老。同是驼商，但特点各有不同。元盛德还有一个别人不能企及的地方，就是在草原上拥有专门滋生骆驼的牧场，用现在的话说就是育种基地。元盛德有 3 个驼场，即讨号子、乌兰海、扎哈庆。这三个牧场中只有一个在现在的内蒙古境内，其他两个都在

元盛德旧址

现在的蒙古国境内。元盛德总号设在呼和浩特，分支机构设在科布多和乌里雅苏台。

乌里雅苏台是大盛魁起家发迹的地方，而科布多则是元盛德起家的地方。两地都在蒙古西部草原的深处。现在年轻的呼和浩特人对科布多感到陌生了，其实它是蒙古西部一座重要的经济城市。元盛德在科布多的牧场常年放养着40万到50万只羊。这些羊都是雇请当地蒙古族牧民照看。元盛德与牧工有一种形式特别的合作，就是每放500只一群的羊，接下的羊羔东家只要300只，其余都归羊工。东家为羊工提供一匹骑乘用的马，三峰供迁徙倒场时候用的骆驼，每年再付给羊工一块砖茶和一锅青稞。羊工也有收获，就是每年剪下来的两茬羊毛都归羊工所有。如遇灾害，羊死了，羊工只要拿羊皮给东家即可顶活羊的数。这样算下来，羊工工作一年可得150多只羊及500只羊的春毛和秋毛，可以说收获甚丰。有利益同享的基础，羊工视东家的羊群如自己的一般，精心照料。元盛德与羊工长期合作的关系很稳定。

我大概换算了一下，折成现在的价，羊工为元盛德牧羊，年收入近20万元，牧民当然愿意干了。这种合作方式把东家和牧民的利益绑在了一起，大家都有利可图，所以这种合作就能够持久而不生变。

草原上的物产——骆驼和羊，是元盛德发家致富的两大法宝。不仅有以上两样发家的法宝，作为一家经营有方的商号，元盛德还非常重视开展多种经营。据记载，光绪年间，元盛德在喀尔喀草原有70多万只羊，平常年份它在草原上也有四五十万只羊。这些羊如果只是放养在草原上那是值不了多少钱的，必须把它们盘活，就是把羊商品化，让它利润最大化。怎么商品化呢？怎样追求利润最大化呢？就是把羊运到值钱的地方。

哪儿值钱？长城以南和京城北京。长城以南地区人口稠密，山西、河北、河南、山东、京津地区，历来就有进食羊肉的传统，尤其是北京。清朝统一全国后，八旗部队连同他们的家属超过60万人常住北京内城。马背民族喜食羊肉，朝廷也要求在草原上经商的商号为北京供应羊肉。北京年消耗羊30万只。内城的王公贵族和八旗部队以及他们的家属吃肉，住在外城的市民百姓只能吃羊下水。卤煮火烧、爆肚、涮羊肉等美食都是那个时代传下来的。

那时候元盛德等归化城“三大号”还把从后营出产的扎哈庆、计毫子、白颜子3种羊输往北京。扎哈庆的羊个头大，肉好吃，名为黑头羊。计毫子的羊很肥美，脖子黑，身子白，名为黑花羊。白颜子的羊，个头虽小，肉却好吃，脖子黄，身子白，名为黄脖子羊。这几个地方的羊遂成为品牌，在北京非常有名。

于是元盛德就做起了长途贩运活羊的生意，把自己在科布多饲养的羊通过长途运输运到北京去，卖一个好价钱。经营长途贩运活羊方面，元盛德做得十分专业且有创新。元盛德在北京有3家京羊庄，专门负责从草原往北京市场运送活羊，并且负责在北京的销售。这三家京羊庄常驻北京，对于客户的需求非常了解。它们的名字分别是元盛隆、元盛泰、元盛长，三家各走各的账。这三家京羊庄的生意规模也十分了得。除非特殊情况，三家京羊庄之间没有业务来往。

各家京羊庄自己到归化市场或直接到草原上采购活羊，自己组织羊“房子”往北京赶运。即便是从元盛德自己的羊群买羊，京羊庄也要完全按照行业规矩办事，打字据、付款，一项都不能马虎。

羊采购完毕，京羊庄的羊把式首先要给羊分群。先是挑最大最肥的羯羊

元盛德旧址院门

为一群，次一些的为另一群，中等羊分成若干群，最后剩下瘦弱和有病的羊为一群。这样做是为了在赶运的过程中方便分别补充饲料。羊按等级分群后，各选长于放牧羊群的羊倌掌管。羊群走什么路线、每天走多少里地等，字号都有规定。

羊群上了京羊道，夜间休息的地方名为“窝盘”。“窝盘”四周有预先扎好的栅栏。由于是经常使用的“窝盘”，“窝盘”内羊粪积得很厚。“窝盘”内的羊粪不能随便清理，因为羊粪具有隔潮防寒的作用，可以预防羊受风寒生病。这说的是冬天。夏秋两季，羊群休息的地方要选择高地，因为不能让羊出汗。这样的场地名为“凉盘”。要是没有经验的羊倌，将“凉盘”选在低洼无风的地方，羊在休息的时候身上出了汗，就容易生病。夜间卧不稳，白天不肯吃草，羊会逐渐瘦弱下去。

给羊饮水方面也很有讲究。冬季隔一天一饮。要是下了雪，羊在吃草的时候连雪也吃下去，三四天一饮就可以了。夏季必须一天一饮，让羊饮好水、饮足水。

“啖羊”也是一项重要的工作。为了让羊肯吃草喝水和上膘快，就要“啖羊”。冬天是啖碱，大约 100 只羊要啖十几碗碱（每碗 1 斤左右）。夏天因为下雨多，羊口淡了，不肯喝水，就需要啖盐。

在京羊道上赶羊的时候，要让羊群一边吃草，一边前进。前进的速度一定要均匀、不紧不慢，让羊以吃草为主，不要让羊只顾跑路，没有机会吃草。放牧羊群是有规律的，一群羊每天只吃两道生草坡就可以了。每天到中午，要把羊群赶到“凉盘”上，让羊好好休息一会，下午才能好好地吃草。

羊倌不但要有放牧的技术和经验，而且对羊的普通疾病也要会治疗。比如羊吃了乌头草，口吐白沫，给羊灌咸盐水就可以治愈。如果羊得了脾胀病，肚子膨胀，在羊脊梁的第七根脊骨处扎针，就可以治愈。羊被毒蛇咬伤，在伤处放血就可以治愈。

英国商人在归化城开设的诒和洋行看到贩羊的生意颇能赚钱，也曾派人招募羊工，插足京羊道上的买卖。结果，他们运往北京的活羊，还没到张家口就全军覆没了。据说是羊群误食了有毒的断肠草。所以京羊道上的活羊生意乍看简单，其实操作起来难度极大。

十二、北方最大的肉食品加工基地

清代中期，由喀尔喀蒙古贩运回归化城的羊，一般年份有七八十万只到100多万只。这些羊一部分通过归化城的羊马市场销售给京、津贩羊的商客，一部分委托各家大商号的京羊庄直接赶运到北京销售，其余的都由归化城的屠户就地屠宰。归化城大屠宰的季节是每年冬季阴历的大雪、小雪之间。归化民间早就有“日宰万牲”的说法。

发达的屠宰业使呼和浩特成为当时我国北方最大的也是最重要的肉食品加工基地。一到冬季来临，商户就在呼和浩特展开大规模的屠宰。“小雪大雪间，卧牛宰羊时。”归化地区流传的谚语描绘了当时的情景。

那时候单是登记在册的正式的屠宰行社，在归化城内就有70家以上。这众多的屠宰行社一起行动，屠宰量是非常大的，“日宰万牲”并非是虚妄之言。

牲畜宰杀后，除少量留下以供当地军民食用外，其余大部分都经过再加工，冻成卷，运往京、津、晋北、直隶北部以及河南、山东、汉口等地销售。

羊肉中有很大一部分是回族商人经销的。

那时候除了北京、天津是归化羊肉的大主顾，易州、代州、忻州等地的羊客购买量也是很大的。太原有个清真饭馆，名叫清和园，很有名气，每年消耗的羊全都是从归化城贩运过去的。清和园常年雇请一位资深的“买头”，名叫乔明。乔明除了给自己的饭店买羊，还向太原周边的其他清真饭馆供应羊肉。他们信任归化城的回族羊肉经营者，因为这些回族商人屠宰的羊都是经过清真寺阿訇之手的，在羊肉质量上绝对没有问题。

彼时归化城回民中有三大卖客，他们分别是李旺、杨发永和麻存宝。这几个人在归化城都开有规模很大的肉铺，杨发永还经营着一家清真饭馆。他们把大部分羊肉卖给了当地的中小肉铺，做着批发生意。在宰羊的季节，这三家回民羊肉经销商会用一种很特别的方法包装和运输羊肉。其中一种叫作“羊肉包子”。这里所说的羊肉包子可不是蒸熟了就能吃的包子，而是指在特制的羊肚（也就是羊的胃囊）里装上剔骨的羊肉，做成一个个至少30斤重的鲜肉大包。这样包装为的是方便长途运输，同时羊肉也不易散失水分。尤其是在寒冷的冬天，可以运到山西、河南、山东等很远的地方，而能保持羊肉的新鲜。

归化汉民也用这种方式运输羊肉。更有甚者，汉民中有个叫王万金的人，他发明了土制的冰窖和冰棚。他在自家的冰窖、冰棚储存的羊肉能够卖到第二年春天，而且羊肉是不会坏的。王万金每年在大雪、小雪之间要宰数千只羊，除了运往山西、河北等地，也是分发给当地卖肉的小商户。王万金在运送冻羊肉方面也有自己的独创方法。在冬季将羊剥皮，去了头蹄，掏去五脏，仅剩下两张肉板，剔去骨头，卷成肉卷。夜间在院子里铺上席子，将肉放在席子上，经过一夜就将肉冻好了，然后将冻肉储放在“冰房”里。所谓“冰房”，就是四周和顶子都用木版搭起，房内的地上倒上冷水，放上冰块，然后将冻好的羊肉放在房子里储藏。向各地运销的时候，将冻肉包好，不让透风，因为一透风，肉就不新鲜了。

在京绥铁路修通前，这种冻肉都是用车辆、骆驼、毛驴等运销。晋北各地城市的肉贩，每到冬季也来归化城市场贩运冻肉。归化城每年用这种办法销售的羊肉约有100万斤。每只羊按25斤净肉计算，每年为销售羊肉而屠宰的羊就有4万只左右。

冬季运销羊肉的主要原因，一是冬季沿路草少，赶运活羊比较困难；二是冻羊肉包装、运输都比较省事、方便。

归化城的生意人发明过独特的冰窖，位置在归化城北门外的董家花园。

在董家花园里有一个很大的深坑，曾是昔日的一座冰窖。大坑深约2.5米，容积约3000立方米，可藏冰1万余块。每年从三九起，每天夜幕降临的时候，许多工人就在河边排成长队，开始了紧张的作业。他们按照规定的尺寸把厚厚的冰层凿成冰块，然后用绳索绑好，一步一步地拉上马道。冰块运上岸以后，再拉进冰窖。冰窖装满冰块之后，上面架设杉木、竹竿，然后铺苇席，苇席上再敷盖黄土、草帘。待来年立夏时节启窖，人们再把冰块抬出来，分别送给商家、官府或富户。当然是要收取相当的费用的。

清代，归化有个不成文的规矩，每年从农历五月一日起至七月二十日止，二府衙门会给每个市民每天供应两块冰。这些冰采于阴山山沟和护城河等处，还有源于西山玉泉的水结的冰，都较为清洁。等到农历七月底，冰差不多都用光了，天气也快凉爽了。年复一年，年年如此。

要知道归化城是个吃穿不愁的好地方，这名声传播得很广，也是真实的。一到冬天，这里那里到处都在宰羊卧牛，再穷的人也能吃上羊肉、吃上白面、吃上莜面，是不用担心饿肚子的。这一条也是各地人蜂拥而至，争相“走西口”的一个基本原因。就算是乞丐，背个面口袋，在村子里挨家挨户走，用不了走多少里路，讨得的面就连自己也背不动了。蒙古人厚道，归化人厚道，这是天下人所公认的。

需要说明的是，归化本地大盛魁、元盛德、天义德这些专做外路的大商家，一般是不在归化城做铺面生意和零售生意的。这样做是为了体现对中小同行的体恤，展示厚道和风度。像大盛魁这样的大商家在中小商人作坊收购商品时，一般都不还价，对方开多少钱就多少钱。这是商城市场上风靡的一种风尚，体现的是一种商业精神。

还有一些散户是为红火的羊生意做辅助服务的，比如专门以开羊场为业的。初冬，归化城羊“桥”上的成交量很大，但也不是每年都能卖完，总有一些羊一时卖不出去。怎么办？这时候开羊场的人就有生意可做了。他们替外地羊客把羊赶到自己家的羊场管理起来，让羊安全过冬。有时候他们也替外地的羊客代买羊，从中赚取佣金。总之，他们的生意是很灵活的。

归化市场扩大了，经商的群体可谓五花八门，有一个群体专门做羸羊生意。所谓羸羊，是指通过大外路长途赶运回归化城的过程中因体弱生病、掉膘而掉队的羊。经营羊场的小商人就乘此机会在京羊道上收购这些羸羊。他们知道京羊道上的规矩，赶运羊群的羊倌和东家有约定，就是掉队和死掉的羊，到目的地后，羊倌只要拿出同等数量的羊皮即可顶数。因此，那些脑瓜机灵的羊场小掌柜，就拿预先准备好的羊皮去和赶运羊群的羊倌交换，一张羊皮换一只活羊，然后带回自己的牧场好生喂养，很快羸羊就会变成活泼健壮的羊。一只健壮的羯羊，其价值在归化羊“桥”上能顶 8 张羊皮。可见做羸羊生意的利润也是相当可观的。在归化城，有不少商人就是靠经营羸羊起家的。

归化城的牛羊冻肉卷每年运往各地的数量都在数百万斤以上。归化城常年向内地运输羊肉，培养了那里的食客。这些食客又创造出了许多以羊肉为主料的食品，像山东济南的酸辣羊汤、西安的羊肉泡馍、开封的地方小吃羊汤、京津地区的涮羊肉。北京甚至引进了归化烧卖，并成为京城的美食。

元盛德除了对羊的经营别具特色、经验丰富之外，对骆驼的滋生也很重视。作为一家名声卓著的大驼商，元盛德有自己培养的骆驼专家。这些骆驼专家对骆驼的熟悉程度甚至远远超过了草原上的牧民。他们在草原上的骆驼牧场常年蹲守、观察，总结出很多经验，也创造了不少绝招。一般情况，别家的骆驼在“桥”上卖 50 银圆，元盛德的骆驼就得卖 80 圆。这是品牌效应，都不用还价。

元盛德在科布多和乌里雅苏台设有专门滋生骆驼的基地。外行人看骆驼都差不多，其实骆驼在体格、脾性、耐力等方面区别是很大的。元盛德的驼队用的都是自己繁殖的优良骆驼，耐力好，脾性绵善。别家的驼队需要行走 30 天的路程，元盛德的驼队只需 20 天即能抵达。所以在归化驼运界，要雇请元盛德的驼队，就要付出比别家更多的运费。所以，原来元盛宏的东家欠下元盛德的驼运费就是顺理成章的事情了。由此可见，滋生良种骆驼和驼运确是元盛德发家的两大法宝。

第二章

归化城的『桥』

一、归化的“桥”

我这里跟您说“桥”这个词的时候，您的脑子里千万可别出现那些木质的、石拱的、水泥的、钢铁的家伙的图像。我所说的“桥”指的不是那些架设在河流上的真实的桥梁。我说的“桥”应该加引号，是有特指的，说的是市场。就是说你要是听到呼和浩特老年人在谈论什么桥什么桥的时候，其实他们是在说市场，就像现在的菜市场、百货市场、早市、夜市、鱼市、鸟市一样。

作为市场的牛桥是由真实的牛桥引申而来。牛桥是一座真材实料的石头桥，正式的名字叫庆凯桥。庆凯桥长七丈三，桥宽七尺，下有3个拱形涵洞。自建成之日起即成为归化城的一景，称为“石桥晓月”。

牛桥的修建与一位僧人有关，他就是关帝庙的巨庆和尚。为修建牛桥，巨庆和尚曾经远赴库伦去化缘。据说巨庆和尚在库伦化得白银数万两。于此也可以见得归化城与库伦的关系非同一般。那时候为修建庆凯桥，归化商民曾经达成协议，由归化城经营花园的大财主董家花园的主人出力，归化各商家集资出钱，为的是迎接康熙皇帝征讨噶尔丹凯旋，表明心迹。

庆凯桥建成后成为人群聚集的地方，后来买牛卖牛的常在此聚首，久而久之便形成定规，做牛的生意就只能在这里经营，于是庆凯桥一带就成了买卖牛的专门市场。当某个人牵一头牛在街上走，朋友问他：“到哪里去？”他就说：“上牛桥。”大家就知道他是去卖牛了。

咱们接着说桥。后来“庆凯桥”一名逐渐被“牛桥”所替代，一直沿用至今，以至于人们都把它原来的名字忘记了。1959年秋，一场大洪水将牛桥冲垮。不久前，市政府拨出巨资，重修扎达海河，施工时在河床的淤泥里挖出牛桥的石碑。

说到归化城的“桥”，故事可就多了。“茶马互市”的概念至少可以追溯到明代。

从那时起，归化城就以“官马御桥”而名扬天下了，每年经由这里输往内地的各类马匹数以十万计。马的类别有用于军事的军马，用于农业和运输的役马。作为交换，内地则把大量的茶叶和其他日用百货输往蒙古草原。无论是马还是茶，对于中原和草原来说都是十分重要，几乎是不可或缺的。

归化城的“桥”还与税收有着密切的关系。早期归化城的税收由土默特户

保留至今的最早的一张牛桥照片

20 世纪 20 年代的牛桥照片

抗战时期日本人制作的牛桥题材的明信片

新建的牛桥于 2006 年 9 月建成并投入使用

牛桥是庆凯桥的俗称。据记载，1696 年（康熙三十五年），康熙亲征噶尔丹大获全胜，师进归化城，官员、兵丁、百姓出城迎接。归化城秀才李丰年为纪念此事，募资修建庆凯桥。庆凯桥是一座白色的石拱桥，桥身似弯月，人称“石桥绕月”，为归化城旧八景之一。庆凯桥建成后，商贾云集，成为归化城最大的牲畜交易市场。1959 年 7 月被洪水冲毁。2006 年 9 月，完全按旧桥结构修建的新牛桥建成。

司管理，户司派有官员在“桥”上征收牲畜交易税。这份税称作“牲畜记档银两”，主要用于公费支出，是土默特左右两翼衙署重要的财政来源。其收支每年年终要报中央理藩院核销。当时的收税标准是驼每峰征收制钱95文，马、牛、骡、驴每只征收19文，羊每只征收5文。很明显，对骆驼交易的征税要远远高于对其他牲畜的征税，由此也可以看出骆驼的价值。

随着归化城市场交易量的增加，税收也随之猛增，于是就引起重视了。谁重视呢？先是杀虎口的税务监督，其后是大清朝廷。杀虎口税务监督上疏朝廷，建议将归化税收收归户部管理。乾隆皇帝准奏。于是1761年，在归化城增设归化税关，民间一般称其为塞北关，位置就在现在呼和浩特火车站的右前方不到200米的地方。塞北关虽然早已消失，但其地名保留至今。

清代朝廷在归化城设置的税种有牲畜税、油税、酒税、烟的榷税和商品落地税等。收税的衙门除了总局外，又增设了四栅口、牛桥、马桥等牲畜税局和萨拉齐、托克托、和林、毕克齐、察素齐、可可以力更等几个税局。这样一来就大大地扩大了朝廷的税源。其中，凡是在归化城“桥”上做成的生意，一概通过牙纪征收牲畜税。牲畜牙纪成为道台衙署和二府衙门管理牲畜市场税收的得力助手。

归化城的各种税收被中央拿去，归化各衙署的财政支出怎么办？朝廷给了补偿政策，允许左右土默特衙署每年从塞北关提取公费7000两白银，予以年终报部核销。

“南迎府里客，北接外番财。”在很长一段时间内，市场繁荣的归化城担当着口岸城市的重任。以后我们会在“扎达海经济区”一节中做详细的介绍。

那时候，归化城的“桥”有马桥、牛桥、驼桥、羊桥……全都是专卖马、牛、羊、骆驼的市场。

那么能不能这样做呢：我想买头牛，能不能在大街上把一位卖牛的人截住就地成交呢？

答案是不可以！牛桥既然是一个市场，就有它的规矩，一切生意必须要在

"桥"上做才合法。这里涉及两个问题，一个是税收，另一个是经纪人的行业规矩。就是说不经"桥"上牙纪做成的生意既是违规漏税，又触犯牙纪的行规。归化城是一个讲究法度的地方，在这里无论做什么事情都要按规矩行事。不论是牛桥、马桥还是驼桥，各个市场都有牙纪组织来执行必要的纪律。牙纪们在每一桩成交的生意上都要抽取一定的佣金，不然牙行的人靠什么吃饭？在"桥"上不通过牙纪是做不成生意的，买方和卖方是不能直接接触谈生意的，这也是规矩。

谈生意的方法是牙纪分别与买方和卖方在袖筒里捏。先要问明买主的用途，是骑乘还是拉车、拉磨，是为宰杀吃肉还是为滋生下崽。然后牙纪就会向买客推荐，例如拉出一匹马，介绍这马的体格如何健壮，蹄腿如何利落，毛色如何光溜，性格如何善良，跑得快，走得稳，最后说："你骑上走一圈看看！"

我想牙纪行的出现，也是一座商业城市成熟的标志吧。过去很多年，我们把牙纪当作剥削阶级对待，加以歧视和打击，现在看来其中存在不少误解。其实他们在商业运转方面起着很重要的推动作用。

呼和浩特的牲畜市场并非是一成不变的。比如马市。在清朝初期和中期，朝廷实行马政，限制民间饲养和经营马匹。满洲八旗兵在右卫驻防时，军队的战马在和林格尔厅和清水河厅放牧。后来部队移驻绥远城后，军马场移至阴山北。战事平息之后，朝廷虽然允许民间买马和贩马，但是马匹交易仍由绥远城将军衙门直接管理。马匹交易的马桥就位于绥远城的西街，距离将军衙署400米的地方。

后来马政彻底开放，一大批马贩子、马牙纪应运而生。他们中有蒙古族、汉族、满族，也有回族。其中，主要是满族和蒙古族，是满洲八旗和蒙古八旗中负责管理马政的军官和他们的后代。这些人在马政开放以后捷足先登，华丽转身，率先进入民间交易的马桥，并且长期把持马桥。用现在的话说就是"官二代"和"军二代"。后来马桥完全市场化以后，他们的光环才渐渐褪去，最后隐没在普通马牙纪的群体中。甚至到后来，在归绥马桥上都很难找得到满族牙纪和蒙古族牙纪了，尤其是在清末，满清王朝摇摇欲坠，很多满洲八旗的军官和他们的家属甚至在公众场合都尽量隐瞒自己的民族身份。清王朝覆灭时，在绥远的很多满族官员和军官以及他们的家属纷纷更改民族成分。之后在马牙纪的队伍中就更难找得到满族人了。

马牙纪们大多居住在绥远城西街的马神庙、马税厅附近。马神庙和马税厅不用解释。马王社是马牙纪们的行社，办公地在马神庙。我曾经说到过的领房子人刘瑞就是绥远城马桥上的人，他家就在马王庙的附近。

牙纪要到归化城二府衙门领牙帖才可以经营。牙帖分头等牙帖和二等牙帖。头等牙帖每年交固定税 60 元，二等牙帖每年交固定税 30 元。像天盛昌是多年的牙纪老字号，领的是头等牙帖，义和堂领的是二等牙帖。此外，还有每年交 15 元的三等牙帖，由几个牙纪合组一个堂名领取，按每个人的每年进项摊钱，有的出 5 元牙税，有的出 3 元牙税。这类情况，必须是父辈交往多年，合伙共领，由一个人顶名，出钱多少并不在意，主要是以此抵制商帮的首要商号。

牙纪们有自己的行话，也叫暗语。比如从一到十的数他们称一流、二床、三品、四瞎、五拐、六挠、七猴、八桥、九勾、十挂。外行人听不懂。而且在现场交易的时候也有特殊规矩，就是买卖双方不能说话，只能由牙纪分别与他们在袖筒里捏。

牙行，在中国古代和近代市场交易中都曾存在过，为买卖双方说合交易、评定商品质量和价格，从中收取佣金。牙纪或称牙郎、牙商、牙侩、牙人。元代起从事人口贩卖的牙纪被称为人牙子，女性牙纪被称为牙婆、牙媪。牙本为“互”字，因两个字相近，唐代起被误写成“牙”而沿用至今。牙纪对于中国商业发展发挥过重要的作用。原先牙人自行入市成交，汉代称驵、驵侩，最初可能主要说合牲畜买卖；后来逐渐扩展到各种买卖，唐、五代称牙、牙郎、牙侩，唐代有供商旅存货寓居的邸店，牙人在邸店接待客商，并代官府征税；宋、元、明又有引领百姓、经纪、行老等称呼。

蒙古草原自古就是北方民族的游牧地，如匈奴、鲜卑、突厥、契丹、奚等，不少牙纪就出自他们中间。像大名鼎鼎的安禄山就曾经是一个大牙纪。安禄山是粟特人，祖先来自西亚，信仰袄教。据说安禄山会讲6种北方民族的语言。后来安禄山飞黄腾达，身兼三镇节度使，掌管了大半个北方。那时，呼和浩特地区属于安禄山活动的地盘。据此是不是可以推断安禄山就是呼和浩特牙纪们的先人也未可知。

进入明代以后，牙行开始正式浮出水面，合法化了。1523年（明嘉靖二年），朝廷颁布“市易法”，规定牙纪必须选择有资产的人户充任，并由官府发给印信文簿（后称牙贴）。牙贴类似现在的营业执照。领贴须纳贴费，连同每年所纳税银，统称牙税。牙行并代官府采办货物。明代以前的牙纪多属个体经营，活动方式是在各居商停客的店栈和堆放货物的邸店之间往来说合。大的牙行有铺面、堆栈、客房等设施，并雇用看货、帮手、账房、庄客等。明后期以来，牙行经营范围益广，举凡牲畜、农产品及农民所产的丝绸、布匹等均经牙行买卖，客商不得直接收购，小贩也不得私卖给客商。牙行又与船埠头、栈店相通，在转运、仓储环节上亦有牙纪把持。

对外贸易中也有牙行的身影，元代称舶牙，清代称行家、外洋行。清代基本沿用明制，但牙行的职能又发展到自营买卖，代客垫款、收账，代办运输、起卸、报关，对农民和手工业者进行预买、贷款。牙行的收入除佣金外还有商业利润、贷款利息、服务报酬等，不过这类牙行是少数。

牙行的作用是双重的。在封建时代早期，农民和手工业者生产的商品零星分散，他们又不熟悉市场，赖牙行居间中介，进入流通。因此牙纪有提供行情、便利成交的积极作用。但是牙行也因此能够取得垄断农副产品交易，操纵价格，从事中间剥削。到封建社会后期，牙行成为一种具有封建特权的居间商人组织。他们资本很少，甚至没有资本，凭向官府交纳牙税和贿赂官员把持地方市场，对商品流通又有明显的阻碍作用。随着商品经济的发展，这种阻碍商品流通的牙行制度日益受到冲击。清代商人会馆的兴起，排挤了一部分牙行势力。20世纪初，在手工业品的买卖中，牙行已为客商自己设立的坐庄所代替；在农产品贸易中，则形成各种专业性的牙行、牙纪，如代客买卖的米行、菜行、果行、蛋行等。还有些牙行与各种行栈（货栈）合一，向客商提供仓储和食宿，开展多种经营，已不同于过去的牙行。

对于归化城的桥牙纪来说，他们最基本的本事首先是熟悉商品、熟悉市场。这些关于牲畜的知识，差不多是祖辈相传的，是与生俱来的。许多牙纪都是代代相传。那么归化城“桥”上的商品是什么呢？主要就是牲畜。这些牙纪都是土生土长的归化城人，都是从小就闻着骆驼、羊、马牛身上的腥臊气味长大的，他们不仅熟悉牲畜的饲养特性，还熟知牲畜的品质。比如专门经营骆驼的牙纪对骆驼的好坏和价值了如指掌。先看骆驼的路风、口齿、蹄柱、体格、峰子，再看眼睛、鼻子、肘子、板筋。如果肘子、板筋有毛病，备上鞍子后就容易压破梁。这种病叫“努骨素”，很难治好。其中路风，也就是骆驼的产地最为重要。看牛更有讲究。耕牛要“五短一长”：四条腿要短，脖子要短，腰身要长。这样的牛叫“抓地虎”，干活儿有劲。看驴的话，要膘满肉肥，口青耳朵立。羊的出货量最大，也是先看路风，就是说看哪里产的。乌兰察布地区因为多山地，羊平时经常跳山梁、沟壑，所以四脚坚硬。再加上乌兰察布草原的羊经常吃根叶较硬的草，所以肉质细密。更重要的是乌兰察布草原上多有野沙葱等草药伴生，羊吃下后使得羊肉更香。鄂尔多斯多沙地出产的羊肉质细密结实，风味独特。

二、马桥设在绥远城

清朝初期实行马政，不许民间养马。满洲八旗兵在右卫驻防时，军马在长城北边的和林格尔厅和清水河厅放牧；后来移驻绥远城后，军马场移至大青山北。后来，马政放开，允许商人买马和贩马，马匹交易由将军衙署管理。由此在汉族、蒙古族、满族和回族人中出现了一批操纵马市的马贩子。

马牙纪中最有势力的有3户，即兴隆裕马家、积善堂董家和三和堂李家。三和堂的大院就在我家旁边，隔着3个大门。李家的院子我从小就熟稔得很，李家有一位小姐还是我中学时的同班同学，她在课堂上曾经闹过一场笑话。有一天上卫生课，老师拿教鞭指着黑板上的一排字母，问李家小姐什么血型是公共型。李家小姐答："零型。"引起哄堂大笑。后来"零型"就成了她的外号，一直使用到中学毕业。

在我的记忆中，三和堂的人都善于识马并精于骑马。据说李家先人中有一个奇人，他能够早晨从绥远城出发，到可可以力更镇喝早茶，中午则在锡拉穆仁草原（召河）吃午饭，晚上又回到绥远城西街，一日往返300多里，如履平地。留在我少年时代记忆中的印象简直就是神话一般。

由于马王社和马王庙都设在绥远城，一般情况下，归化城有老弱病残的马，都要送到绥远城的"死马行"宰杀后煮熟销售。绥远城"死马行"的卤锅年代

蒙古人认为，马是世界上最完美、最善解人意的牲畜

久远，已经不可考证。马肉煮熟后香味四溢，非常好吃。我小的时候，家住在现在蒙古语说书厅的旁边，向北过三道巷子就是马肉坊。父亲与马肉坊的掌柜要好，经常指派我拿一个小罐子到马肉坊去打卤。马肉坊煮马肉的肉汤油水大，拌着莜面吃，那叫一个香！

羊油炸的酥脆麻花、小米面蒸的甜窝窝、卤锅马肉成为代表绥远城风味的三样食品。可惜现在全都消失了。每天下午，卖马肉的小贩推着车到我家的店铺“瑞兴号”门前叫卖。卖马肉的师傅把马肉用刀切成纸一样的薄片，人们都争先购买品尝。最标准的吃法是把刚出炉的热焙子用刀划开，夹上马肉吃，堪称一绝。

接着说“桥”。从牛桥开始，以此类推，举一反三，后来但凡是市场就统统被称作是“桥”了，这就是归化城“桥”的来历。像“房子”、“桥”之类的词全都是归化城商业兴起后创造出来的独特词语。

需要强调的是归化城不是一般的商业城市，而是我国北方最重要并兼有外贸口岸性质的商城。在清朝海棠叶形的版图上，归化城不是一座边城，而是正处在版图中心位置的城市。归化城所处的土默特平原北靠大青山，面朝黄河，是一个风水极好的所在。如果说黄河是游弋在亚洲大地上的一条巨龙的话，那么归化城就是跨在龙背上的骑士。打开地图就可看出归化城恰好在黄河的上游和下游的交界处，这里历来就是“八方通衢之地”，往南沿黄河乘船顺流而下，一日之内便可进入山西、陕西，并有旱路可以直通中原重镇汉口，事实上归化至汉口的车马驼队日夜川流不息；往北有驼道直通库伦、恰克图、伊尔库茨克；向东有大道通往北京；向西有大道通往新疆，地理位置十分重要。

作为驰名中外的官马御桥，归化马桥上的牙纪们不但对各路马的体格、性子都非常了解，而且对马的毛色也十分注意。根据老年马牙纪说，以往马桥上的马种类繁多、分类特细、专业化极强。

每一种马都有专门的称谓，在一般人眼里列为一类的马到了马牙纪的手里都各有各的名称。我听马牙纪讲，马有红枣骝马、赤兔马、土褐马、青马、黑枣骝马、乌骓马、四银蹄马、云青马、黑铁青马、豹花马、纯白马、黄膘马、黄枣骝马、前银蹄马、后银蹄马、孤银蹄马、海骝马、狮子头马、破脸马、卷毛马、猪皮海骝马、银鬃海骝等几十种。

这是受草原文化深刻影响的体现。草原人对牲畜的认识和理解与内地人是大不一样的。就说羊吧，内地人看羊大概只能分出山羊和绵羊，但在草原人眼里，羊的分类就复杂、细致得多了，一岁羊、二岁羊、母羊、羯羊、三岁羯羊……不一而足。牛和马也是如此。蒙古语中对马的描述差不多有100种之多。这是马文化的内容。

白色鼻梁的马，马桥上的人把它称作孝脸马。蹄牙子向上的马，称为孤蹄马。这类马由于蹄形与脸毛的特殊，不易出售，所以马桥上曾流传有“孝脸孤蹄，王八不骑”的俗语。四个蹄子、体毛和鼻梁都是白色的马，桥上的马牙纪称其为“雪里站”。“雪里站”本来是品质很好的马，性格亢扬，跑起来速度快，但是因其长相不赢人，一般马客见其面而生厌，多不愿购买。对这种马，“桥”上有“冲天纸、吊黑炭，带着四条哭丧棒”的说法，因而颇受鄙视。

在归化马桥上，经营马的商户一般都把头年坐冬、第二年放场的马赶在七月草青肥美的时候赶到桥上出售。当地的马贩子在七月里最为活跃。他们既要介绍生意，又要倒卖马匹；既买通事行的马，又买存马户的马；既卖给各路的小买客，又卖给当地的农民或拴车户。所以归绥有这样几句流传很广的谚语：“城隍头出府，马贩子赛如狗。城隍二出府，马贩子赛如虎。城隍三出府，马贩子是蹲门的狗。”这就是归化马牙纪生活的写照，可谓是生动形象、多姿多彩。

所谓“城隍头出府”是指清明季节。一般春季马桥上交易不多，上桥来的多是附近的农民和城里那些拴毛车、煤车的人前来倒换一些成马。清代归化附近有专往北京运送皮毛的马车2000多辆，有专从阴山西段老石蛋煤矿往归化城运煤的马车1000多辆。这时候马牙纪终日上桥，买卖却不多，如同一条狗乱跑郊野，忙活一天难得饱食。当然不得饱食的只是马牙纪中的下层人物。“二出府”指的是七月十五。这时候草原上的热马到了，正是马桥上交易繁忙的时候，有时候一天的交易量比春季一个月的交易量都多。马牙纪们在桥上东奔西走，撮合生意，往往成功的比例很大，于是就显得他们的本事大，所以说“赛如一只虎”。“三出府”说的是十月初一。塞外入秋，天气转冷，南方来的客人惧怕这里的寒冷气候，纷纷返回故里，上桥买马的人逐渐减少，马桥的生意遂由旺月转入淡月，马牙纪们无所事事，就成为“蹲门的狗”了。从这几句谚语中也可以推知马桥的交易情况。

绥远城与归化城合并之后，成立了归绥牙纪公会。这是马牙纪的组织，登记在册的有四五百人。还有一些人虽没有在公会做正式的登记，但他们也跟随老牙纪天天上桥，这些人可以称作准牙纪，或者说是牙纪的预备役部队。这个群体的人数比正式牙纪要多。

说起来呼和浩特是一个非常有特点的城市，不论是做牙纪的还是拉骆驼的，甚至鼓匠班子的人，都十分讲究职业风度。他们都很看重自己，看重自己的职业，换成现在的话说就是特别具有职业精神。做什么都有板有眼，都要做出个样子来，不能让人小瞧了，自我感觉都非常好。就说马牙纪，在穿戴上都很讲究。但凡是正儿八经的马牙纪，必定要穿绸褂、灯芯绒的缩口裤子，腰上别一条白色的毛巾，脚蹬牛鼻子布鞋，鞋底的边儿用石膏刷得雪白，戴一副墨镜，手提一根马鞭。资格老的马牙纪上桥的时候都要骑着马。出现在马桥上的牙纪一个个头脸刮得干干净净，辫子梳得整齐铮亮。

牙纪不但讲究职业风度，他们还过着一种悠闲逍遥的生活。每日上桥前先泡茶馆（现在叫烧卖馆），二两烧卖一壶茶，从清晨喝到半前晌，一边喝茶一边天南海北地神聊。许多老牙纪都有走驼道的经历，他们走南闯北，到过许多地方，见过许多世面。内地的汉口、北京、天津，蒙古草原上的库伦、乌里雅苏台、科布多，新疆的伊犁、古城，甚至俄罗斯的伊尔库茨克、莫斯科，都是驼队经常前往的地方，各种各样的奇奇怪怪的事情就没有他们不知道的。早晨泡茶馆被牙纪们称作是“肉泡水”。下午桥上没什么生意可忙活了，牙纪们多在澡堂子里消磨时光，称作是“水泡肉”。

如果是在牙纪行有资深的或是在牙纪公会负有一定责任的牙纪，那派头更足。他们上桥要骑马。马牙纪的坐骑修整打扮得非常仔细，剪鬃、钉掌、刷身体，那马任哪儿都收拾得干干净净。马身上的装饰也讲究得很，红缨穗辫成的马轭，下面吊一串红铜的小铃铛，人还离得老远呢，就能听得见叮叮当当的马铃铛声。数悉的人一听声音就能知道是哪位爷来了。绥远城是满洲八旗的驻防地，受满族人的影响，有资格的牙纪会被人称作“爷”。

再说说走马，即良马，善跑的马。那时候归化城上流社会的人士讲究骑走马。马牙纪因为身份特殊，经常有好走马骑。因为职业的关系，他们往往能花少量的钱把好走马弄到手。

在归化街头，经常能够看到年轻的马牙纪骑马经过。他们骑的马都不是真正属于自己的坐骑，俗话说“奶妈抱孩子——人家的”，他们是让正待出售的马暂时为自己服务了。“桥”上有些买卖不是一下子就能成交的，尤其是贵重的走马，买客往往要反复考察、多方打听、再三定夺。这段时间，马的主人就把马交给自己信得过的牙纪。短则三五天，长则几个月甚至半年、一年。归化桥上曾有一匹名马在牙纪手里放了整整3年，只因为买主没有看中，卖主又不肯降价，于是就这么拖着。马就由牙纪饲养料理，每天骑出去跑街。牙纪们把马打扮得漂亮，其实也是为了推销商品，为了把马早点出手。他们的炫耀更多的意义是做广告。所以在绥远城或归化城街头，人们看到骑上等走马的除了有身份的官人、贵族、大商号的财东掌柜外，就只有马牙纪了。说实话，除了马牙纪，也没有人敢骑着好走马在街头招摇。

马牙纪是一种世代相传的终身职业，除了一般上“桥”的牙纪外，还有所谓顶门牙子、点数牙子和蹲门牙子等几种区分。

归化城是我国北方重要的羊马市场，归化城的繁荣和发展与羊马交易有直接关系。马的交易，当以山西、直隶、河南、山东、湖北等省的马贩子为主要顾客。一般马店，对外地来的马客都非常尊重、非常热情。

马店也是一种经纪行业。嘉庆年间，马桥繁荣之后，曾有许多熟悉马匹品性的回族和汉族人民，在归化城的北门外一带开设马店。因为它是以招待外地的马客为主要业务，所以人们又叫它行客马店。最初仅有顺成马店、三和马店等三四家。从同治末年到光绪中期，除原有的羊马店，如天义祥、光盛和、吉义恒、永万恒等，有些人得到了大外路和小外路旅蒙商的支援，也兼办了马市的交易，新开设的马店有德和公、元生店、四海成、聚兴魁、六全店、德成马店等，先后计有六七十家。

归化马贩子们所贩卖的马，大部分是喀尔喀蒙古前、后营与东杭盖所产，直接交由各地马牙纪上市，不经店家之手。

当年回民中也有不少马贩子，如长命、薛根等，每年也买一两群好马，自己组织赶马能手，去河南等地贩卖。另外还有汉民中的王盛汉等，每年也要买上千八百匹马，作为存盘。他们是丰镇缺马就到丰镇，包头缺马就到包头。外地的马行情，他们都能随时掌握。

马牙纪、马贩子、马店掌柜和财东全都是以经营马匹为生的商人、经纪人。这些人之间没有绝对的分界。一个马牙纪如果生意做得顺当赚了大钱，他立刻就会升格为马店的掌柜。绥远城三和堂的李树银就是一个典型。他从马牙纪逐步发展为绥远四大马商之一。坊间都传说李树银神通广大。他的发迹史其实也不神秘，就是长时期经营马的生意。李树银与客户打交道，得到了山东和京东各县马客的信任。他替自己的客户上“桥”购买大量的马匹，生意兴隆，呈现出财发万金的现象。

归化的马桥也不是一年四季都红火，在清明节前后，马桥的生意极少。一般的马贩子只能为那些在归化成和绥远城内拴毛驴车拉煤送货的小车户服务，倒换少数成马，做一些零星生意。这些小车户，老辈人称作“毛车户”——栓毛车的人该是归化城里的贫民了。但是他们和驼工、屠宰工人、钉鞋匠等加在一起算是归化城这个商业城市的基础人群。他们也算是商业人口。这个人群中随时都会有人发迹升迁，进入掌柜子的行列，成为富有的人。同样，富有的人群里也随时会有倒霉者跌落到贫民的群体。甚至连召庙的僧侣也会奇迹般地出现在拉骆驼、赶毛驴车的队伍里。

归化城马桥上的生意也包括骡子和毛驴。归化马桥上的习惯是买卖毛驴都由回民牙纪经手，汉民牙纪从不过问。只是约定俗成，说不出什么道理。

牛羊牙纪与骆驼牙纪多由回民中的韩家和温家两家领衔。骡马牙纪，在清末有回民、汉民200多人。1923年（民国十二年）前后，因为马的来源减少，已无大宗生意可做，从羊马店下来的牙纪们大部分也走上了马桥。所以这一时期归绥马牙纪的人数激增，与马市萧条的情况形成极大的反差。

以往每年阴历正月十八日，归化城的马桥就开桥上市，由马王庙主办，在绥远城的马王社唱一台酬神戏；六月初三将马桥移至绥远城西门外的时候，又要献戏3天。这些活动一直持续到民国初年。在归化和绥远两城的马桥合并后，祭神献牲之举就被逐渐废弃了。

当年开“桥”的时间，也有一些不成文的规定。比如每天上午7时为牛羊桥开市时间，10时以后为驴骡马桥与骆驼桥开市时间。骆驼桥设在归化城北门内，即大北街路西。下午所有的市场一律放市，行话叫作下桥。

不论是绥远的马桥还是归化的马桥，牙纪们对待买客都是非常讲究礼数的。一般情况下，买客到来，牙纪们都会有下马饭招待，走的时候有上马饭送行，买卖成交以后，还要在景福居等小饭馆子请吃酒席。马牙纪竭尽东道主的热情。上桥的马牙纪对于外地行客经手买马，也要从桥上一直陪送到客人住的旅店里，处处关照，给予尽可能多的方便。可谓是服务到家。

绥远和归化城在每年阴历六月以后，马桥上的买卖就呈现繁荣景象。这时候一般马店帮助客人买马卖马，凡是店对店的生意，都按二分佣钱抽取。就是说他们既买又卖，买卖双方的佣金都要挣，各打二分，这也是规矩。如买主经过牙纪向马店买马，买主须给牙纪出二分，卖主也给店家出二分。

但也有例外。那时一些较大的马店给“三大号”卖马，也就是为大盛魁、元盛德、天义德服务，他们只向买主打佣二分，并不收取“三大号”的佣金。但是“三大号”对马店也不能白使用，都有“送佣”之举。把“挣佣”变成“送佣”，体现的是“三大号”的威严、情谊以及居高临下的做派，同时也体现牙纪们对“三大号”的尊重。

专业的团队和长时期的经营使绥远、归化马桥的牙纪们积累了丰富的经验，这体现在绥远城和归化市场马的分类非常严格和细致，也非常讲究。

就说热马。热马是指夏天进入归绥的商品马。以营路马、杭盖马和铁狮河马销量最大。营路马有前营、后营之分。前营和什勒更的马秉性灵敏，怀驹稳，渡河过水也都勇猛。缺点就是个子较小，力气不是很大。这种马多销于直隶定州附近各县的马市，做一般的农田之用。营路马、杭盖马和铁狮子马性情温和，一般用于在城市拉车。

要说力气大，要数后营的马。后营的马腿长肚子大。后营马的这个特点非常重要，因为腿长肚子大在配种上有优势。后营的母马与毛驴交配能产下大块头的骡驹。要知道大骡驹的价钱要比马的价钱高得多。还有后营马在科布多草原长年喝惯了带有细沙的河水，不喜欢喝井水。科布多至归化城有6000里路，后营马经过长途跋涉，由科布多赶到归化后，不免显得疲倦，所以表面看上去不怎么吸引人，不了解内情的买客往往看不上眼。只有归绥的马牙纪知道后营马的性质，并且懂得调教之法，才能发现出它的优点。这种马多由张家口、宣化的马客贩卖，作为驾车的辕马。

扎哈沁和赛音诺颜产的马，步伐快，力气大，体格也高，马性也温柔，山西、河南的马贩子都喜买这种马。东杭盖和铁狮河的马，身长力大，外貌英俊，秉性驯服，容易掌握，本地农民乐于使用。

这些马的产地都在现在的蒙古国西部。

绥远城马桥是一个非常重要的市场，经过长期经营，市场日甄成熟，掌控马桥的牙纪队伍逐渐形成了著名的“十大股”。

在绥远城马桥上曾经出现过地痞流氓借故滋扰的事情。马贩子与牙纪为了维持桥上的秩序，巩固行业的基础，雇了一些棒手和把式匠，随时应付和弹压那些地痞流氓。

在马桥上无事的时候，这些雇来的棒手和把式匠也能帮买帮卖、协帮社务。世代相传，这些人无形中成为马桥上一股特殊势力。有时他们也会因为利益与马牙纪、马贩子发生冲突。为了这部分人的待遇问题，同治年间双方经过磋商，达成过一个正式的协议。协议规定，凡马桥上的生意，成交以后每匹马给他们200城钱作为报酬。城钱是当时市面上通行的钱底，1892年（光绪十八年），以铜钱48个为100城钱；1906年（光绪三十二年），钱底下降，以15个铜钱为100城钱；1921年（民国10年）前后上升为42个铜钱为100城钱，当时又叫“四二钱”。所有这些定成10股，按每个人的具体情况，有顶一半股的，有顶八厘的，有顶五厘的，集中以后，按股均分。这就是当年马桥“十大股”的来历。

最初的“十大股”安置在绥远城的马桥，其中有汉民与回民，以后归化城的马桥也由他们维持。光绪年间，回民“十大股”中有马骏、薛根、金满仓、马双喜、马祥、李二白碗、白富、库成等七八人，由马骏当家。清末，回民“十大股”只剩6股。汉民“十大股”有绥远城的陈宝子、金大林、李世名，归化城的郭存智、郭存孝、郭存先等七八人，由郭存孝当家。其中陈宝子最爱出风头，每年八月，穿着一身绸缎衣裳，骑着一匹好走马，经常装上火锅子，到马王社吃酒。当时有一个“闯白花”的人，名叫王海龙，也想在汉民“十大股”中吃一份好汉股子，结果被郭家兄弟打跑。

关于马桥牙纪们的故事，在呼和浩特有这样的民谚流传：

狮子把住两扇门，马桥设在绥远城。西街有个马税所，每天能收一斗银。

“十大股”，太“日雄”，陈宝子每天起来抖威风。金大林、李世名，抗前挡后带铁绳。豹子老虎吃海龙，你看威风不威风。

“十大股”，真出名，有的是汉民与回民。每天他们上马桥，走遍绥远归化城。五湖四海皆朋友，茶馆饭铺叙友情。薛根打坏六十三，豹子老虎吃海龙。三教九流走江湖，“十大股”都能显神通。

买马卖马都插手，“十大股”威震归绥城。

“十大股”之间彼此联系，互不相扰。他们只在桥上求生活，不参加大盘交易。在桥上够得上小把买卖，他们才插口；零星交易不自行插口，必须在牙纪请他们帮话的时候，他们才插口。买卖成交以后，每一匹马由卖主给他200归化城钱。在马桥上，“十大股”担当着保护人的角色。他们讲江湖义气，吃软不吃硬；遇有事情的时候，他们能拼命斗殴，替行社办事。因而马桥上还真缺不得这种人。这些人其实吃的是好汉股子。

绥远、归化的马桥上，除了主体牙纪和马贩子之外，还逐渐形成几种身份特殊的群体。除了前面说到的“十大股”，还有“顶门牙子”。

顶门牙子有两种情况：一种是他们的先人在羊马交易方面，曾经为牙纪行集体立过功劳，或是为归化“三大号”或某家羊马店出过力，桥上给他们一份照顾，用不着做具体事情就可以拿一份佣。另一种是由大羊马店出号的人，另行组织羊马店时，觉得自己的经验、技术不够好，必须聘用一个顶门市的，才能招徕买主和卖主。

凡有顶门牙子的，进行交易时事先要向买主声明：买一匹马就给顶门牙子记500城钱（民国以后改为二角银洋）。不管是在桥上交易还是在坝后交易（这个“坝”指的是阴山上的蜈蚣坝，坝后就是阴山以北的草原，一般是说可可伊力更、召河、四子王旗一带），也不管交易的时候顶门牙子到场不到场，买一匹马就得给记一份钱。所以马桥上的人也把顶门牙子叫作“点数牙子”。但是有一条，顶门牙子不管有无交易，得经常上桥打探行情，并注意各方面的信息，以备号内咨询。做了顶门牙纪的人都是老资格的牙纪，他们一般不在桥上再当牙纪，但有相识之人托他买卖几匹马也不为错。

名叫张全喜的牙纪就是大盛魁的顶门牙子，此人在归化地方名声很大。他的儿子叫张秃子，父子相传吃着同一碗饭，挣同一份佣。据说他们的先人在早年间给大盛魁赶运羊马的时候立过大功。大盛魁要给他先人顶生意，他先人不肯接受，请求号上照顾他的子孙，于是大盛魁就给他一个顶门牙子的名分。谦和长商号的顶门牙子名叫穆二命，据说他的父亲穆有福是谦和长著名的经理，有看羊、看马的高超本领，谦和长的发展壮大和他的关系很大。号上为追念他的功劳，让他儿子当了顶门牙子。顶门牙子，只准聘用，不能取消。谁要敢于取消，当事人会不惜牺牲生命力争。据说中和店的经理白维利，有一次给大盛魁卖马，买卖成交后没有给顶门牙子张全喜记一份钱。张全喜找到白维利的门上要钱，白维利不认账，结果张全喜在白维利的胳膊上扎了三刀。从此以后，再也没有谁敢无视顶门牙纪的存在，更没有人敢取消顶门牙子的名分了。

此外，马桥上还有一些年老力衰的牙纪，他们在马桥上给马贩子和牙纪们拉马拴缰，出点微力。买卖成交后，由牙纪或马贩子按马匹成交的多少，每匹马给他们 100 城钱的酬劳金。这也是马王社的人给老年牙纪和老年马贩子的一份关照。马桥上给这类人送个外号，叫作“蹲门狗”。

还有一种牲畜贩子，他们一方面在桥上做买卖交易的牙纪，另一方面他们有少量的资金，也做一些转手倒卖的交易。这种贩子在同治年间尚有 100 多人。这些人都是有名有姓的，我说几个名字给大家听听，或许读者中间有人能遇上他们中某人的后人：李富根、王宏旺、丁黑、韩富、韩兴元、韩兴祁、韩礼、刘福如、拜文奎、拜慈命等。

“桥”头上的马贩子都是经验丰富的行家里手，用他们自己的话说就是“眼睛里有水”呢！他们在“桥”上行走，常常能在牲畜的身上发现别人看不出来的毛病。行家称为暗疾。表面上挺精神的马，体态也好，路数也对，其实是匹孬马，中看不中用。客家买回去，看着个儿挺大，但拉车没有力量，骑乘跑不快。如果没有牙纪的帮协，买客肯定上当无疑。

另有一些现象正好相反。某些马、牛乍看上去模样不怎么的，其实是好马、好牛。这些牲畜表面或许显得体瘦毛长、拖腿疲沓、毛色不顺、没有精神，其实并没有什么大毛病，只是因为喂养不善或没有及时地铲踢、钉掌，鬃毛没有修整，不梳、不刮、不捯饬而显得精神不振。有经验的马贩子就以低价将这些牲畜买下。他们先拉到钉掌铺，给牲口铲蹄钉掌，将蹄腿捯饬好再拉回家，将鬃毛修剪整齐，再用凉水将牲畜皮毛洗净，梳刮全身，使之看上去光滑顺溜。这样一摆弄，原先拖腿疲沓的牲畜立刻就显出了精神。不懂行的买客也往往容易错过低价买好牲畜的机会，这也需要牙纪相帮才行。

一般来说，牲畜看上去肚子很小，显得瘦弱，主要是喂得不好。这样的牲畜到了牲畜贩子的手里，好草好料地侍弄，用不了几天，就能让牲畜的精神面貌焕然一新。只要肚子吃起来，看上去就显得很肥壮。俗话说：“肚大三分膘。”这话一点不假。然后再给牲畜戴上新笼缰，备上新鞍子。“人靠衣服马靠鞍”，经过这样的整理修饰，牲畜显得十分精神，蹄腿也利落灵巧，前后判若两畜。

牙纪和牲畜贩子不但会相马、相牛，而且对侍弄牲畜也是内行。这里有许多技巧。举个例子，就说为一匹马梳理皮毛，不懂技巧的人无论怎每么费劲梳也梳理不整齐。可是到了牙纪和牲畜贩子的手里，事情就大不一样了。他们握有一个窍门，即在太阳西落以后，给马梳理皮毛，只需三下两下，准能把皮毛梳理得既整齐又干净。因为在有太阳晒着的情况下牲畜的皮毛是永远也梳刮不整齐的，这一点只有牙纪和牲畜贩子知道。

有一回，一个马牙纪在“桥”上买回一匹脏了吧唧的瘦马。经过一番调理，隔了一段时间，他把那匹马又牵到“桥”上，结果恰巧碰上了那匹马原来的主人。那人把自己的马看了半天，愣是没有认出来。不但如此，经马牙纪三说两说，最后那匹马的主人竟以比原来高一倍的价钱把自己的马买回去了。你说这归化城的马牙纪的本事大不大?

自古以来，以茶马交易而名扬天下的归化城，在马文化上是非常有讲究的。一般来说，除了军马、做农活儿和拉车的役用马之外，归化城马桥上还有更上等的马，就是奔马和走马。奔马不用多解释，就是赛马用的跑马，鉴别好坏上下的唯一标准就是速度，跑得快就是好马，日行千里、夜行八百的就是千里马，就是宝马。当然这里边还有短途和长途之分。总之跑得快与慢，身价就大不相同。

说到走马，那讲究就大了。走马的特点是四蹄快速蹈动，身体却非常平稳。

正因为这样，走马就成为达官贵人、名人雅士的代步工具。换句话说，走马是专门为上流社会服务的。什么东西一旦进入上流社会就变复杂了，人们不仅要求马奔跑的速度快，还要对马的毛色、相貌、脾性、体态甚至走路的姿势和教养提出种种要求。打个比方，过去归绥一带上流社会对走马的要求大致与现在对汽车的要求是一样的。好的走马，背上放一碗水走一圈，碗里的水是不会洒的，而走马的速度并不比奔马差，可见走马确实不简单。

三、驼道上的倩影

1697年（康熙三十六年），康熙皇帝的第六女和硕恪靖公主，下嫁喀尔喀蒙古土谢图汗部札萨克多罗郡王敦多布多尔济。敦多布多尔济是喀尔喀三部首领土谢图汗察辉多尔济的孙子。关于察辉多尔济，《清史稿》这样记述："是部为喀尔喀四部之首，内则哲布尊丹巴居库伦，外则邻俄罗斯，有恰克图互市，形势特重，号称雄剧。"敦多布多尔济还是第一世哲布尊丹巴呼图克图的侄孙，第二世哲布尊丹巴呼图克图的父亲。在喀尔喀蒙古，敦多布多尔济是个举足轻重的人物。

恪靖公主出嫁后，因喀尔喀蒙古局势尚不稳定，故在靠近右卫的清水河住了下来，9年后才移居归化城。在归化城正式的公主府建成前，据说恪靖公主先在太平召前暂居。这个最初的公主府在乾隆初年改为归化城管狱巡检署。因该署正厅的瓦当上刻有凤凰花纹，故人们认为公主在这里住过。

皇帝的女儿和硕恪靖公主下嫁是喀尔喀三部的殊荣，对于国家的统一、人心的凝聚发挥了重要作用。据有关资料介绍说，清代共有432位公主、格格和宗室女子下嫁蒙古各部，其中嫁往科尔沁部的最多，有106人，占了近25%。这是因为清朝统治者在统一女真各部，占领整个东北，继而入关占领北京、进

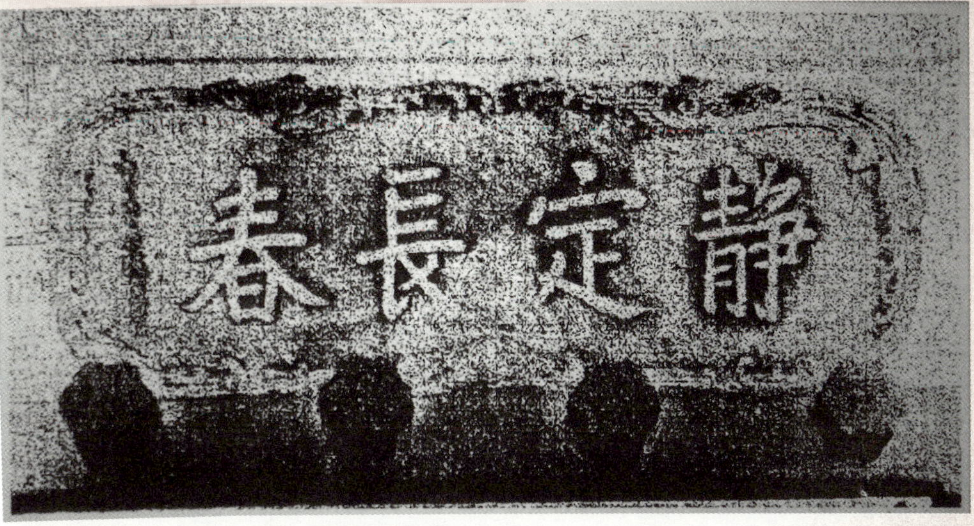

固伦恪靖公主的额驸敦多布多尔济手书“静定长春”匾额

军中原的过程中，得到科尔沁部的大力支持。其余的公主、格格和宗室女子分别嫁到了蒙古西部和喀尔喀草原。这些身份高贵的女子用自己的一生为国家做出了贡献。她们自己的生活是否幸福如意，似乎没什么人注意。人们的目光偶尔才从她们身上掠过。

恪靖公主当然也不例外，她和敦多布多尔济的婚姻同样是一桩典型的政治婚姻。恪靖公主出嫁之时，朝廷将敦多布多尔济由郡王晋封为亲王。康熙皇帝说:“仰体朕一视同仁，无分内外之意。自今以后，亲睦雍和，勿相侵扰，永享安乐。”

说起来公主也是不容易啊！从繁华的北京城到大草原的时候，草原上的战争还未结束。公主最先住清水河。战争结束后，喀尔喀三部返回漠北。公主没有随额附同行。为什么？因为噶尔丹虽败，但草原上还有他的残余力量。据说恪靖公主在清水河县居住的时候兴办水利、关注民生，在民间声誉很高。

1706年（康熙四十五年），恪靖公主移居归化城。起初，公主的宅第建在归化城北门外，扎达海河右岸，与归绥道台衙署只有一箭地的距离。公主喜欢归化城。那时候归化城已经经历了100多年了的建设和发展，商业很是发达，城内的店铺林立，市井繁华；北有巍巍青山，南有悠悠黑水，牧场辽阔，间有农田；距北京也不算远，驼队经常往来于归化与北京之间。后来绥远城将军看不下眼，认为公主的宅第距离市场太近，市井喧嚣，深受骚扰，建议另辟清净之地修建公主府。结果选择了今天的通道北路一块地方建了新的公主俯，开瓴7间。绥远城将军衙署又在绥远城东拨太平庄1700亩土地，建公主庄园。

公主府建成后，成了土谢图汗部在归化和绥远的“王府”，上俯村、下俯村、小俯村三个村子住满了公主的随行人员，包括种地放牧的人，还有驸马爷从喀尔喀蒙古带来的马弁、随从。公主府很像是喀尔喀蒙古驻归化和绥远的办事处。但凡有什么地方大事，归化城道台往往要先请示公主，然后行事。绥远城将军对公主也是尊礼有加，但凡有大的军政决定也都要到公主府向公主通报。

恪靖公主用于管理政务、接见来宾之用的静宜堂，上有康熙御笔亲题的“静宜堂”匾额

康熙北巡会亲图（部分）

此图再现了康熙帝在德尔济库木都和洛驻跸营地前接受和硕恪靖公主、额驸和外孙等迎接的场景。

对于恪靖公主，康熙皇帝要求很严也很高，曾手书“萧闲礼范”“静宜堂”二匾，命公主以礼教、礼貌、道德规范自己的言行。公主肩负着与王昭君同样的使命。政治使命令皇帝的女儿也免不了在驼道上艰辛跋涉。

发生在呼和浩特历史上的和亲非只恪靖公主一个。汉代与匈奴的和亲，魏晋南北朝时期东魏和柔然的和亲，北周时和亲突厥的千金公主（隋文帝时封为大义公主），蒙古“黄金家族”与汪古部和亲的阿拉海别吉公主（就是著名的监国公主）……所有这些和亲故事全都发生在蒙古草原的南缘、阴山脚下这块土地上。中华民族历史上这种解决民族纷争的传统方式，绵延了2000多年。

公主肩负国家使命，上达民情，责任重大，对于安定北方社会，发展和繁荣归化经济发挥了重要作用。

恪靖公主北上所走的驼道是归化城通往库伦的驼道，被称作“公主路”，全程约2870里，总计39站。途经站段名称如下：归化、可可以力更、召河、达汗得令、霍吉尔脑包、察汗此老、菇勾丹、黑沙图、秃亥河、济斯洪果尔（从济斯洪果尔开始驼道进入喀尔喀蒙古，而且张家口至乌里雅苏台和科布多的驼道在这里交汇）、什不圪、明镜、十八圪台、阿不赖、哀勒素达救、察杭、苏集、章茂公、得勒素达赖、札刚脑包、开勒贵、什报、合彦古、幅尔勒盖、昂伦脑包、乌兰脑包、甲勒盖、龙头、巴汗苏木、崔令庙（归化通往库伦的驼道与张家口

现代复原的和硕恪靖公主与额驸敦多布多尔济进膳场景

通往库伦的驼道在此交汇）、昂伦此老、昂圪茂、赛乌素不勒圪、古勒牛讨勒盖、锡力忽独、后昂格茂、阿道七老、寒山坝底、红忽淖、大卯独沁、桃赖河、库伦。

在诸多驼道中，“公主路”最短、最便捷、最安全，途中多天然河流、水泉、水淖，而且每隔数十里还有人工开凿的水井。

通往库伦的驼道还有两条。一条由归化出发，经武川、乌兰花、二连，然后入喀尔喀蒙古。这一路水草较为丰美，路面也算平坦，因此行走的驼队也比较多。另一条是西路分支。此路由归化出发，沿着通往乌里雅苏台和科布多的驼道向北行至喀尔喀蒙古的岱青贝子，再转向东北行至库伦。

四、归化城的茶坊

归化城建在塞外草原的一块风水宝地上，北依阴山，南临黄河，山泉遍地，河流众多，四季分明，土壤丰腴。阿拉坦汗建城后，迅速繁荣的归化城城市范围越来越大，居民也越来越多。随着城市的发展，在归化城的东、西、南、北四个拐角分别出现了茶坊，供来往人们品茗休息。茶坊的出现给归化这座塞上都市增添了一抹温馨的色彩。

归化城的这四个茶坊都有自己的故事。归化城是一座召城，是一座成熟的商城，市民因身份与职业的不同而分成三六九等。老呼和浩特人常常这样形容：“官府的人在东茶坊，经商的人在南茶坊，兵营里的人在西茶坊，做苦力的人在北茶坊。”

南茶坊虽然不复存在，但她的名字现在还在用。当年这里是商人汇聚喝茶、谈生意、交流信息的地方，也是茶商囤积茶货的地方。在这里经常可以看到一排一排高大的茶叶垛，上面用巨大的苫布覆盖，都是准备运往蒙古草原和俄罗斯的。

西茶坊是军人汇聚的地方。这里所说的军人是特指左、右土默特的军人。他们由左、右土默特都统率领，隶属绥远城将军管辖。绥远城里的满洲八旗官兵是不到这里来的。而土默特都统统领的都是土默特蒙古族的子弟兵。

北茶坊是沿扎达盖河两岸散布的毛毡、毛毯作坊的工人和拉骆驼的驼夫、赶架子车和老倌车的车倌、赶羊群的羊倌等人喝茶、聚会的地方。南茶坊的商人们喝细茶，谈生意经，环境也较安静整洁，还有小油旋等细点心品尝。北茶坊的人喝大碗茶（就是砖茶，现在叫黑茶，解腻开胃）。从所饮的茶就可以看出等级差别。这里有一点和南茶坊一样，就是周围都有露天的货场，常年堆放着各种货物，有从北面运回来的皮毛、药材，从南边运来的粮食、百货。当然，其中数量最大的是准备运走的堆积如山的砖茶，上面用苫布盖着。成百上千的骆驼停在空场上等待，工人们在掌柜的指挥下上货或者卸货。南茶坊储存茶货，北茶坊将茶货贮备外运。比起南茶坊，北茶显得格外繁忙。牛马骆驼的嘶鸣声、护卫狗的吠叫声、人的呼喊声，此起彼伏。空气中弥散着从骆驼身上散发出来的永不消散的腥膻味。市场管理官员的身影也时不时地出现在货垛和人群之间。

这些构成了归化城与其他城市最大的区别，也构成自己最大的特色——商业气息和牲畜交易的气氛。要知道，每年从这里发往各地的商品羊就将近100万只，输往蒙古草原和俄罗斯的茶叶有几十万担，赶往内地的马也是数以十万计的。归化城的核心地带就在这里，热闹，繁忙。所以这里的茶坊是最忙碌的。

东茶坊并没有因为是官员活动的场所而陈设豪华。虽说“官府的人在东茶坊”，但没有多少官府的人前去喝茶聚首。为什么官府要在这里修建一所茶坊呢？原因很简单，当初只是为了和西茶坊遥相呼应，所以才有了东茶坊。中国人崇尚对称哲学，无论是房屋建筑还是城市布局，有东就必须有西，有南面自然要对应北面，这样才有圆满、平衡的寓意，所以东茶坊就应运而生了。

再往早了说。明末，东茶坊的西侧建有一座先农坛。先农坛是归化城早期一座地标性建筑。大家知道每年到了仲春，北京紫禁城里的皇帝便率领文武百官去北京的先农坛举行祭祀活动，每次都要举行躬耕三推大礼，以此鼓励和劝导农桑。上行下效，依葫芦画瓢，归化城中的文武官员也会在仲春时到先农坛举行祭祀。1737年（乾隆二年），绥远城建成以后，绥远城将军带领都统以下官员也到先农坛参加祭祀活动。

归化城的先农坛祭祀与北京的一样，也是天不亮的时候开始，不仅要祭拜农神、土地，还要举行躬耕力田的演示。作为农耕国家，这样的典礼规矩甚多，礼节烦琐，官员们为了做出表率，事事亲力亲为，因而仪式耗时极长，往往过了正午时分，官员们还得不到休息。于是，东茶坊便应时应景地出现了。在官员们忙碌一整天之后，在茶坊中休息片刻，喝茶闲聊，加强沟通。于是东茶坊便成为官府人聚集的地方。

其实官府建立东茶坊不单单为了每年仲春时使用一次，还想通过东茶坊吸引和聚集更多的百姓。那时候归化城里非常热闹，绥远城除了军规森严，那里的马市也是人声鼎沸。但归化城和绥远城的中间地带人烟稀少，非常冷清。官府希望东茶坊能够起到沟通两城的作用，使两座城市能够连成一体，使城市功能更加强大。但很可惜，百姓们似乎不理解官府的用意，到这里来的人很少，东茶坊一直没有热闹起来。

绥远城护城河的水是从大青山红山口引来的，河水在绥远城西门外形成一片沼泽。东茶坊的西面有一个河湾，沼泽的水经过郎神庙、东茶坊后汇入这个河湾，然后穿过现在的公园西路，经过美人桥、石羊桥、辛辛板桥，向南汇入小黑河。河水汇入东茶坊的河湾后，水量变大，但因河道弯曲，水流不畅，每到夏末秋初的雨季，就会引发一场小规模洪水，把东茶坊附近的茶坊桥冲塌。

茶坊桥是为了方便百姓过河而建的木质桥，比较简易，总是在春天建桥，夏末时被冲毁，来年再建，年年如此。嘉庆年间，山西商人兰保光捐款出资并负责建桥的全部事宜，把茶坊桥重建成结实耐用的石头桥，并且取名为“得胜桥”。为了感谢兰保光，百姓们在桥头处立了一块功德碑，记载了他的功德。得胜桥造型奇特，桥拱特别高，从远处看就像一个驼背老人，于是人们又叫它“罗锅桥”。

虽然几经努力，但东茶坊始终显得荒凉。后来，归化城和绥远城之间的城际道路修通后，东茶坊更无法发挥沟通两城的作用了。再后来，东茶坊一带逐渐热闹起来，但是主角已经不是东茶坊，而是各种新式建筑、热闹的早市和花卉市场了，东茶坊渐渐被人们淡忘，最终消失在历史的长河中。

五、喇嘛扎布的故事

随着商业的日益繁荣，归化城出现了不少歌楼舞榭。乾隆年间，土默特蒙古辅国公喇嘛扎布创建的大观园属于归化城设立较早的带餐饮的大戏园子，而且延续时间最长（传说一直没有中断过），影响深远。人们一定好奇：喇嘛扎布是何许人也？喇嘛扎布是阿拉坦汗的嫡孙。

17 世纪初，土默特部分裂，一部留住大同边外丰州滩一带，另一部东迁辽东地区，故有东、西土默特之称。1632 年（后金天聪六年），西土默特部被清太宗皇太极征服。1636 年（崇德元年），清朝把西土默特部编为左、右翼二旗，由满族人担任都统、副都统统辖，取消了土默特蒙古贵族的统治权。

1755 年（乾隆二十年），喇嘛扎布因在统一新疆的战争中献马有功，被封为一等台吉。1756 年，青衮扎布发动叛乱，他迅速出兵平叛并擒获青衮扎布，因功被封为札萨克辅国公。从此，喇嘛扎布名声噪起，成为土默特地方炙手可热的人物。

但是喇嘛扎布命运多舛，1760 年他因罪被削去札萨克，成为一名无职无权的闲散王公。1765 年，喇嘛扎布病故。次子索纳木旺扎拉继承了辅国公爵位。这个爵位承袭到 1913 年（民国二年），前后延续了 6 代。

据说喇嘛扎布为人豪爽，仗义疏财，喜好结交朋友，非常喜欢热闹。他修建自家宅院的时候，原本是可以选择归化城外较宽阔的地方，但是他偏偏选择了小东街与三贤巷人口稠密的地方——他图的就是热闹。这里往南通小召半道街，往西不远是乡耆府商务会，一天到晚车水马龙。喇嘛扎布的国公府初建的时候，其规模远没有归化城里原有的几处“达兰嘎”（参领）的宅院大。那几家豪宅都在城西的太管巷和牛头巷，都是较为清净的所在。那时土默特左、右两旗的蒙古族官员绝大部分都住在归化城里。

说起饭店，归化城早就有不少很有名的去所，像会仙楼、晋阳楼、同和园等大戏园子。归化城的大戏园子不仅唱戏，还可以摆堂设宴，因此又被称为大戏馆子。它们都属于饮食行的仙翁社。仙翁社旗下有大戏、小班、葫芦、捎壶、烧卖和饸饹6种饭馆。每年阴历八月十七日、十八日、十九日，各家饭店的东家都要给酒仙唱酬神戏。

喇嘛扎布深受归化城这种餐饮文化的影响，据说他养成了两大爱好，其一是爱听山西梆子，其二是喜好吃烧卖。因为上述原因，喇嘛扎布的戏园子不叫戏院而是叫会馆，正式的名称是佳乐会馆。名字叫得很响，很时髦，性质就和300年后在呼和浩特流行的会所一样。佳乐会馆只允许归化城、绥远城六大衙门的官员，八旗驻防军的协领和土默特的参领在此聚餐看戏。这些官场上的人就是所谓的满蒙二十四家“达兰嘎”，都是有身份的政界和军界的人。普通市民是没有资格进入消费的。会馆内可以摆90张八仙桌。每桌围3条骨排板凳，坐6个人，加上走廊上摆的临时座位，可容纳七八百人。

从明朝末年到乾隆年间，归化城商业发展经历了几次高潮。第一次是1571年“隆庆和议”以后，明蒙双方沿长城前后开设了十几个交易口岸。最著名的有西口杀虎口、东口张家口。久旱逢雨，贸易兴盛。口里口外的商贸往来为草原社会注入活力，极大地推动了草原社会的发展。第二次高潮发生在康熙年间，平定噶尔丹、喀尔喀蒙古回归给商业带来前所未有的发展机遇。还有一个特别的因素，就是在战乱期间喀尔喀三部中有一部分曾经在土默特地方借牧。他们对土默特是心存感激的。战争结束后，喀尔喀三部顺理成章地对归化敞开了市场。于是，广阔的喀尔喀市场成为归化商人的舞台。占尽先机的归化商人大大地赚了一笔。

我们发现归化城商业高潮的出现及归化城与整个北方草原上的建庙高潮是完全同步的，建庙高潮也是发生在明朝末年到乾隆年间。我想大规模的召庙建设必然要动用大批的人力和大笔的资金，大量人员和物资的流动给商业和物流业带来了机会。

喇嘛扎布的佳乐会馆就是在这样的形势下产生的。它是当时归化城最上档次的去所，是归化城一等一的会所，就算是归化腰缠万贯的商界领袖，甚至四大乡耆，都没有资格进去消费。光有钱不行，进“佳乐会馆”的主顾得有身份和地位——即便是吃喝玩乐的场所，也是讲究等级的。

那时候在绥远城里还有一部分蒙古驻防八旗，官兵加家属大概有3000人。这些蒙古八旗有不少来自土默特。他们和归化城的蒙古上层有着千丝万缕的联系。他们过着优哉游哉的日子，学习满族贵族和军官的做派，一天到晚除了玩鸟架鹰，就是跑马射箭（跑马射箭在清代早期和中期属于军事训练项目，变成游乐项目是后来的事情）。

喇嘛扎布有一点很是与众不同，他酷爱烧卖这种美食，不但是喜好吃烧卖，而且终日琢磨，研究烧卖的原料出处、作料配方、烹制过程，最终成为专家。他算是归化地方一个有名的蒙古族买卖人，很有代表性。还有西河沿义顺斋的股东，即名人巴靖山的祖父，人称“噶兰达”，也是土默特蒙古族人士。归化城内乃莫齐召的大喇嘛和毕克齐的汉族地主共同投资开设了一家专事俄蒙生意的字号。喇嘛也可以做生意的，像召河菩汇寺的达喇嘛银海，买卖做得很大，他与大盛魁合作，是鸿记商号的财东。蒙古商人中更多的是地商、牧场主、大驼户掌柜。总之，他们都是已经融入城市的蒙古人。

还有一些当地蒙古族散落在了归化城里城外的大大小小的汉传佛教、藏传佛教的寺庙中。我们列出几个：关帝庙，位置在小东街65号，它的主持人叫永心，蒙古族人；三贤庙，位置在三贤庙巷4号，它的主持叫能义，蒙古族人；观音庙，位置在石头巷47号，它的主持是蒙古族人达旺；著名的席力图召，位置在石头巷61号，它的主持是诺蒙达赖，蒙古族；巧尔齐召，位置在西五十家街11号，它的主持名叫诺仕盖，蒙古族人；无量寺，就是著名的大召，它的主持叫格诺化，蒙古族。

可以看到这些庙宇的主持都由蒙古族人士担任，更不要说在藏传佛教的庙宇中，还有大量的蒙古族喇嘛。这是呼和浩特历史上一个特殊的现象。商人、僧侣、政府官员、军队中到处都有蒙古族人，他们离开了传统的牧场，放下了牧马的套马杆和羊铲，走出了蒙古包，在城市定居，改变了生活方式。绥远八旗中的蒙古族军人脱掉军装后，大部分定居在日益发展的归化城和绥远城中，其中多数人成了生意人。土默特蒙古人渗透到了社会各个阶层，渗透到了归化城和绥远城城市生活中。人改变着社会环境，新的社会环境也在改变着人。

一切都在变化之中。随着社会的发展和城市的发展，藏传佛教进入蒙古草原以后也被改造了，蒙古族出身的活佛、高僧和喇嘛把它蒙古化了。他们把蒙古草原的文化通过新著的佛经和日常的佛教活动渗透到了藏传佛教的经典和寺庙的祭祀当中。藏传佛教中的文学、艺术、天文、地理、数学、医学都得到丰富和发展。草原文化透过藏传佛教的召庙折射出来。

喇嘛扎布是渗透到了娱乐餐饮业中的一个蒙古人，应该算作是土默特蒙古人中第一个成功的餐饮业企业家。

在漫长的历史进程中，佳乐会馆也曾发生过变故，那是发生在喇嘛扎布被贬为闲散王公之后。

从札萨克辅国公到闲散王公，看似都是王公，其实差别很大，前者是既富也贵，而后者则是只富非贵，一词之差犹如天壤之别。由此可看出社会风气和人情冷暖。从门庭若市到门可罗雀，喇嘛扎布失势了。随着仕途失意，他的生活也发生变化，佳乐会馆热闹不起来，收入也跟着锐减。光靠微薄的俸禄很难维持豪奢的生活，于是喇嘛扎布决定改变佳乐会馆的经营方式，给它找一个善于管理的经理人，他自己只做财东。

经过多方打听，喇嘛扎布选中了一个名叫王禄的经理人。从此佳乐会馆实行了东伙分治，就是产权与经营权分离，一种很是先进的商业模式。我们早就说过，在300年前的归化城，以大盛魁为代表的商号已经实行了先进的两权分离的管理模式。这种模式不仅是大商家在采用，一些小的商号也在纷纷效仿、学习，以至于在归化地方形成了风气。300年以后的今天，我们的国企改革还在摸索，还在虔诚地向欧美企业学习，实在是有点数典忘祖、妄自菲薄。这种先进的商业模式产生在塞外的归化城，也是让许多人深感诧异，甚至难以相信。其中的缘由值得深入探讨。

还是说佳乐会馆吧。

话说喇嘛扎布把佳乐会馆交给王禄管理，他退居幕后，只是在会馆留给自己的包厢内看戏吃饭。佳乐会馆是一个一层半结构的建筑，前面是戏台，一层是大厅，上面半层是包厢。官衔级别特别高的和官员的家眷一般都在二楼的包厢就座——那里清静。

王禄接手佳乐会馆以后就开始做他的大众生意，喇嘛扎布专心致志地研制他的烧卖。后来流传开来的"苏尼特的羊肉、毕克齐的葱、河套的白面……"据说就是出自喇嘛扎布。离开这三样原料和配料，烧麦的味道就怎么也达不到完美。

王禄经营的佳乐会馆已经大众化了，普通的宴席是6个碗、6个盘，共12道菜。每桌收6钱银子。花卷、米饭和黄酒也包括在内。在清代，这是一个便宜的价格，属于中档消费。它比不上"小班馆子"的档次，但是比"葫芦馆子"要讲究。佳乐会馆的六碗六盘里包括海味菜在内，还有额外加的炸元宵等"腰饭"。

彼时归化的习惯，戏班子到外台子演出，分早、午、晚三场。大戏馆子只演午场和晚场，早上只有烧卖一项，没有演出。

喇嘛扎布选择王禄可以算是伯乐相马，发现了一个杰出的管理人才。王禄不是一般人，他有自己的经营思路。王禄雇用手艺高超的厨子，聘请戏剧名角演出。因为能吃到好的饭食，能看到好的演出，顾客大都愿意到佳乐会馆来消费。用王禄的话讲就是照顾他的生意。佳乐会馆在王禄的手里又重现了早先车水马龙的情景。那时候每到初冬，走外路的驼队归来，大驼商们为了庆祝买卖成功，为了酬谢相与，常常包下归化城内的大戏馆子招待客人，常常是千人宴。佳乐会馆经过王禄的改造，从原来只能容纳七八百人扩容到能够容下1000人，成为大商家争相订座的场所。

为了方便，大驼商大宴宾客时就请王禄代东。开席前，王禄把东家领到戏台中央，手里拿一个宝瓶，念一串很长的祝酒词。祝酒词合辙押韵、调式优美，十分精彩。往往一段祝酒词就能博得观众的掌声和喝彩。王禄因经营佳乐会馆而出名，成为归化地方一等一的堂馆。

1868年（同治七年），陕甘回民军逼近伊克召盟。朝廷派淮军的水师营和“洋枪队”前去镇压。水师营和“洋枪队”驻扎在萨拉齐、包头和托克托一线。随军慰劳的徽班黄腔戏班来到归化城，慕名而来，投奔佳乐会馆。王禄把徽班安排在距离佳乐会馆一箭之地的小召后街的无名巷居住，演出地点就在佳乐会馆。于是，佳乐会馆的观众中间又多了许多身穿军服的人。开戏前，戏台下的人群里说蒙古语、山西话、北京话、天津话、陕甘话、安徽话的都有，甚至还有说俄语和英语的，五花八门，场面非常热闹。这也是归化地方一个传统，就是八方荟萃——什么食客都有，什么饭食都有，什么说话的腔调都有。

归化人习惯了这种四方云集的场面，也喜欢这种热闹场面和气氛。这大概就是现在我们经常说的城市的包容吧。

六、落户归化城的新疆驼商

同治初年，由于对清政府不满，居住在西北几个省份的一些回民起事。后来战火蔓延，终于导致不幸事件的发生——回民军与官军的战争演变成惨烈的民族仇杀。1868年（同治七年），新疆奇台县的回民也扯起造反的旗帜。时局动荡，民不聊生，奇台经营驼运的大批驼户、驼商纷纷逃离家乡，向东而来。他们寻着归化驼商来的方向向东逃跑。这是因为东方有个他们熟悉的地方——归化城，那里有常年跑新疆的驼队，有他们交好的商人、驼户、驼夫朋友。

奇台、古城暴乱，逃出来的人只限于汉族人中有骆驼的人家，大概有 1000 多家。他们翻越阿尔泰山，从山北的草原向东行进，途中曾经遭遇追杀和抢掠。他们走过干旱的沙漠、戈壁和草原，忍受着饥寒困苦，经过现在的蒙古国西部地界，转入阿拉善草原，最后来到归化地方。他们中的一部分人留在了包头。此次长途迁徙死亡散失者逾四分之三，可谓悲壮至极！

向归化城的逃难获得了一个意外的结果：他们在从前由归化城经过前营、后营到达古城子的马背形“大西路”南边，无意间踩出了一条由古城子直达归化城的弓弦形的驼道。这条新的驼路后来被归化驼运界称作小西路。这条小西路较之大西路，缩短了将近 1 个月的行程。

经过 7000 余里长途跋涉，最终到达目的地的仅只 240 余户。归化城是他们再熟悉不过的亲切的地方。数百年来，来自归化的驼商、驼夫几乎天天与他们接触。逃难的人中有不少人落脚在了阴山以北的可可以力更。可可以力更有时候也写成可可以勒更，只是蒙古语翻译成汉语的时候音译的差别。其中“可可”是“青色”的意思，“以力更”是“崖头”的意思，连在一起就是“青色的崖头”。这批人后来形成了归化驼运界的新疆帮。王怀义就是新疆籍驼户中一个出类拔萃的人物。

可可以力更在归化城北 90 里，行政隶属和经济关系上都属于归化城的北区。同治年间，可可以力更已经成为较为重要的商业集散地，同时还是归化城向北通往库伦、恰克图和喀尔喀草原几条驼道的第一站，也是草原商品羊和马停留的地方，是京羊道的重要站点，归化城之北翼。

王怀义的祖上是从奇台逃难而来，在可可以力更落脚之后，王家以 4 峰骆驼的家底开始了自己创业的历程。一个只有 4 峰骆驼的小驼户是跑不了库伦的。初时王家只是给大驼户揽小活儿、放小场，就是给人家放养骆驼。放养骆驼分大场和小场。小场就是短时间的放养，常常只是一夜或几天的工夫。傍晚接收骆驼，要把骆驼喂饱了，早晨送给东家。一峰骆驼挣十几个制钱。别小看这十几个制钱，那时候在武川县境内，10个制钱就可以买2斤莜面。

经过10年的发展，王家有了整整一链子骆驼，也就是18峰骆驼。王家终于有资格加入远行的驼队，可以走库伦、乌里雅苏台、科布多、恰克图了。从一链子骆驼发展到200多峰骆驼，王家又用了十来年的工夫。业内人都知道，200峰骆驼就有资格组建自己独立的“房子”，也就是说王怀义成了真正的大驼商了。王怀义建起了自己的商号义和堂。随着驼队的壮大，义和堂的名声也越来越响亮了，成为可可以力更驼运界举足轻重的驼户了，甚至在归化驼运界也小有名气了。

王怀义并没有就此止步，不久他又在靠近大营路的地方创办了福如东商号，地址在武川通往达尔罕旗的驼路上。起初，福如东属于客货栈性质，只是为过往的驼队提供食宿、粮食和草料。后来又发展粮食加工、油料加工和地毡毛毯加工业务。至今当地人没有不知道福如东的，只是现在它只是个地名而已。在地图上也能找得到福如东这个地名，它变成一个纯粹的农村了。200年前它刚刚出现的时候，主要从事粮食加工和油料加工，有房屋100多间，工人50多人，骡马40头，碾莜麦、小麦的大碾6盘，3顷经过粉渣、油渣改造过的良田，又另辟了15亩水浇地。工人日夜三班转，每年加工能力在7000石，多数供给了跑库伦和新疆的驼队。像这样的村庄，武川县境内还有数十个。

福如东加工的粮食除了供应远行的驼队，还大量供应周围的蒙古牧民。牧民就算是多跑些路也要到福如东。为什么？因为福如东待客实诚。彼时在可可以力更镇还有不少其他的粮食加工厂和经营粮食的店铺，但是有些店铺会在秤头上克扣牧民，所以多数牧民选择了福如东。福如东交易的方式也不是现钱结算，多数是以物易物。牧民手里用以交换的商品就是皮张和牛、羊、马、骆驼。福如东对老客户采取每年一结算的方式。这种交易方式几乎是那时候草原商业交往的主要方式。

有牧民到福如东来，字号就像是对待自己的亲戚一般热情，用黄酒、猪肉馅饼、饺子等好生招待。福如东的名声渐渐传开，甚至千里之外的蒙古的墨勒更王、波尔支更、迭力畔等地方的牧民不惜路途遥远也要到福如东来购买粮食。他们祖祖辈辈都和福如东打相与（“相与”就是合作伙伴），经常像亲戚般地走动。有时候他们来福如东，即使不购买粮食，也愿意住在这里。

福如东还专门有驼队给分散在草原各处的牧民客户送粮食和其他商品，把牧民需要的东西直接送到蒙古包。这一点和大盛魁的经营模式如出一辙。

王怀义的“义”字系列商业企业以义和堂为首，在归化城、可可以力更、召河分别有义和水、义隆泰、天义栈，再加上地处蒙古白云寺的驼场，镶缀在数千里驼道上。

新疆逃难来的王怀义等人在归化发达了。一个深刻的意识扎根在了他们的头脑里，就是归化城是他们的福地，归化城让他们时来运转，让他们发家致富。与王怀义同时来归化的新疆驼户胡老五、方孝恭也由驼夫起步，逐步发展成大驼户的掌柜。后来新疆来的驼户组成了自己独立的行社——新疆社。新疆社有70多户，拥有3万多峰骆驼，成为归化驼运界一支不可忽视的力量。新疆社的驼户主要跑归化至库伦、归化至新疆奇台两条线路。尤其是新疆的奇台，那是他们的故乡，更为熟悉，来往的次数也更频繁些。

财富开始在新疆社的驼户手里滚雪球了。先是三义堂出资在归化城收购了一家名叫长胜店的驼店，接着又垫资另一家驼运店义和长，成为义和长商号的股东，再往后又独资开设了义盛昌。义盛昌商号的性质属于通司买卖，是专做俄、蒙生意的商号。义盛昌在蒙古站住了脚跟，又在靠近库伦的白云寺附近租下数千亩草场，开辟属于自己的牧场，专门用来滋生优种骆驼。不仅大盛魁、天义德、元盛德这样的大商号在喀尔喀蒙古拥有各类牧场，拥有绝对的主导权，就连三义堂这样的中等商号在那里也有自己独立的牧场。

义和堂总号在归化城内，就在太平召前的万盛合。义和堂的生意做得很花哨，独资的、垫资的、参股的、与新疆社内部商号合作的，同时又与晋帮的天义栈、津帮的文丰泰一起合伙做生意，还投资了谦丰银号、谦元通银号、善利银号三个银号。还有一个专门制作麻绳的作坊天义成。天义成的业务与驼队关系密切，是专门为远行的驼队服务的商号。由点到线，由线到面，由此可以看出三义堂的手伸得有多长及经营范围有多广，它就像是一只八脚鱼，农业、牧业、粮食加工业、旅店业、银行业、典当业、牙纪行、驼运业、通司行……它都介入了。这种经营思路完全是以市场为中心，所有的投资都是有的放矢，现实得很。这种经营不拘一格，是商业智慧的体现，值得我们进一步挖掘研究，把这种宝贵的商业精神继承下来。

新疆来的驼户掌柜中还有一位名叫胡老五的，他娶了王怀义的姑姑，与王家结了亲家，由此在事业上沾了很大的光。后来胡老五也成了归化城里有名的大财主。20世纪50年代坐落在呼和浩特玉泉区县府街的榨油厂占的就是胡家的院子。

从新疆来的驼户中间还有一个人也很了不得，此人大号王天标。他的字号论名字比三义堂更有气魄。他的字号名叫九盛魁，与归化城“天字第一号”的巨商大盛魁也就一字之差。九盛魁在归化城开着一家拥有八九百辆“老倌车”的商号。所谓“老倌车”其实就是牛车。那时候在驼道上活跃的除了驼队，还有牛车。细究起来，“老倌车”正是大名鼎鼎的勒勒车。说起勒勒车可是有历史了，可以追溯到2000多年前的匈奴时代。勒勒车因其车轮巨大，在草原上行驶方便，一直深受草原人民喜爱。勒勒车与商业有关，史书记载匈奴时代就有商人聂一在马邑（今山西朔州）与云中（今呼和浩特市托克托县东北）之间做生意，他使用的运输工具就是勒勒车。某次战争后，汉军虏获聂一的勒勒车有数百辆。到了鲜卑时代，勒勒车又叫高车，和一个名叫高车的民族有关，就是敕勒族。

勒勒车是牛拉车不假，但是与内地的牛车还是不一样。首先，勒勒车的车轮要比内地的牛车的车轮大出许多。其次，内地的牛车是一个车倌赶一辆牛车，而呼和浩特地区的“老倌车”车倌一人同时能赶十数辆，就像是驼夫拉骆驼似的，赶一串“老倌车”。

还有一种马拉车，当地老人叫架子车。牛拉车、马拉车只能在道路条件良

遗落在草原茶路上的勒勒车

勒勒车被称为“草原之舟”，曾经是草原牧民最重要交通运输工具，牧民们拉水、运送燃料、倒场搬家、运输生活日用品及婚丧嫁娶等都离不开它。

好的情况下使用，但在沙漠、戈壁和无路的草原它们就无法使用了。所以，呼和浩特的运输行始终是以骆驼为主，驼桥上骆驼的身价也高于牛和马。

九盛魁也很不简单，它的总柜既不在归化城，又不在可可以力更，而是设在6000里以外的库伦。前面我们谈到过归化商人占领喀尔喀蒙古市场，像大盛魁、元盛德都是在喀尔喀蒙古起家的，开始时他们的总部都是设在喀尔喀蒙古的。九盛魁也是如此，可见九盛魁的业务范围有多么广阔。后来，九盛魁把总号从库伦迁回归化城丁家馆巷。九盛魁也不是单打一的经营，除了有八九百辆“老倌车”以外，他还拥有1000多峰骆驼——驼队规模也不小了。

左宗棠像

左宗棠（1812—1885），字季高、朴存，湖南湘阴人。1876 年 4 月至 1878 年 1 月，指挥清军消灭阿古柏侵略势力，收复新疆，粉碎了俄英等国分裂中国的图谋，维护了国家的主权与统一。

除了勒勒车和架子车，在呼和浩特历史上还活跃有一种人力驱动的架子车，比马拉的架子车要小不少，叫排子车。排子车也是一种不可或缺的运输车辆。不过一般排子车是出不了城的，它只能在短距离内运行，很受限制。

19 世纪下半叶，历史通过驼帮又一次把呼和浩特推上了一个大舞台，推上了战争的风口浪尖。

我们从善胜说起吧。善胜在中国历史上不是什么大人物，甚至在呼和浩特也很少有人知晓他。但是这并不妨碍他成为呼和浩特历史上一位非常重要的人物。呼和浩特老辈人都知道他。1875 年（光绪元年），左宗棠收复新疆的行动使传统的大西路驼道顿时繁忙、热闹起来，在归化的新疆籍驼户自享其利，率先投入其中。

左宗棠派善胜赴归化城督办北路粮运，并以包头为粮台，征集北路军军粮，

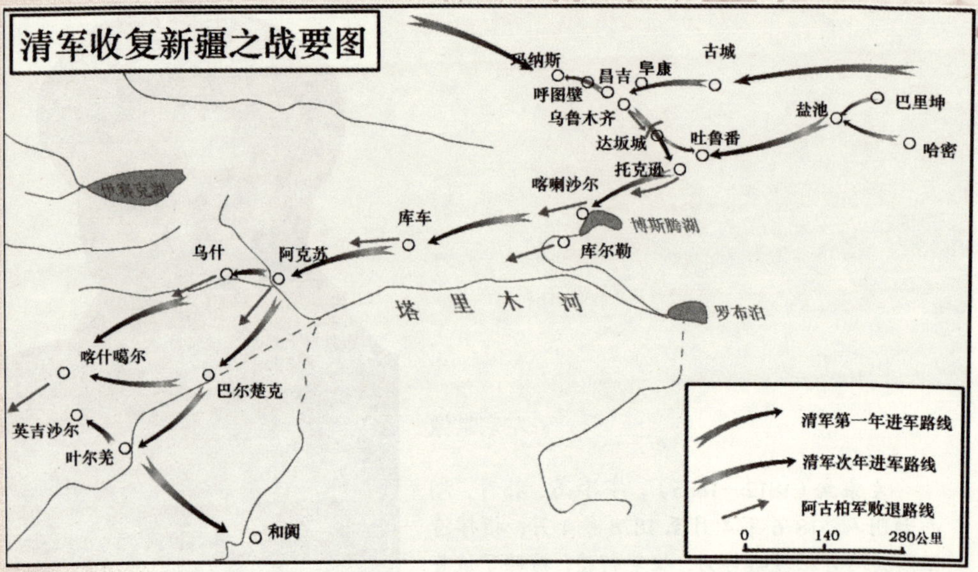

清军收复新疆之战示意图

运赴新疆接济大军。善胜来到归化城，征发和雇用新疆籍驼户及当地其他驼户组成北路军粮运输队，并给各驼户补充了大批从喀尔喀蒙古秃蛇公、云白布和、喇嘛噶根等地征购来的优种骆驼。归化和包头的驼户掌柜们的命运就和善胜联系在了一起。

根据新疆的地理特点和敌我态势，左宗棠制定了收复新疆的作战方针：“先北后南，缓进速战”，“剿抚兼施”。鉴于新疆远离内地，人烟稀少，产粮不多，他特别重视西征大军的后勤保障。他亲自部署粮饷的筹集、采办和转运，购置枪炮、弹药，以确保西征计划的顺利实施。

1876 年 4 月进军时，左宗棠指挥的西征军有道员刘锦棠部湘军 25 营、广东陆路提督张曜部 16 营、乌鲁木齐都统金顺部 40 余营、徐占彪部蜀军 7 营，加上原在新疆各个据点的清军和后来陆续增调的军队，共有马、步、炮军一百四五十营，兵力总数近8万人。他命刘锦棠总理行营营务，负责前线指挥之责，率所部主攻乌鲁木齐；提督徐占彪和张曜各率所部驻守巴里坤至哈密一线，防敌北窜东逃。

因行军期间要经过流沙数百里的莫贺延碛大沙漠，“水泉缺乏，虽多方疏浚，不能供千人百骑一日之需，非分期续进不可”。大军分批分期进入新疆，以解决途中人畜饮水困难问题。左宗棠坐镇肃州，把大军分作千人一队，隔日进发一队，刘锦棠走北路，金顺走南路。7月底，两军在济木萨会合。8月18日，清军收复乌鲁木齐、迪化州城及伪王城，盘踞昌吉、呼图壁与玛纳斯北城之敌弃城而逃。11月初，清军攻克玛纳斯南城。至此，清军收复除伊犁外的北疆地区。

经过一个冬天的休整，1877年4月，左宗棠指挥清军分三路进军南疆：刘锦棠部由乌鲁木齐南攻达坂城；张曜部由哈密西进；徐占彪部由巴里坤进至盐池，与张曜部会师后合攻辟展（今鄯善）和吐鲁番。至月底，清军先后攻克达坂、托克逊、吐鲁番等地，扼住南疆门户，为夺取战争全胜创造了有利条件。阿古柏逃至库尔勒，在绝望中服毒自杀。其子海古拉率残部西遁，并企图在英俄两国庇护下负隅顽抗。

左宗棠揭穿英国的“调停”阴谋，决心继续西征。10月，西征军刘锦棠部征战2000余里，以破竹之势收复南疆“东四城”喀喇沙尔（今焉耆）、库车、阿克苏和乌什。12月中旬至1878年1月初，又相继收复南疆“西四城”叶尔羌（今莎车）、英吉沙尔（今英吉沙）、和阗（今和田）和喀什噶尔（今喀什）。至此，新疆全境除伊犁地区外，全部收复。清军收复新疆之战取得伟大胜利。随后，左宗棠积极部署进军伊犁。1881年，中俄通过谈判，中国收回伊犁，粉碎了英、俄吞并新疆的阴谋。

呼和浩特老辈人把左宗棠称作“左宫保”，把刘锦棠称作“刘角帅”。老人们聚在一起谈论收复新疆的事，言语中都透出一股自豪和亲切。因为这一伟大胜利与自己的城市有关。归化城的驼队为国效力，自始至终追随左大帅，冒着枪林弹雨供应军需，立下了功劳。左宗棠在哈密驻扎了4个月，在归化驼户的配合下大力改善天山运道，修筑盘曲山路，减轻内地长途调运军粮的困难。清军在哈密大营可以安心训练，提高战斗力。归化驼户还随军奔驰在火线上，为清军收复新疆付出了极大的代价，立下了汗马功劳。为了奖励他们，左宗棠给他们很高的酬费，并将他们所拉的数千峰官家的骆驼就地奖给他们。

正所谓时势造英雄。在归化这支规模庞大的军粮运输队中，涌现出了许多人物，其中就有归化名人方孝恭的哥哥方得功。

方孝恭的先人是在同治年间由新疆逃难来到归化的。那时方孝恭尚且年少，由于哥哥在军中为朝廷效力，方孝恭得以在归化城的杨家巷义学免费上学。方孝恭聪颖好学，天资过人，学习期间得到老师侯悖先生的精心培养。侯悖先生也非等闲之辈，他曾经是右玉县的贡生，有很高的学识。在侯先生的培养下，青年方孝恭考取了监生，成为归化城一位出类拔萃的青年学人。

左宗棠收复新疆震动了整个国家，使萎靡的国民精神为之一振；同时这一事件也深刻地影响了归化地区。立有大功的归化驼户方得功、胡天全、王培芝、沈如意、王怀义、简福禄、郝全财、刘天云等接受了朝廷的赏赐。赏赐的物品中除了白花花的银子，还有左宗棠赠送的善胜从喀尔喀蒙古弄回来的上好健驼。这些功臣给归化带来了荣誉，受到人们的景仰和尊重。一时间，他们在归化城风光无限。他们开始在商业上大展身手，没有字号的开设字号，已经有字号的则扩大经营。他们开设的字号有兴盛魁、天德全、元盛昌、天义泉、双茂堂、天顺魁、义昌盛等。他们在政治上腰杆子硬了，干什么都有精神，气脉也冲。

方得功把舞台选在了包头。包头当时还处在草创时期，商业基础比归化差了许多，但有很大的发展空间。方得功看中了这点，在包头开设了安德堂商号，不久又开设了广德隆商号，专营皮毛生意。紧接着他开设了得胜功军马店，专与军队做军马生意。这是因为他在为左宗棠大军运送军粮和军需的过程中结识了一些军界的朋友，借着这些关系，他做起了军队的生意，可见他的过人的胆量和见识。要风得风，要水得水，只数年功夫，方得功就成为包头商界之翘楚。

之后数年，随着前营、后营和库伦等地旅蒙商的鼎盛，方得功审时度势，将在包头的生意全部迁回了归化。返回归化时，方家已经成为归化数上数的大驼商了。

方得功去世后，方孝恭接管了哥哥的事业。方孝恭有自己的思路，他把在归化的 70 多家新疆籍的驼户联合在一起，组建起了实力雄厚的新疆社。新疆社拥有 3 万余峰骆驼，成为归化驼运界一支举足轻重的力量。方孝恭被推举为社长，成为执归化驼运业牛耳的人物。

1860 年（咸丰十年），中俄签订《天津条约》，规定俄罗斯商人可以从西伯利亚西部城市比斯克进入中国，通过科布多进入归化城。从那时起，俄罗斯商人就名正言顺地来归化做生意，归化的人们也看到了越来越多的俄国人在身边活动。1901 年（光绪二十七年）签订的《辛丑条约》把归化城列为通商口岸。归化城被带进一个更加开放的时期。除了俄国商人，德国、英国、日本、瑞士等国的商人也纷纷涌进归化。英国人开的怡和洋行、德国人开的德华洋行、俄国人开的隆昌洋行、美国人开的盛昌洋行、瑞士人开的瑞祥钟表店……各种办事机构、商会和店铺在归化街头冒了出来。皮毛行、零售业、钟表行、驼运业……就没有他们不插手的。在归化街头，本地商人、山西商人、北京商人与黄头发、蓝眼睛的欧洲商人混在了一起。在西河沿出现了高耸入云的天主圣母圣心大教堂，与早就建起的清真大寺隔街相望。洋教堂的钟声与归化城楼的钟鼓声交汇在一起，与牲畜市场传出的牛吆声、马嘶声混成了一片。教堂、召庙、清真寺共处一地的奇特局面形成了。

俄国的恒昌洋行、英国的怡和洋行主动与方孝恭的安德堂、广德隆合作。洋行雇用当地驼队把在归化收购的皮毛运往天津港。需要强调的是，一般情况下洋行给的运费要比本地商人高出许多。归化城又获得一次发财的机会。

不久，年轻有为的方孝恭被俄商聘为隆昌洋行的总经理。他大概是归化第一个被叫作“经理”的人（过去归化的商号掌门人都被称作掌柜），开启了归化地方挣年薪的先河。方孝恭会讲一口流利的俄语。接着，在归化的其他洋行也纷纷聘请方孝恭为代办和经纪，并聘请他担任归化洋行总会的总经理，工资给得很高。方孝恭成为归化地面万人瞩目的人物。

1901年，也就是“庚子赔款”那一年，方孝恭带头捐了5000两白银，帮助政府弥补财政亏空。为此，朝廷恩赏方孝恭由监生在“秦晋赈捐案内尊例报捐三班知县分省补用”，就是候补知县吧。接着，归绥道新任道台恩铭奏准朝廷，任命方孝恭为“札委归化城洋务分局行走差使”。方孝恭成为归化地方统揽洋务的第一人。一连几个头衔使方孝恭成为归化商界、政界炙手可热的人物。这还不算完。次年，蒙旗垦务大臣贻谷奏准朝廷，委任方孝恭“任札委帮办蒙古三公地垦务差使”。1904年（光绪三十年），归绥道台胡孚宸奏准朝廷，委任方孝恭“归绥道公艺局提调差使”。

难能可贵的是方孝恭在所有任上都有成绩。归化市民感受其德，妇孺崇仰。1909年（宣统元年）成立归化总洋行，聘方孝恭为总经理。至此，方孝恭集官、民、商、买办各组织要职于为一身，成为归化显赫一时的人物。“方经理”“方掌柜”“方大令”等称谓不但在归化，就是在新疆、天津、北京、恰克图、乌里雅苏台、科布多、汉口等地也是广为人知。

1900年（光绪二十六年），义和团运动爆发。方孝恭以自己的特殊身份，尽力保护在归化的外国商人和他们的财产。

1913年（民国二年），蒙古在沙俄支持下，派兵大举进犯内蒙古。时任中路征蒙总指挥的绥远城将军张绍曾，以“庇护俄商，暗送武器与内蒙叛乱分子的通敌嫌疑”，准备扣捕方孝恭。得到消息的方孝恭在友人的帮助下仓皇逃往天津，在租界躲避风头。同年冬，蒙古进犯失败，地方事态平息，方孝恭返回归绥。但不幸的是，这时候他发现自己已经身染重病。1914年农历闰五月三一日，方孝恭因病重难医而去世，享年55岁。

方孝恭去世后，其灵柩设在归化城杨家巷隆昌洋行大院内。治丧仪式非常隆重。其间，归绥各官署、商行和许多居民均前往吊唁。曾经欲拿方孝恭治罪的绥远城将军张绍曾也亲往吊唁，并到大召前街的方府慰问方孝恭的眷属。方孝恭的生前友好及外埠有关商家团体也纷纷送来挽幛、挽联或发来唁函。方孝恭的丧事由隆昌洋行、广泰隆商号、归绥县议会、新疆社及方府联合操办。

战争结束，商潮并没有停止。国家重新统一，社会安定促使新疆进入一个大发展时期。商贸活动异常活跃，前后持续大约半个世纪。成千上万来自归化、湖南、山西、陕西、天津的商人和民工踏上西进的道路，涌向新疆，形成历史上有名的“走西营”的大潮。其中，最多的要属归化的商人和驼队。归化本来就有许多商人和字号是来自新疆奇台，“走西营”对他们来说是回归、是回家；踏上前往故乡的道路，对他们来说具有特殊的感情。

“走西营”为归化商人提供了一个新的商业平台。

“走西营”是随着运送军粮兴起的，归化的商人和驼户是先驱。这些人借运粮之便，捎带一些各地所需要的东西。随着获利加大，由捎带进而专事，一些资金雄厚的人便在商业繁华地带设栈开店，既经销贩运进来的货物，又在商队回转时运出外地所需要的商品，来回赚得高额利润。于是，吸引了许多人投身于“走西营”的行列。

这一有关两地人民生活和商业繁荣的经济活动，在长达五六年的时期内，使两地都出现了繁荣富庶的景象。来自呼和浩特的商户差不多把南疆、北疆十之七八的市场占领了。从古城到伊犁，从迪化喀什噶尔，到处都是呼和浩特商人开设的商号，如兴盛魁（百货）、天元成（杂货）、天元堂（药店）、福盛兴（杂货）、日新公（饭馆）、大顺玉、通顺和、义成长、震丰亨等。

“走西营”的商人，经常来往的是新疆那些人烟稠密、土地肥沃的地方。从到新疆的路线来说，一出呼和浩特北部百灵庙奔古城子、迪化、莫乃斯、北叶儿等地，和从古城子、迪化到伊犁和巴城儿，以及从莫乃斯北部到金河、阿太，都是“走西营”商人获利最多的地方，也是他们最向往的去处。

“走西营”的路线，可分为大西路干路、大西路南部支路和大西路北部支路。

大西路干路所经过的站驿里数和名称如下：从呼和浩特出发，向北越过大青山至武川，经福如东、召河、头号、桃儿混河到百灵庙，计有360多里。从百灵庙出发，经可可典立素、石衬子、苏记、依克淖尔、哈尼特落、海流兔河、卯个庆、花儿凳、树集、长茂乌素、土不气、河落兔、把个黎胡洞、共贡儿林、潮闭叛勒共儿、玉石凹、什拉忽勒素、三道夹岗、应石、察哈翅落、急洞康卜儿、白彦康卜儿、叔红兔、什勒忽立素、老龙腕包、脯印胡洞、柳树泉到达老爷庙，计有 5000 多里。从老爷庙迤西经木炭窑子、三烫河、全脑子、天生券儿、自墩子、金场子、锅底山、双泉子、地和沟、卧龙车、秃葫芦、巴里库、达子梁、石椿里、骆驼井子、石泉子、桌子山、黑山头儿、黄艽湖、三个椿子、乌马场、三十里墩到达古城子，计有 1300 多里。接着是富康、三台、滋泥泉子、菜木地、迪化、长吉县、虎头碑、西湖、莫乃斯，计有 400 多里。莫乃斯过去是沙湾子、沙枣子泉、金场、乌铜窝子、唐朝渠，计有 700 多里。再过去是海燕子、苗树、头墩子、北叶儿，计有 1000 多里。从呼和浩特到北叶儿总共有 9280 里，以 90 里一站计算，应有 100 余站。因为以上驼路在 20 世纪已经多年不走，以致受访的驼夫遗忘了二三十站的名称，现在能记得的站名只有 75 个。

大西路干路还有不少支路，有一定商业价值的有从古城子到伊犁、从迪化到伊犁的支路。这两条支路可称为第一支路。从迪化迤西经羊肠子沟、头墩子、菜窝铺、大板城、皮缠、哈立斜到伊犁，约有 3000 多里。从古城子到伊犁约有 3500 多里。古城子与迪化两地相距 500 多里。从迪化到八城儿和从古城子到八城儿的支路，可称为第二支路。八城儿位于天山山脉的南部，有吐鲁番、焉耆、库车儿、阿克苏、喀什噶、莎车、和阗、目末、婼羌等繁华地带。从迪化到八城儿有 2600 百多里，从古城子到八城儿有 3000 多里。

以上第一、第二两条支路都在大西路干路的南部，而在北部只有一条从莫乃斯向西北直达河太的支路。这条支路有 1000 多里。

当年呼和浩特的商人对前往新疆的路径可谓是了如指掌。不仅是对商路熟悉，呼和浩特的商人对新疆的市场也非常熟悉，他们最清楚新疆市场需要什么。

运往新疆的货物种类繁多。衣料类，有白笨布、市布、行唐布、斜纹布、褡裢等棉织品，哗叽、咔叽、礼服呢、巴黎呢等毛织品，春绸、大缎子、太西宁绸、莫本缎、绫纱、彩色绸缎、夏布等丝织品，成品有流行的男女鞋帽、裤腰带、裙子、背心、花被褥面、窗帘、手巾、手绢，还有西式的各种服装和线毯、绒毯、毛毯等。日用品类有湖南出产的漆布和漆雨鞋、雨伞、雨衣、漆藤枕、藤蔚、凉蒲、竹策、竹筐、竹篮等。糖类有白糖（贡粉糖）、砂糖、潮糖、红糖（也叫黑糖）、冰糖（有白、黄两色）、进口的太古糖等。酒类有高粱酒（又叫白干儿）、黄酒（又叫代酒）、绍兴酒（也叫花雕）、玫瑰露、五加皮、茵陈酒、白兰地等。烟类有东生、魁生、金钱皮水烟和四川、关东烟叶子等。海味有海参、燕窝、鱼翅、乌鱼蛋、海蜇、醉蟹、鱼、鱼肚、海带、紫菜等。蔬菜和菌类有蘑菇、木耳、金针、刀豆角等。药品类有北京薛家保赤万应散、小儿七珍丹，同仁堂的脐风散、六神丸、定坤丹、乌鸡白凤丸、女金丹、再造丸、种玉丸，药酒有虎骨酒、鸿茅酒、龟灵集等。药材类有党参、人参、黄芪、黄连、生地、薯革、关东参、大黄等。瓷器有茶壶、茶碗、花瓶等。铜器有火锅、煤油炉等。真可谓是应有尽有。

需要特别强调的是茶叶。运往新疆的茶叶几乎囊括了国内几大茶叶产区所有的品种，有销量很大的花茶、砖茶、米心茶（用红茶末做成的），还有特色品种红绿茶、大方茶，还有高档的细茶，比如上等的龙井、贡尖、贡砖、普洱等。

齐全的种类，庞大的销量，支撑起新疆庞大的市场，为“走西营”的商人提供了施展机会。

依我的认知，呼和浩特第一次发财的机会出现在阿拉坦汗时达成“隆庆和议”，明蒙和解；第二次是喀尔喀蒙古回归，蒙古草原市场开放；第三次是茶叶之路全线开通；左宗棠收复新疆给呼和浩特带来第四次发财的机会。

从新疆返回呼和浩特，商人们所办的回头货物也很丰富。比如，天山南麓八城儿地方吐鲁番所产的白葡萄、梭梭葡萄、香梨、杏儿、石榴等，都是别处没有的水果珍品；库车特产紫黑羔皮、羊毛毯子，哈密出产的西瓜和桃干儿、杏干儿都是属于贡品；迪化出产的貂皮、獾子皮、马熊皮、狼皮都是十分珍贵的裘皮；新疆出产的马秀尾（分草秀和土秀）是制作抄纸帘子和箩底的最好的材料；新疆贝母是内地珍视的药材；古城所产的枸杞全国第一；将军、古海子和白塔所产的鹿茸、鹿胎盘、鹿肾、鹿筋、鹿蹄、鹿肚和羚羊角，都是全国少有的药材珍品；凉州所产的凉州膏药是治疗恶性毒疮的妙药，等等。

这些新疆的特产为呼和浩特商人带来了丰厚的利润。

驼队日夜穿梭于漫漫驼道，商品经济的大潮把北方大地搅热了，整个国家都在为新疆的回归而激动。在这场大潮中，呼和浩特的商人、养驼户、驼夫扮演了重要角色。他们处在舞台的中心位置。在天山南北，在伊犁，在古城子，在迪化，人们都在谈论呼和浩特。

七、秘境科布多

19世纪中叶，归化城的人到“外路”做生意，除了走库伦，还走前、后两营。这些地方都在今天的蒙古国境内。前营指的是乌里雅苏台，后营指的是科布多。科布多到归化城的驼道大约8000多里，从百灵庙到科布多共有42个台站，骑骆驼得走3个多月方能到达。科布多在蒙古西北部，和新疆的东北部接连，由科布多朝南走10站路，便是古城子。

我访问的全姓老驼夫从19岁给太管巷义和公“跟房子”开始，到1924年回家为止，一共走了23年后营：前13年是给义和公“捉锅”（做饭）；后10年是给自己打闹，由5头骆驼走成拥有50多头骆驼的一顶小“房子”。曾经购置了5顷多好水地，娶了6个儿媳妇，拉帮起2家穷亲戚。他说：“要不是蒙古变乱和我的4个儿子中有2个是‘赖鬼’，到土改以前把家产给我挥霍了十之八九，让我再走十年八年后营，我很有可能成为一个工商业兼地主的大资本家，在归化城开‘捣金铺’了”。

老驼夫最初伺候的义和公，是大盛魁李献庭掌柜的“独事买卖”。“三大号”中的天义德衰败以后，义和公在后营是仅次于大盛魁和元盛德的一家字号。它共有2顶“房子”，每顶“房子”有100多头骆驼，专在后营与归化城之间跑运输。另外，义和公在后营还有一处“梢林”（盖在盐湖畔上黄艽丛中的固定房屋，里边囤积供销的货物，周围圈着羊、马、骆驼），和蒙古人进行贸易。老驼夫任“捉锅”工作，除了由柜上供给伙食，每月只赚一两二钱银子薪金。这些都是小意思，最主要的是能跟着“房子”往回带东西，也就是柜上做大买卖，伙计们做小买卖。他们走后营，柜上给一头骆驼，这当然能带不少东西，其他的小件包裹也瞒上不瞒下地由柜上的骆驼给捎带。从归化捎带一骆驼东西，到了后营就能换三四骆驼羊毛。回来的时候驮不了，可以向蒙古人雇骆驼，往返一次的雇价是 20 块砖茶。如果骆驼中途倒毙，以 50 块砖茶赔偿。只要你的信用好，或是柜上给担保，蒙古人就敢把骆驼租给你，到第二年再去算账交茶也行。往来带货最低也是对半利。全老汉说他因为是赤脚穷汉出身，非常热爱土地，有了钱就买田产，所以本钱不大，老是小打小闹。假定有了钱就买货买骆驼，经过三年五载便可以不伺候人，不像他整整给义和公捉了 10 年锅。在清末民初的时候，劳动人民想要发家致富，走后营是一条最好的捷径。

全老汉说，后营是一个去了不想回的地方。科布多附近有乌兰海、塔尔号、扎合沁 3 个“合少”（旗），都是水草丰茂、土壤肥沃的好地方。除了出产牛羊，还出产灰鼠皮、狐狸皮一类的细皮和鹿茸、羚羊角等贵重药材。野葱和韭菜长得满山遍野，所以牛羊肉的味道特别鲜美。想吃饺子了，拿上箩头刨一箧回来，和蘑菇一起拌馅，根本用不着花钱。后营没有升斗，而是以三梢锅做计量的单位。把一锅（约有 5 升多一点）青稞随便扔在地里，到秋天就能牧打三五十锅。后营不长小麦，白面由古城子运进。归化城走新疆的骆队，每年夏天到后营坐场放牧。他们到后营时就把一箩打到底的白面驮上。在古城子 100 斤面要 2 两银子，到了后营能卖 4 两。商号把驼商的白面买下，回归化城再付款，在当地不进行现钱交易。

全老汉他们到了柜上的“梢林”，把驮子卸下就算交了差事，然后骑着骆驼转“合少”，拿东西跟蒙古人换皮毛、牲畜，换多换少全归自己，柜上不加干涉。到秋天回城的时候，再集合起来跟“房子”。全老汉因忙于转“合少”，20

年间只到过科布多街上 2 次。在科布多城里做买卖有许多限制，不如转“合少”自由，因此他再没去过，不了解科布多以后的情况了。

蒙古变乱的时候，科布多附近有 800 多商人被俘，大部分人被用辫子拴在一起。后来这些人流落到俄国，分散在西伯利亚的乡村里。俄国人对这些难民很优待，没让他们受饿受冻。他们在俄国住了 1 年多，后来由袁世凯政府把他们要了回来。走的时候，他们每 10 个人编为 1 组，发给 1 口做饭的洋铁锅，还给带了许多羊和米面。另外每人给发了 1 双高底毡靴。他们经恰克图转车回国。

科布多城市规模比白塔村还小，建筑在一片平滩上面，商店只有四五十家，妓女的毡房倒有 100 多顶。地面的风俗很乱，年轻人如果不守本分，银钱很快就会败光，最后还可能染上一身病。科布多穿街有两道活水，长驻的商号都有菜园子，吃菜不缺。凡是归化城有的蔬菜，这里都能种植，长得比归化城的还好。蒜有拳头大，水萝卜有胳膊粗。西瓜、香瓜非常甜，种子是由新疆弄来的，有一种芬芳的哈密瓜味道。

科布多全城没有饭铺和旅店，转“合少”的人都是在相与家食宿。在相与家，无论吃什么饭都有 4 个炒碟下酒，两碟是炒肉，两碟是炒鲜菜。全老汉在明德堂住过好几天，一日两餐，烧酒管喝，每天出饭钱二钱银子。出了科布多，不论是到蒙古人家里，或是蒙古人到他们的“梢林”，吃饭都不要钱。

在后营谋生比较容易，有些人落魄在科布多，用旱板车拉一车蔬菜出去，就能换回半车羊肉。他们懒得炒菜，用大块羊肉熬臊子、下挂面。

清政府在科布多有管理蒙汉两族人民的衙门，统领着二三百军队。官员是绥远城将军委派去的。他们非常腐败，平日里只管抽大烟、吃好的，不管政事。

商会的负责人叫“铺头”。“铺头”原先由“三大号”三年一轮换分别担任，以后因为义和公的买卖超过天义德，义和公在后营拦柜的掌柜李芝茂也当过这个角色。

“铺头”除了跟衙门办理交涉，给商家调解纠纷，每年还向坐商和行商征要 200 匹“对子马”，尾巴用丝线缠好赶往北京城给皇上进贡。农历六月二十四日科布多过“皇会”（据说是给光绪皇帝祝寿），附近的蒙汉人民都来赶集，整整红火热闹四五天。毡房围绕城市铺展开来，有好几千顶。蒙古人玩跑马射箭，汉人搭台子唱戏，行头是“三大号”由苏州买的崭新货，演员是各商号的票友，能唱折子戏，不能唱大本戏。

科布多街上那么繁华，但是轻易看不见银子和钱。买零碎东西用商品代替货币，1 两银子是 1 块砖茶，3 钱银子是 1 包生烟，1 钱银子是 1 条“偏带”（腿带）。“偏带”是单位最小的“辅币”，虽然成了布絮，但仍在市场上周转。科布多街上的一个奇怪现象，就是每人都拿着一把带子。

后营是元盛德的势力范围，他在 3 个“合少”中共有十五六处“梢林”。同属驼商，但在经营业务上各有不同，大盛魁的业务中借贷占据了很大部分，而元盛德则更侧重于牲畜的滋生，尤其是羊和驼。元盛德在后营经常有 40 万只母羊，由当地蒙古人牧放。每放一群羊（500 只），由柜上供给 1 匹骑马和 3 峰搬运帐房的骆驼，每月还给 1 块砖茶和 1 锅青稞，作为羊工的饮料和干粮。接下羔子不管多少，柜上要 300 只，其余都归羊工。如遇自然灾害，拿死羊皮顶数。两茬羊毛也归羊工所有。如果肯下辛苦，给元盛德放一群羊，每年能落 140 多只羊羔和 500 只母羊的春毛与秋毛。所以蒙古人很愿意给元盛德效劳。元盛德每年能从后营往回赶运 1 顶热羊和十几顶秋羊（每顶是 1 万只）。六七月热羊到了武川，当下就由京羊庄的人赶往北京。秋羊回到召河一带，先放牧一冬一春，到翌年夏天再赶往北京。元盛德除了滋生羊，还滋生马、牛和骆驼。骆驼和牛的生产数字不详，马每年能往回赶运 1000 多匹。后营的牛是大部分是长毛牛，长毛牛不服漠南的水土，所以赶运不回来，多半在原地宰杀食用。

第三章

茶叶之路在草原上的经济带

一、板申与茶叶之路经济带

综观人类社会的发展历史，人类多依水而居，河边、湖边、海边，然后是交通扩展人类的视野和活动范围，人类开始修路。但是呼和浩特这里出现了特例，就是先有路，后有商号，最后才出现村庄。“路”就是茶叶之路。由于道路的开通，为商道服务的商业机构随之出现，茶路沿线村庄的庄名多以当年商号命名，例如现在属于武川县境内的福如东、大兴长、西成丰、四合义、广义泰、三义元、大盛合等。因为茶路开通、驼道繁荣，随之出现为驼队服务的机构，加工粮食、油料以及毛毡、毛毯，都是驼队必需的食物和装备。最初粮食加工和毛毡、毛毯加工的原料都是从别处运来，后来就地取材，开垦土地种植粮食，就地收购羊毛。于是加工业随之兴起。再后来是发展和扩大。以今天的武川县到达茂旗、四子王旗至二连的道路最为明显。

呼和浩特附近的武川县，是驼夫、赶马人和跑趟子车的车夫等茶叶之路上的主角长期落脚的地方。当地的人口结构也由此发生变化。商人、伙计、工人、农民、从事畜牧业的牧民，再加上召庙的僧侣，社会结构不再像过去那样单纯，而是变得复杂，变得丰富多彩，呈现出综合经济的特征。

先有了商业，然后有人在沿线开垦土地，逐渐成为后来的农业居民点，成为先有商道后有村庄的奇特现象。事实是形成了一条经济带，至少从杀虎口开始，向北伸展，包括农业、手工业、加工业、牧业、屠宰业、托运业等。

以呼和浩特为起点，翻越阴山，进入蒙古草原的腹地，这是茶叶之路的一段。这一段也是长达万里的国际大通道——茶叶之路最核心的地段，囊括呼和浩特以及周边城镇村庄，包括呼和浩特南边的河口，东边的隆盛庄、五路，西边的包头、萨拉齐、察素齐、毕克齐，阴山以北的武川、四子王旗、二连、达尔罕、茂明安等地。它向北延伸到蒙古，一路铺展到乌兰巴托、科布多、乌里雅苏台，然后进入恰克图、乌兰乌德、伊尔库茨克，一路向西，越过乌拉尔山进入欧洲，直到莫斯科、圣彼得堡。它像一条大河，汹涌澎湃，势不可挡。它拥有强大的原动力。

这是一条宽阔的经济带。散布于呼和浩特四周的大大小小的城镇、村落是呼和浩特经济带上生机勃勃的组成部分。它们长时期被人们忽略和误解，被看作是一些普通的农业村庄。其实事实远不是人们认为的那样。现在让我们来探究一下这些村庄。

阿拉坦汗在土默川建立大板申前，小板申已从1529年（嘉靖八年）起星罗棋布地建了起来。正如《万历武功录·俺答传》中所述："开云因丰州万顷，连村数百。"现在呼和浩特近郊尚有攸攸、刀刀、辛辛、勾子、讨号、麻花、塔布、厂汗（音"抽汗"，即察哈尔）许多个叫板申的村庄。在新城和旧城之间，新华街与贝尔路十字路口东南一带，多年以前存在一个名叫姑子板的村庄，那里曾经有一个姑子庙。乾隆初修建绥远城时，曾经有好几个板申被铲平。由于土默川的小板申以呼和浩特附近最多，并且都环绕着归化城，故谭其骧主编的《中国历史地图集》认为大板申是归化城的前身。这是另一个话题，这里不赘。

"板申"两字应该是蒙古语"拜兴"的转音。""拜兴"的意思是"房子"，引申为聚居点或村落。由于汉族老百姓来到土默川，俺答让他们修建房屋，并聚成村庄，所以蒙古人把房屋和村庄都叫成了板申。那么所谓的大板申，也就是指城镇而言。近年来发现的蒙古文《阿拉坦汗传》，按蒙古语发音可把板申译作"白兴"，更接近于"百姓"。

归化城西边的毕克齐、察素齐，城东的南陶卜齐、北陶卜齐、苏木沁以及包头东边的沙尔沁等，可以说都是属于工业板申，是指抄书坊、纸坊、烧砖窑和制造弓箭等武器的工匠与驾驶舟楫的船夫的居住地点。看样子，阿拉坦汗把内地引进来的百姓，有区别地进行了安置，农民安排在一般的板申当中，知识分子和工匠则安排到毕克齐、察素齐、陶卜齐、苏木沁和沙尔沁，使其各得其所，安心为土默川的发展好好劳动。

从归化往西是包头，再往西就是河套——我国著名的粮仓。八大干渠引黄河水浇灌农田，使得河套得“黄河百害，唯利一套”之美名。河套、包头都属于呼和浩特经济带上的节点和重要的经济板块。自此，读者自己也能够在心里绘制出一幅图画：从西到东是河套粮食产区—包头—黄河河运—萨拉齐—察素齐—毕克齐—归化城经济带，是一条综合经济带；从归化城往北翻越阴山是著名的可可伊力更—召河—四子王旗—苏尼特旗—二连浩特经济带，有农业、畜牧业、手工业、商业、运输业、服务业等产业。

再说阿拉坦汗，虽然说他在1571年（隆庆五年）接受了顺义王的封号，但明朝政府并未出边驻军设官，土默特仍保持着独立的状态。阿拉坦汗为了保卫和繁荣他的独立王国，很懂得“谁坐天下也离不开百姓”此一极简单的道理，加之蒙古草原的经济是单一的畜牧业经济，在农业、建城技术等方面几乎没有经验，只有利用内地的知识分子与工匠、农民，方可把残破的土默川尽快地养聚生息起来。所以，阿拉坦汗对投来或俘虏来的内地百姓，尽量给予妥善的安排，让他们居有定所，有田可耕，生活安定，两个字——善待。这样内地来的人就能安心发挥自己的才智，为土默川的发展服务。

1571年，阿拉坦汗与明朝达成和议。宣大总督发下免死牌，动员逃到土默川的汉族百姓回去。结果是多数人不愿意返回，好几万人只回去3000多人。为什么？因为他们不愿离开土默川，同时也不相信明朝朝廷。不但逃到草原上的人们不愿回去，万历年间边内的百姓还在继续向外逃。对于内地逃来的百姓，阿拉坦汗和三娘子当然不予引渡，照旧予以收留和安排。

边口互市开始以后，民族贸易随即开展，归化地方就有许多蒙古族上层投资、聘用汉人经营的商号出现了。这些商号、店铺从表面看是汉族掌柜在经营，其实它的股东是蒙古族贵族。这是一个容易被忽略的特点。许多时候人们只看到某些商号的经营者是山西人、河北人或北京人，就以为那是一家内地人的买卖，而忽略了商号真正的主人。蒙古人的生活不是一成不变的，随着社会环境的变化，他们的生活方式、生产方式也在随着变化。比如服装的变化，不在草原上放牧时，他们就脱掉了传统的蒙古袍子。

考察当时社会状况就会发现，从事农业生产的蒙古族人数早已经超过了从事畜牧业的人数。进城的蒙古族人也在日益增多。像今天的蒙古国，总共250万人口，光是乌兰巴托就有150万，再加上其他城市的人口，那么还在草原上从是畜牧业的人就很少了。社会的进步，改变着传统的生活生产方式。

我们接着来说板申。如果单从表面看，认为板申就是农村的话，很可能你已经被误导了。呼和浩特的板申与内地的农村在性质上存在极大的差异，远不像外人想象的那样。这些板申其实是有区别的，它们中有农业板申、手工业板申、文化板申、牧业的板申、服务业板申和商业板申。

再往深了研究，我们发现，当初建设这些板申的时候是有规划的。那么是谁规划的呢？我想应该是阿拉坦汗。在他的心里有一个发展土默川的蓝图，不仅是板申，包括城市的修建，都是有设计的。这个问题我想了很久。作为一个杰出的政治家，他审时度势所做出的决策，像明蒙和解，引入藏传佛教，建设城郭，修建美岱召、大板申、归化城等，全都是大事。这些工程需要动用大量人力物力才能完成的。引入农业、手工业，发展商业也是如此。

例如，农业板申有南郊的公喇嘛、东郊的太平庄等；工业板申如东郊的苏木沁、陶卜齐；文化板申如察素旗、毕克齐；服务行业的板申如麻花板是屠宰业板申。当然还有许多牧业板申，如东八里庄。这些板申并非是纯粹的单一行业的板申，它们都还保留相当数量的牧场和农田。这些板申与归化城一起，构成一个生机勃勃的经济版块。

呼和浩特平原上的板申星罗棋布，在城东有著名的五路村。这是一个在商城归化发达的商业活动影响下培育出来的一个特别的商业村，也是一个著名的板申。我们来剖析一下，五路板申有些什么特点呢？

首先说它的地理位置。地处东郊的五路板申在雍正前就已经成为归化城东的一个物资交流中心。当地人习惯称之为跌头。五路板申距绥远城18里，距归化城23里。北面相邻的是白塔、保合少两个板申，东北相邻的是陶卜齐，南面是大黑河岸边的公喇嘛。上面所列出的这些板申在清代都未形成市场，所以阴山前后、黑河南北的蒙古族牧民都愿意来五路这里做买卖。蒙古牧民的习惯是以物易物，用他们生产的牛、羊、骆驼、马匹或者羊毛、驼毛和五路街上的商户交换粮食、烟、酒、衣服或其他生活、生产用品。无论是什么货物，双方都能够找到一种合适的换算方法，使交易成功。事实上有些牧民自己的身份也在悄然间发生了变化，比如把自己的牧场租给经营驼运的商人，自己做了地商。

1737年（乾隆二年）以后，五路在物资交流中心的基础上又发展成为粮食交易市场。1737—1739年，归化城东五里处新建了绥远城。雁北山区以及雁门关南北的泥瓦匠、木匠、铁匠、商人、农民就像潮水一般涌入归化城。数以万计的人口涌进呼和浩特地区修建绥远城，给五路带来千载难逢的发展机遇。建城前后历经10年时间。三合村、一家村正是修建绥远城的人们聚居而形成的村落，也就是板申，后演变成为以农业为主的多种经营的综合经济板申。

1737年，右卫驻防的八旗兵移入绥远城。为满足日益增长的口粮需要，清政府允许在归绥地区以“代买米地”的形式放垦一部分土地。“代买米地”本来是有限度的，但不少人借机私垦，以致侵占了不少蒙古牧民的牧场，使之失去放牧草场。这是一个严重的问题。蒙古族牧民很是愤怒，形势严峻。1743年（乾隆八年），清政府给蒙古人划拨“户口地”，并有不准民人（汉人）购买、兼并等条文。但是实际上是禁止不住，蒙古豪强与汉人老财还是以变相手段逐渐转移地权。这是另一个话题，这里不赘。

土默川的土地被大面积地开垦。在这一形势下，五路板申便成了粮食交易市场。在五路板申北部有一个魁盛粮店，很是有名。元亨永商号也兼营此业，其他几家同样大搞粮食交易。归化城对面粉的需求量很大，出售面粉比小麦合算，所需资本也不多。即便是购置磨盘也花不了几个钱，只要雇用劳力到北山的奎树沟砍几块石头，请石匠凿成磨盘，再有一头骡或马就可驾起磨杆开工磨面，符合投资小、效益好的要求。所以，好多人争相投资面店生意。很快，在五路村出现了一条以魁盛粮店为主的面铺街。如魁盛粮店的旁边原来是一户蒙古族居民，一家商号的主人和蒙古族住户达成协议，于是蒙古族住户的房子经过改造就成了一家新的店铺，也是经营粮食，原来的住户成了股东。随着面铺的兴起，炸麻花的、做月饼的、开面馆的……各种各样的商店和一些干货铺相继在这条街上出现了。

于是在五路板申里一条商业街市形成了。它从形成那天起就带着鲜明的商业特点，而五路也不再是纯粹的农业村庄，多了商业的内容。

五路出名了，北山与东山的蒙古族牧民和农民都选择到五路购买粮食和其他物品了。因为这里交通十分便利，可以就近完成交易，不用再远奔归化城买卖粮食了。店铺在五路像雨后春笋般出现。这里的一些商户已经用银子买进土地，转化为土地商。开磨坊的小生产者很自然地又回到土地上种田。

商业的繁荣促进了交通的发展。乾隆年间，开辟了一条从归化城经巴寨、添密儿、美岱儿、石人湾、牛家川、德胜口等地通往北京的大京路。在大京路开通以前，西北与京津之间的物资交流大部分是通过杀虎口运转的，绕路费时。河口水运码头启用之后，产自西北诸省的皮毛、药材、盐碱等物资多由黄河水运至河口，然后再用骆驼、马匹和趟子车转运，运费不菲。大京路开通，货物转大京路运输，节省了差不多两成的运费，极大地刺激了呼和浩特与北京之间的物资流通，使呼和浩特一带的经济形式跟着发生了很大的改变。

从地理上看，五路板申正好居于大京路的节点上，占有地利的优势。与五路处于相同位置的还有一个名叫添密儿板申的村庄。“添密儿”是蒙古语，翻译成汉语意思就是骆驼。添密儿板申是个专门饲养骆驼的村庄。大京路开通后，五路板申就与同样接近大京路的添密儿板申形成了竞争关系。出于竞争的需要，五路人千方百计地改善对过往驼帮、车户的服务，为商旅提供宽敞的住宿、满意的饭食，还为客户的骆驼、马匹提供上好的草料，价格比添密儿板申便宜。五路人的精明很快就显现出效果了，无论是驼帮还是趟子车，领“房子”人还是普通车倌，都愿意到五路来歇脚打尖，甚至宁可多绕几里路也要到五路来投宿。

便捷的交通把山西北部的城市阳高、左云都吸引到了呼和浩特经济板块，它们都成了大京路上的节点。于是大京路更是车马如潮，络绎不绝。除了传统的驼队，在大京路上还出现了大量的趟子车与老倌车。前者是马拉车，后者是牛拉车。五路人也拴起100多辆趟子车到河口跑运输。繁荣的大京路催生了五路十几家大车旅店，专门为驼工、趟子车夫和车倌服务。

后来旅店分出了档次，出现了几家高档旅店。这几家店配有高级厨师，专为跟随过往的驼帮商队的掌柜和从蒙古草原来的王爷、贵族以及从凉州来的土客服务（土客就是贩大烟的商人）。五路的旅店业越来越红火，财源滚滚而来。

在旅店业红火的时候，五路村的面铺街更加热闹起来，满载运进原粮和运出米面的大车一辆接一辆，络绎不绝。烧卖馆也出现了。烟馆、杂货、小吃小喝也应有尽有。铁匠炉、木匠铺的叮当声不息，连耍猴、卖艺、拉洋片的也经常出现在五路街头。逢年过节，酬神唱戏的戏台在村子的各个角落搭建起来，往往同一时间村子里会有好几个戏台在唱戏。管弦呜哇，唱腔喧嚣，和着推车叫卖的声音，此起彼伏。村子的各个店铺门前都挂出了大纱灯，挂在大门两边，纱灯上写有各自的堂名。闹红火的秧歌队出现了，都有自备的、用上好的材料制作的全副行头，显示着五路的富有和大气。还有娶媳妇的花轿，送殡的杠房、鼓匠，杠房铺出赁全套青瓷、家具供红白事使用。五路村除元广字的张家在归化城有字号外，还有武家的银炉、陈家的信成号绸缎铺、杨家天顺连货店、马家的杂货铺、沈家草料铺、易家山货铺等。五路村繁华如市，俨然成了小归化城。

商业、服务业的兴盛促进了五路板申经济实力的提升。这时的五路已经开凿了三和渠，大量旱地被改造成旱涝保收的水浇地，五路人形象地把水浇地称作“刮金板”。人口结构发生很大变化，原来本村的人绝大多数都是种地的农民，现在许多人改做了商人，拥有了地商的身份。身份多重、复杂了，人的思想也复杂了，思维方式也发生了很大改变，看问题和处理事情不再是从单纯的农民的眼光出发了。单纯经营农业的老户在村子中只占少数了。随着更多的土地拥有者成为地商，他们手里的土地大都由新来五路的人替他们去耕种。商业和服务业在五路村的经济中所占的比例越来越大。

影响五路发展的还有一个因素，就是中心城市归化城商业的极大繁荣。五路人的心理复杂化、多样化，发家致富的路径也是五花八门。比如有的人借重女婿来发家。五路村不少俊俏闺女纷纷嫁给了归化城内的商人，她们引导自己的做商号掌柜的女婿在五路置办水地，成为兼职的地商。而这些新的地商为图方便，就把土地交给了自己信任的岳父家管理。当他们中的某些人因为经营不善或时运不济在商场受挫或失败时，便回到五路安身立命。这些人被五路人戏称为"驸马"，五路也因此得了个"驸马村"的名号。怎么称呼不重要，要紧的是这些"驸马"把大量银子投入五路，使五路的资金流量增大了。人流、物流、资金流，这些都是决定地方经济发展的重要因素。

作为一种特殊现象，五路村的"驸马"很引人注意。比如在归化城里做生意的纪宝子、田二牛、李保安、张三贵等，他们都是五路村的"驸马"，也都是归化城里有些名堂的买卖人。田二牛曾经担任过四子王旗福义泉商号的大掌柜。福义泉商号拥有300多辆老倌车，常年往返于归化城与锡林郭勒之间，买卖百货、皮毛、泥盐，很有实力。光绪年间，田二牛还当过乌兰花（四子王旗）的商会会长。他在归化城有几座铺产，还是好几家商号的股东。老归化人把他们称作"垫资老财"。

"垫资老财"在五路村还有一帮呢！比如田二牛，他是归化城内的驼商字号恒盛西的二财主，就是二股东。对恒盛西，呼和浩特的老辈人都知道，它和大盛魁有良好的关系，是大盛魁的老相与，专为大盛魁在归化至乌里雅苏台之间运货。在通往新疆的大西路上，恒盛西有几顶"房子"常年运营。不仅如此，恒盛西在归化城西五十家街还开设有永泰货店，在归化城内的小召半道街开有车铺，在归化城北门外的北沙梁还有一家皮毛店。田家兄弟三人全都是"垫资老财"，五路人把田二牛弟兄三人叫作大祁县、二祁县、三祁县，因为他们是山西祁县人。现在五路村还有田家的后代。

此外，五路村还有一个在归化城当乡耆的名人，名叫张华。光绪年间，归化城粮店中以东山沟李七十二老财的万成粮店实力最为雄厚。李七十二不仅掌握粮市，还插手归化城的鹿茸生意，居然能做到市场没有他便不能开盘。张华以万成粮店掌柜的身份当了乡耆总领。五路的几家老财以城东乡亲的关系劝说张华在五路买了田产。之后，五路这几家老财便把万成粮店当作他们的驻城办事处，张华在五路的田产也不出皇粮水费，彼此都有利可图。

五路村就这样逐渐渗入了商业和运输业的成分,并且所占比例越来越加大。你还认为五路村是一个像内地农村一样的单纯的农业村庄吗？下边要谈的就是几位颇具代表性的五路村的商人。

五路村的通事行字号元亨永，原是崔姓和张姓二姓合资经营，生意扩大后他们又在可可以力更镇开设了分号广兴义。广兴义逐渐在可可以力更镇扎下了根。捱至贻谷放垦，机遇一到，崔、张捷足先登，在大青山后放垦牧场。

何谓贻谷放垦呢？它牵扯到《辛丑条约》和“庚子赔款”。八国联军进北京，逼迫清政府签订《辛丑条约》，赔款 4.5 亿两白银，分 39 年还清，本息共计 9.8 亿两。清政府没有那么多钱，有人想出一个主意——在草原上放垦，简单说就是卖地换钱。归绥地方的放垦由绥远城将军贻谷执行。这就是贻谷放垦的来由。

一时间，放垦成为风潮。归绥地方许多有钱的人都争相买地。五路的老财崔、张二人从他们在归化城内的字号元亨永调出大量银元宝，用骆驼驮着到阴山以北去买地。他们一出手就买了 90 多顷地。当时用跑马量地，实际面积要比 90 顷超出许多。90 多顷土地到手，崔、张二人就在可可以力更成立起一个经营农业的商号——元广号，雇用农业工人，先从改造农田入手，开始进行农业生产，集驼商、地商于一身。

做蒙古生意的商人有两种，一种以大盛魁为代表，专跑外路线或西路；另一种是专在内蒙古做庄户买卖，兼做土地包租、转租。归绥地方人习惯把前者称作“驼、马、羊”，把后者称作“土地堂”。

还一种生意很特别，叫“对儿伙房”。“对儿伙房”这名堂不仅外地人，就连呼和浩特当地人也很少有人知道了。但是在100年前，它在归绥地方可是很有名的。

“对儿伙房”，是指当时既能做饭、吃饭，又能住人的房间。这种房间特别大，大到房间内从南到北盘有能容一连人的两盘大炕。连是军队的建制，大概是100人。能住得下一连人马，可见房间有多大！为什么盘“对儿伙房”？阴山以北天气寒冷，人口稀少，劳动力缺乏。一般地商购买或者承包大面积土地后，就须从内地招徕大批劳力租田种地。肯到这里来租田种地的人肯定都是赤腿穷汉，这些人特点就是能吃饭、能干活儿。有伙房可供食宿，又可从地商的手中获得生产生活资料的支垫，对于他们来说是不错的选择。这样地商就用资本作为纽带把劳力和土地紧紧拴在一起。秋收后，地商再用牲畜从这些人手里换粮食。他们把到手的牲畜赶回内地老家后变现后养家。如果他们中有人做得好，就会把自己的身份改变一下，发展为自耕农。成为自耕农就可脱离“对儿伙房”，自己在别处盖房居住，就有条件把老婆孩子都接来了。可见彼时归绥地方的地商与内地传统的地主无论在经营方式上还是在劳动关系上都有很大区别。这是特殊地方、特殊时期产生的特殊经济形态。

在阴山以南的五路板申拥有几十亩水地，又在山后买下上百顷土地，还有自己的驼队，商号，可见崔、张二姓的元广号商铺的实力是很强大的。至今在武川的老年人还留有元广号的印象。乾隆年间，他们又在归化城的热闹地方小召前开有广兴远货店、广兴粮店，构成归化城、归化城东、阴山北“三位一体”的元广字联合企业。这些企业都是由五路的元亨永发展而来的。在现在看来毫不起眼的五路村，当年是何等的威风！

张、崔两家财东什么时候分资单干已经不清楚了，只知道张家的后代一直经营着五路村的土地和归化城的买卖。崔家没有给五路人留下多少印象，但在大青山以北的武川境内，崔家比张家名气更大些。此外，武川姑姑寨散居着张姓后代，可能是五路张家的一支。

元亨永商号历经改组，光绪年间传到张子仪、张子俨弟兄俩时，张家在五路已经拥有上等的水地17顷，在归化城内开设了2处买卖，在太平庄下三村与别人合资开凿了三和渠。张家掌有世袭“笔写契”（后改为经理）的印把子。子仪、子俨弟兄分家后，成为既有农田，又有生意，还开有水渠的多重身份的老财。

张子仪有两个儿子，长子叫张联芬，次子叫张联芳。张联芬原在归化城一家当铺当学徒，张联芳随父回乡。在张子仪做生意失败还乡时，张联芬已当上顶生意掌柜，张联芳也长大成人。张联芳把逐年挣到的钱交给弟弟，一部分一部分地赎回父亲租出去的“活约”土地。此后，张联芳从父亲手里接过了挈领家务的权力。他自己亲手把犁，领着长工、短工耕种土地。张联芳生有5个儿子，以“温、良、恭、俭、让“命名。5个儿子上学前，张联芳让他们全都下地干活。冬天，让五六岁的孩子给出圈的长工去打灯笼，十一二岁时到厨房里学推莜面窝窝、蒸馒头。孩子们在少年时期，犁、耧、耙、割、打、收都要参加。张联芳从中选择学习优良的儿子进行培养；较差的，会记人工账，就停学专事种地。后来张家成为五路村的首富，子孙成了少财东，家长允许他们吃好的、穿好的，唯有劳动不许放下。几位少财主冬天喝了黄酒、吃了饺子，还要冒着风雪去奎树沟拉石头。据说，民国年间大学毕业的张守俭，当了国大代表回家后，照样和长工在一起翻粪。

还有一个故事。有一天，张子仪的孙子张自强，戴着礼帽，穿着大褂，骑自行车回家。路上碰见一辆陷在泥里的大车，不管车倌怎么打驾车的马，就是无法把马车从泥潭里弄出来。张自强下了自行车，从车倌手里接过鞭子，手提缰绳，一甩鞭子，马就一跃而起，很快就把车拉了出来。车倌诧异得说不出话来，看着张自强离开了。后来他才知道，这个先生装束的年轻人正是老财张子仪的孙子。五路村的这些老财，家人都和普通村民一样参加劳动，他们不仅不因劳动而感到痛苦，相反，常年的劳动使他们成为干各项农活的能手。像张子仪的孙子张自立，秋收的时候他在麦田里码的麦垛，无论下多大的雨，麦垛也漏不进水。

“逃荒要饭走西口，拉驼发财五路住”，说的是石占魁家的故事。

石占魁，山西右玉人。1877年（光绪三年），母亲领着未成年的石占魁一路乞讨来到呼和浩特，最后流落到五路村。1892年（光绪十八年），他母亲被狼叼去，他孤身一人，只好到城里找出路。他先是给西顺城街的义昌瑞商号拉骆驼。拉骆驼是最苦的一个工种，但是很能挣钱。做驼工待遇高，驼工上工前，东家都要先给驼工预支20两银子安家费，此外还准许驼工捎一二百斤货，有驼的捎一两峰驼。

石占魁自幼贫苦，奋发向上，有志气，吃苦耐劳，而且眼观六路，耳听八方，各个方面都干得出色。不久，石占魁就在驼队中当上了“把儿头”，成了一个管人的小头目。接着又有了自己的捎驼，几年就发展成拥有60多峰骆驼的驼户掌柜，成了东家。石占魁的拉驼生涯是在走新疆的大西路上度过的。1928年（民国十七年），西北发生“河湟事变”，此路不能通行，他只好放下驼绳回到五路村。石占魁买了十几顷地，给儿子们盖了几处院子。房子都盖在五路村的东北部，以后这里便形成了以他为首的驼户居民点。有房有地有儿子，石占魁成了五路板申有名的人物。

王占祥，原籍山西阳曲。他七八岁时投靠五路村的姑母家。王占祥成人后，长得身材高大，给表兄武铎赶车。有一年，他做了一件非常事。他冒表兄的名到表兄在归化城开的银炉上支出了银子，然后上驼桥买了两峰骆驼，购上货，就随一家商号的驼队去了科布多。王占祥在驼队中担任锅头，就是负责打火造饭的伙夫。他脑筋灵活又吃苦耐劳，为了多挣钱，驼队一到目的地，他就深入“合少”中的蒙古包，拿自己带的货去换牲畜。因为他嘴勤脚勤手勤，随时帮蒙古牧人干活，很受人家欢迎，生意便一点点做起来，越来越顺手。

当王占祥的资产发展到十几峰骆驼的时候，他就成了驼户掌柜，开始雇用本村年轻力壮的小伙子给自己拉驼，而他自己跟着驼队，专心做生意。王占祥曾把产自归化城的西瓜放在油篓里，走过漫长的戈壁，送给他在草原上的蒙古朋友尝鲜。这样的举动使他在草原上结交了很多蒙古族朋友。这些蒙古族朋友都诚心诚意地帮助他，使他的生意做得顺风顺水。没用多少年，王占祥就在驼道上发了财，成了在五路受人恭维的“四老财”（王占祥排行老四），也成了归化城的名人。

传说这位王四老财赶着羊群从蒙古草原上回来，进了万成羊店，羊店的掌柜段得功亲手替他梳辫子。你道那辫子是那么好梳理的吗？据说由于长时间不洗头、不梳头，王四老财的头发全都粘在了一起，结成了毡片。剃头匠人嫌麻烦，不愿意为他服务，所以只能由段掌柜亲自给他梳头。

五路村不仅出了许多“垫资老财”，还出了一个洋行的把头梁怀亮。梁怀亮的家世不比以上二位强多少。他的父亲梁喜珠，一路靠讨吃要饭把他和他的妹妹用一根扁担担到五路。三人住在一间场房子里，租了几亩地种起瓜来。许多年过去，付出了很多辛苦，但是梁喜珠的生活却见不到大的起色。深知致富难发家更难，梁喜珠对自己失去了信心，便把希望寄托在儿子怀亮身上，下决心培养他。梁怀亮七八岁时，父亲省吃俭用送他入书坊去学习。梁怀亮15岁时，父亲就托人送他到归化城商号三兴元。当年三兴元就把梁怀亮派往了库伦，让他在三兴元在库伦的分庄做伙计、学生意。5年过去，梁怀亮已经能讲一口流利的蒙古话，也学了不少做生意的本事。

当时的库伦，因哲布尊丹巴呼图克图住在当地，不少外国商人或间谍在那里活动，社会很复杂。梁怀亮出道早，成熟也早，年纪轻轻就比别人懂事。24岁时他给库伦的洋行当翻译，渐渐地在库伦商界有了一点名气。

19世纪后半叶，由于义和团运动兴起，处于惊恐之中的归化城洋行纷纷闭店撤庄。但是也有例外，在归化城北门外的北沙梁崛起了一个英商的字号——和记洋行。在一派颓势中，和记洋行很是惹眼。更惹眼的是和记洋行重金聘请了五路村的梁怀亮担任总把儿头，带领48顶“房子”组成的驼队。一顶“房子”按200峰骆驼计算，48顶“房子”差不多就有1万峰骆驼。能当上这样庞大的商队的总把头儿，可见梁怀亮不是一般人物。

二、呼和浩特的南大门——河口

五路板申的发达与它西边的一个地方有着极大的关系，那就是河口。河口的位置在现在呼和浩特市托克托县县城旁边的黄河岸边。这里是黄河上游和中游的分界点，有一个黄河母亲的雕塑矗立在河的左岸，是一个旅游观光的景点。河口历史很长，早在辽金时期，河口镇就成为货物集散转运的重要码头。到了元代，政府更是重视，曾经在这里设水驿专门对河口码头进行管理，并派兵沿河巡查，保护过往的商船。从地理上看，河口是通往鄂尔多斯的要道，跨过黄河就是鄂尔多斯。当年成吉思汗率领大军西征，就是从这里渡过黄河的。

河口在交通上的重要作用早在汉代就已经显现出来，以后在魏晋南北朝、隋、唐、辽、金、元、明诸朝代，它都在交通方面发挥过不可替代的作用。捱至清初，作为水旱码头，这里更是繁忙。地处黄河上游的宁夏、甘肃、河套的粮油、盐碱等物资和下游的晋西北、河曲、保德、准格尔等地的煤炭、石器、木料等均运到河口交易。此外，山西朔县、平鲁、左云、右玉等地的物资和归化城、张家口、京津等地的丝绸、布匹、杂货也要通过船载集聚到河口交易。河口商贸的经营范围北至喀尔喀蒙古、俄罗斯，南达晋、陕，东连察哈尔、京津，西接河套、宁夏、甘肃、新疆，是重要的贸易河运口岸。

进入清代以后，河口的繁荣发挥了更加重要的作用，它促成了从呼和浩特到北京的一条新的商道的形成，这就是呼和浩特老辈人经常说的大京路。过了河口，黄河就进入了山陕大峡谷，河道变的狭窄，水流湍急，无法通航。所以从黄河上游运来的物资都在河口码头上岸，然后改走旱路。从河口经托克托、黑城、公喇嘛、一间房、黄合少、五路、隆盛庄、兴和、丰镇、柴沟堡、南口到道口这条路的物资运输以驼运为主，也有用架子车、老倌车以及骡马毛驴驮载运输的。

五路板申正处在漠北通往五台山、潞州南北驼道和大京路的交汇之地，是察哈尔草原广大牧民习惯的一个交易地点，因而繁荣发展起来。

和五路村一样，河口也是归化城的一个卫星城镇。与五路相比，河口的区位优势更加明显。河口位于归化城西南140里，正处在黄河上游和中游的分界点上，在地理上具有标志性的意义。

明朝后期，这里是阿拉坦汗的义子托克托的领地。方圆数百里的范围内有两河之利，即黄河与大黑河之利，因而牧场和农田都十分肥沃，历来是土默川最重要和富庶的地方。

据考，明朝末年在这里落户的商号有双和店、惠德成、德顺元，号称河口三大号。这些商号都不是单一经营，他们既做生意，又搞河运，还兴办各种实业。比如，经营甘草的商号有公义长、荣升昌、庆和成、庆隆店，他们年运甘草四五百万斤，价值四五十万两白银；钱行有义和永、德成厚、德和昌、复恒益；粮店有双和店、宝隆元、德义成、世兴店等。据史料记载，那时候河口经营河渡的船舶有200多只，河路船工有1000多人，居民千户，人口上万；商号92多家，号伙2800多人；建立有各业行会、商会数十个。每年节假日都由商会举办庙会、河神会和社火活动。因此，托县才产生了双墙秧歌、漫瀚调、二人台、晋剧等民间文艺班子。

城北门外，堤坝沿黑河东岸曲折南行，绕经河口镇西，复折而东，称为皮条沟村东梁。黑河在河口的堤坝长十余里，高丈余，宽5尺，纯用土筑。据民间传说，康熙年间，清政府拨来银款，由河口薛姓大户承包，用“二饼子”牛车拉土筑堤，沿堤植柳树千余株。1867年（同治六年），回民军马化龙部逼近黄河西岸，河口各商号闻警，于晚间各派一人，手持红灯沿堤巡逻，休息时将灯挂在树上。河对岸的马部人马看见这边灯光树影，绵延不断，一眼望不到头，疑有重兵守御，遂未敢渡河。由此可知当时商号之多。

河口是个有故事的地方。

故事一。据传说，早在汉恒帝时期，有一位专做皮毛生意的洛阳商人，带了银两和货物从洛阳出发来云中经商，途中坐了一位老船工的船，沿黄河北行。船行至托县渡口时，因为旅途劳累，洛阳商人突然病倒。老船工把他带到自家调养，但是洛阳商人终因病情严重而去世。老船工又出钱买棺材将他安葬。因为不知道商人来历，老船工便把商人的银两和货物收藏起来，等待商人的亲人来取。半年之后，远在洛阳的商人妻子不见丈夫回来，非常着急，就叫儿子千里寻父。儿子一路打听，在渡口找到了老船工。老船工将保存完好的银两、货物一并交给了他。商人的儿子十分感激，临走时拿出许多银两送给老船工，但是老人终未接受。商人的儿子回到洛阳后，在民间到处传播老船工的义举。皇上听说后，连声赞叹："老船工，君子也！"并且将托县的黄河渡口赐名为"君子津"。

河口镇也是帝王出巡经略之地。607 年（大业三年）八月，隋炀帝坐船从福森（今十二连城）出发，经河口进金河（今大黑河）而东北，幸启民可汗营帐。宇文凯造大车，上置百官，浩浩荡荡开进盛乐城，一时传为美谈。

历史更迭，北方草原也几度衰荣。到了 15 世纪末，蒙古草原在达延汗手里得到重新统一。其嫡孙阿拉坦汗率蒙古土默特部进驻今呼和浩特地区。具有远见卓识的阿拉坦汗不仅保持了与明朝的友好关系，还积极接纳汉族人民、引进中原文化、建立草原都市，倡导和鼓励蒙古族人民学习农耕技术，大力发展农牧业生产。这些重大举措都有力地促进了当地经济的不断发展。河口又一次繁荣起来。

清朝乾隆、嘉庆年间，河口为盐碱囤积内运之场。据载，那时候河口年运百余船，价值白银十余万两，是阿拉善吉兰泰盐外运的重要口岸。1807 年（嘉庆十二年），清政府于河口设盐务大使，征课银六七万两。自乾隆以后，呼和浩特地区垦殖日广，民殷物阜，出境之油、粮、盐、碱、甘草各货，入境之日用杂货，山西与归绥往来之商运，有许多都是在河口码头完成转运的。

道光以后，河口又以"甘草码头"而驰名。《绥远通志稿》载，河口"每年运售四五百万斤，价值四五十万两。……还有清水河的粗瓷器，河套的黄芃、红柳，价值五六万元。乌拉山、大青山的木料，也都集聚于此，转销各地。历年商业以河运称著，除甘草行外，钱粮两行也已发达，市廛栉比，百业兴隆，除归绥而外，萨，托、和、清之城皆不及也”。

作为黄河中游一个河运码头，河口繁荣的时候除了转运各类物资而外，熬盐、制碱、造舟车、捕鱼等行业也很发达。1906年（光绪三十二年），土盐已成大宗土产，垦务委员李耀亭、惠翰臣等曾以私人名义集资2万元，呈奉将军衙署核准，在河口成立公裕官盐号，依市价收买囤积，转售各县。收买杭盖湖所产之碱料，入锅熬制，溶化去滓，范成碱锭，全年产量约为40万斤。除县境销售10万斤外，其余30万斤，都经水运销至晋南。

河口是一个古老的集镇，庙宇较多，北头有龙王庙，镇中心有禹王庙，南头有关帝庙、奶奶庙和五道庙，后街有财神庙，镇东有真武庙，沿堤有两个河神庙。在规模较大的龙王庙、禹王庙、关帝庙内住有和尚，并在庙前建筑戏楼。每当举行庙会时还要请外地剧团来镇演出数日，热闹一番。大部分庙宇修建年月已无从考查，仅据《绥远通志稿》记载，龙王庙为清咸丰年间所建；财神庙建于1889年（光绪十五年），为河口乡耆岳恒瑞（公盛长铺长）、刘登龙（晋义恒铺长）用地方斗捐修建。

故事二。话说隋炀帝即位后，为了炫耀国力，于大业三年五月，由洛阳出发，北巡突厥牙帐。为了大量随行人员交通方便，他命令河北十王郡的青壮年修筑太行山里的驰道。六月，炀帝在仪仗、车队等大量随行人员簇拥下，经太行山出雁门，先在雁北的马邑围猎，然后沿黄河进入鄂尔多斯的胜州榆林郡。

驻在盛乐城的启民可汗和义成公主率领突厥部众，吐谷浑、高昌等国的朝贡使者，还有契丹、奚各部族的首领，赶到胜州城觐见隋炀帝。胜州位置在今鄂尔多斯东北角，与托克托隔河相望。

塞外七月，秋高气爽，隋炀帝在胜州城东建立大帐，设宴招待启民可汗及其部众3500人。这个大帐由将作大匠（官号）宇文恺设计制作，可容纳数千人。帐外旌旗招展，仪卫森严，帐内设舞乐百戏，供饮宴者欣赏。启民可汗觐前见隋炀帝时，被列为上宾，位在诸部族首领和诸使节之上，在豪华欢乐的气氛中享受盛宴。事后，炀帝又巡幸启民可汗的牙帐，大加赏赐。

此次巡幸对隋炀帝来说具有特别的意义，那就是回老家。熟悉历史的人都知道，隋炀帝杨广的母亲，也就是隋文帝的独孤伽罗皇后祖籍正是云中。这种耀威显富的行动使胜州城的名字随着隋炀帝北巡而迅速传播开去。

故事三。乾隆年间，东阁大学士刘统勋（民间称刘大人）奉旨查办绥远城将军保德与同知普喜互讦一案。他出塞私访，曾来托克托河口镇，在当时的亨荣木店里落过脚，做过暗访。

1823 年（道光三年）秋，黄河水涨，农历七月二日五更时分，镇东南皮条沟堤防溃决，全镇商店、民房悉被冲毁，仅留沿堤高处之房院数处，浸渍月余，水才退尽，损失财产值数百万两。河口镇经此水患后一蹶不振，许多巨商大贾纷纷移往包头。后经地方乡耆尽力恢复，虽逊于往昔，但仍不失为一重要商市。

三、大京路上的隆盛庄

从五路村沿着大京路往东不到百里就到了盛乐。盛乐古城虽已衰败，但是周边早已形成农牧混合的经济区，城北的公喇嘛是著名的产粮区。盛乐再往东就是隆盛庄了。隆盛庄现在鲜为人知，它位于乌兰察布市察哈尔右翼前旗县城偏东南 20 千米处。它的西边是著名的蒙牛总部驻地，东边是迅速崛起的工业城市丰镇，高速公路、铁路从旁边穿过，而它很少有高楼大厦等现代建筑，差不多还是自然经济状态，农业是它的支撑产业。从哪方面看，它都是有个不起眼的小镇，陪伴它的是无尽的寂寥。

但在 100 多年前，隆盛庄是土默川的一个商业重镇，是呼和浩特经济板块的重要一翼。这与它的地理位置有关。隆盛庄是集宁、商都、兴和、察右中旗、察右后旗，甚至锡林郭勒的西苏尼特旗等地通往丰镇、大同、山西雁北各县的必经之地，是四通八达的驼道交通网络上的一个重要节点。

处在这样的地理位置就是处在了经济浪潮的风口浪尖上，它就不能不发展。明代中后期，隆盛庄还是一片水草丰美的草原，是阿拉坦汗的牧马地。但200多年后，到清朝嘉庆年间，这里就已经初具集镇规模，农牧工商云集，成为通向蒙古草原的驼道上的热点市镇。

经过隆盛庄的驼道，径直往北60里就是平地泉(今集宁)，再往北是土牧尔台、后大滩、苏尼特。苏尼特是著名的苏尼特羊的产地。数百年来，苏尼特就一直是北京“东来顺”的羊肉基地。“东来顺”的涮羊肉可以说是名满京城。人们所熟悉的顺口溜“吃的是中草药，喝的是矿泉水，跳的是迪斯科”，说的就是苏尼特羊。苏尼特草原上牧草的种类丰富，养育出来的羊健康、肥美。据专家告诉我，这里每平方米能有56种牧草，营养均衡而又丰富，所以苏尼特羊肉肉质紧凑、口感好。从清代初期开始，这里的羊就直供北京。

从隆盛庄向北的驼道在苏尼特接上了呼和浩特通往乌兰巴托和恰克图的主驼道。浩浩荡荡的羊群经过此地向东去，首尾难望的驼队经过这里北上，驼背上驮着茶叶。驼队、老倌车、趟子车熙熙攘攘，络绎不绝。隆盛庄想不红火都不行。优越的地理位置造就了隆盛庄，使它成为内地的烟、茶、糖、酒、食品、绸布与草原的畜产品进行商品交换的集散地。

这里自乾隆中叶以后，由于地势低洼，河泽相通，土地肥沃，耕牧皆宜，四邻之商贾不远千里而来。旅贾成群，运输相冲，五谷丰登，畜类云集，各方迁来者日益增多。首先是来自陕西、甘肃的回族商人——他们往山西和北京做生意，这里是必经之地。久而久之，有一部分人便在这里定居下来。其次是晋、直、鲁、豫一带到蒙古草原做生意的商人，他们有的每年春来冬返，有的两年一返，都要经过隆盛庄。他们行商地域北至恰克图、库伦、乌里雅苏台、科布多及内蒙古各盟旗营。他们贩回的牛马羊驼、皮毛药材，很大部分都集中于隆盛庄出售。还有阴山以北几个著名的粮食产区，像乌兰花、后大滩、可可以力更一带出产的粮食，有不少也都到此出粜，然后由此转运到北京、天津、张家口、大同、太原等地。

还有一个特殊的人群也是这条商路上的常客，即内蒙古和喀尔喀蒙古的王公、札萨克、台吉、牧民、喇嘛等。他们每年都要去五台山各寺拜佛进香，往返皆住于此，已经成为习惯。他们往南去的时候携带成群的牛羊驼马，是向五台山进贡的；而返回的时候就会在隆盛庄停留、购物。民国以后，蒙古宣布独立，但是这并没有妨碍他们的人民沿着习惯的道路到五台山进香，所以拜佛进香的蒙古人仍然往返经此，络绎不绝。

隆盛庄每年冬季牛羊集中的时候，当地屠宰量高达50000多头，而经过这里向外转输的牲畜数量则在10倍以上。除了肉食品，大量药材、木料、金砂等也是这里的过境商品。到嘉庆年间，隆盛庄已形成一个百货云集的集镇。

隆盛庄发展的鼎盛时期是在道光至光绪年间。那时候全庄民商人口已有数万人，成立的工商业行社包括钱庄、当铺、粮店等十几个，包括集锦社、毡毯社、兴盛社、三义社、马王社、鲁班社、老君社、鲜果社等，可以说种类齐全，应有尽有。当时南街到北街有近2里长，铺面鳞次栉比，全是商号门市；前后两街南北向并列，挂有牌匾的商号达3000多家。还有一条小北街，街上都是回民商号。此外还有100多家，包括铁木建筑商户及铜匠，银匠、靴匠等各种手工业者。

此地的工商户绝大部分为山西忻县人，次为定襄人、崞县人、繁峙人。忻县人大都经营六陈行，也经营钱庄、当铺、棉布等业。定襄人以走草地，去蒙古做生意者为多，其次为铁匠、木匠业。大同人多经营绸布百货行及银炉首饰铺。阳高人多经营熟皮、缝纫行业。天镇人多制作皮绳、皮套、皮鞭、鞍、毡等。浑源人多经营饭店、榨油、翻砂。五台人多从事泥水、建筑、红炉等。总之，来自四面八方的工商户及手工业者，大都在这里取得了不同程度的成功。

上面所说的各种行业的从业人员大都是家在原籍，按照不成文的规矩，他们每三年返乡探亲一次。这些人再返回来的时候，往往会带来家乡的少年和青年到隆盛庄做学徒。先行者的成功成为无声的鼓励和号召，对于土地贫瘠的雁北地区的人来说隆盛庄具有极大的吸引力。他们或在先行者开办的商号，或经人介绍加入其他商号开始学习某种手艺，学习经商的本事。待到出师，有了一定的基础后，他们就会把家眷接来，即移家落户。隆盛庄大部分居民都是经过这样的方式来到这里的。

隆盛庄历经乾隆、嘉庆、道光、咸丰、同治、光绪等朝近百年的经营，已形成一个经济繁荣、商业辐辏的城镇。随着城镇扩大和人口增加，出于安全保卫需要，隆盛庄相继建起南阁、北阁两个防卫门户，并实行“宵夜值更”，以防盗防窃。巡更到处都有，并不稀罕，稀罕的是隆盛庄的特殊规矩，就是更夫的收入是从经营煤炭的牙纪佣金中抽取的。一直以来，隆盛庄人取暖都是以烧煤

隆盛庄大北街上中西合璧式的商铺遗址

炭为主，所以经营煤炭的商人很多，也不知道是从什么时候开始就立下这样一个规矩。这也算地方特色吧！

在隆盛庄众多行业中，粮行与钱行两商的合作关系是很有特色的。例如，宝粟辛就是粮行和钱行的一个联社。当时粮店在冬季开斗收粮时，所需款项数额巨大。旺季时，以归绥石计，每日进粮约在2000石左右，合计约60万斤。当时粮价每石以粗细粮计约3 ~ 5元，粮店每日需款六七千银洋。如果粮商完全依靠自己的资金，肯定是无力周转的，必须得有一个钱庄为粮店支付周转资金，粮店才能运转灵活。而钱庄则通过这样周转贷借，获取利润。我很奇怪这种伴生关系是怎样产生的。它似乎没有一个发展形成的过程，而是一下子就以一种成熟的形态出现了。这是商业成熟才会出现的现象。后来我想到了山西的平遥、太谷、祁县，想到了山西的票号、钱庄，我明白了：隆盛庄这些人大部分来自山西，想必是他们在未到这里之前就已经知道了粮商与钱行的这种关系，就已经熟悉了这种特别的商业合作模式，他们只是把一个已经成型的模式移植到了塞外的隆盛庄罢了。

城市功能齐全，凸显了钱庄、票号的重要。隆盛庄的钱庄、票号几乎是从一开始就显示出了成熟的形态。隆盛庄毗邻山西，无论粮行还是钱行，他们的执行者差不多都是山西籍人士。晋中的钱庄、票号的经营理念和经营模式最先被隆盛庄人学会。隆盛庄早期的钱铺业主要凭借的两项：其一是信誉，其二是声望。其经理人在承接某财东资本后，即声称为某财东做事。其实并无多少现钞或银两，而是任用金融惯手了解市场，将部分现款投放市场，随即吸收社会游资，低息借入，高利放出，如此一出一入即可生息。然后运用各种经营手段，在同业中上下左右制造金融网络，空来窄去即可周转。如农民进城卖粮，不见现款，即可到任何一家商号买到自己所需的货物与各种生产生活用品，费用由粮店转账拨付。这种办法在当时叫作“谱拨”，亦叫“谱款”或“拨兑”。他们努力维护“谱拨”信誉，使之达到同现款一样的水平。这样粮店买粮，农民卖粮，用钱买物，分文不动现钞，只由钱行人经手处理，即可解决一切货币周转问题。

当月月末，粮店将所有债务完全交给钱铺，由钱铺负责清偿；粮店负责承担利息。粮食如售给当地顾客，如六陈行、油酒店，粮款仍以“谱拨”交钱铺代收；如售外地，如大同、京津等地顾客，顾客也不带现款，可在客户原地付款，交由钱铺代收。而钱铺将外地款项再投放到本地各行业，需要到外地采购货物者，不需带款即可办理。这样周而复转，空来空去，钱铺既营周转又兼汇兑，俨如现代的银行一样。归根结底，主要依靠“信誉”二字。

流通金融，裕国便民，大有裨益，所以粮钱两商是相依相赖的关系。

粮行大都称粮店，以代客买卖为主，自营为辅。隆盛庄先后有德小店、德泰店、永泰店、才裕店等50多家粮店。在极盛时期，每有一家粮店就有一个钱庄。

我们不厌其烦地介绍隆盛庄的各行各业，就是想告诉大家隆盛庄在呼和浩特经济圈中扮演着重要角色，是茶叶之路经济带上的重镇和呼和浩特经济圈的重要组成部分。

隆盛庄、张家口、五台山、潞州、汉口、漯河在每年五月初五和十月初五都要举办骡马大会。骡马大会可不是骡子和马开大会，而是指骡马牲畜的交易大会。我们这个年龄的人无缘目睹其盛况，据一位参加过五台山骡马大会的老人讲，那时的骡马大会可是热闹非凡，数以万计的马匹被赶往交易地点，五台山的几个山头上漫山遍野全都是归化的马匹。为了招徕顾客，马贩子们还会在人最多的时候做马术表演。在飞奔的马背上，这些来自塞外商城的马贩子们翻滚倒立，左腾右跃，灵活如猿，身轻似燕。他们的表演常常博得观众一阵又一阵喝彩和欢呼，在把骡马大会推向高潮的同时也大大地促进了生意的成交。由此可见，那时候归化城的马贩子不但会相马和侍弄马，他们的马术技巧也十分高超。骡马大会成了连接内地与草原的强有力的纽带，对南北两地经济和社会的发展起到了极大的推动作用。

骡马大会成了内地人认识归化城的窗口。骡马大会上做表演的马贩子充分展示了北方汉子的风采。日子久了，也不乏一些浪漫的故事发生。曾经有一个汉口姑娘为归化城马贩子精彩的马术表演和特有的风度所倾倒，在她的眼里，剽悍、健壮、侠气十足的归化汉子就是普天下最美的男人。在马贩子返回归化时，她义无反顾地相随北上，甘愿做马贩子的媳妇，陪伴他一辈子。一时间传为佳话。

清代，归化城有全国最大的马市，但归化城并不举办骡马大会。当时，山西五台山、潞州，河北保定，河南漯河，湖北汉口举办的骡马大会的名气和影响最大。距离归化城最近的一个举办骡马大会的地方是隆盛庄。隆盛庄的骡马大会与内地的不一样，它有自己的特点——粗犷、豪放。

隆盛庄的骡马大会在每年阴历六月二十四日举办，至今已有200多年历史。传说在1787年（乾隆五十二年）时旱情严重，由春至夏滴雨未下，农民心如刀割，便在龙王神像前日夜跪拜祈雨。商家八行会首也在神像前祈祷：如在六月前落透雨，便于六月二十三日关帝圣诞、二十四日雷祖圣诞和二十五日演剧出会，酬谢神灵。可巧五月中旬后普降甘霖，于是谢神会如期举行，并从此每年届期举办一次，相沿成俗。同时商家借此招揽生意，引来四方交流。所有走草地的商户也在此时赶回马群出卖，续往草地运货；关里内地人也赶在这个日期前来采买骡马。捉马套马，颇为热闹。

这个庙会只有3天，远近不少人前来赶会看热闹；买牲畜的河北、山西、河南等地商客和推销的货物的京津远客，都赶来做生意，一时人烟云集，家家客满。除城里城外搭台演戏外，还要“出会”，即在农历六月二十三日之前，筹备了一个多月的彩画匠艺人们做完彩画油刷裱糊工作，各商家和居民也准备好参演项目，于二十三日开始踩街，演出一部分，二十四日正式出演，二十五日演出一部分，最后扫尾应场。兹将出演庙会情况略述于后。

在会演开始前，最先在南庙院内鸣放铁炮三声，然后一位身披盔甲、足蹬朝靴、面画脸谱、胯下骑一匹黑马，完全像戏里张飞的打扮的人，跃马扬鞭由南国大院飞奔而来，嘴里不断“啊呀呀”地喝叫，从南大街飞奔至北街头，转回后街折向南绕跑一圈，又回到南庙大院。南庙是供奉关羽塑像的主庙，这时在供桌上摆放供品，香烟缭绕。以此为主会场，全部会演设备均在这里。“张飞”骑马回院后，紧接着第二次三声炮响，同样“张飞”又奔跑绕街一周。街巷居民听到报马奔驰，都闪开一条大道——报马飞驰，碰伤不论。

到第三次报马一出，会演人马便全部出动。前列有地方驻军中的骑兵二三百名，鸣号前导。随后是士兵装束的对子马，头裹花布巾，身穿有蓝底、写有“亲兵”两个白字的坎肩，每人手执高大的锦绣龙旗，约一二十对，后随高大的“关”字三角带穗锦旗，也有一二十对。对子马均系“马王庄”的牲畜牙纪扮演。他们的坐马英俊，勒边系一皮套，旗杆插入皮套内，一手执缰，一手执旗，缓缓前进。紧随其后的是各商号的对子马，计有一二百对。每人身穿黄马褂，头带雉尾红缨凉帽，背弓挎箭，腰带鞘刀，如清朝武官装饰。坐马头尾均以彩绸结花披挂，双双并行，故称对子马。队尾有一位穿清朝官服的“大官”，后面是一位身穿清朝官服、身背黄绫色“圣旨”的“钦差”，均是身着团龙砚青大褂，前后海水江牙补袍，眼戴墨镜，头戴红顶翎帽，项带朝珠，足蹬朝靴，坐下黑色骏马，由一戏装的马童牵缰引道，随队前进。紧随其后的还有一匹赤色骏马，全副鞍辔，披挂彩绸，马鞍铺垫虎皮毛毯，上面插一个三角形白底黑字的“关”字小旗，同样由一个戏装马童牵着，意为关云长的坐骑。随后是全副銮驾。然后是一个二人抬的“穿行官”。一根软木杠中间骑着一个身穿大红袍、头戴桃形软翅帽戏装、幼童扮演的丑角小官，脸涂白色眼圈，带八字假须，足蹬两只大朝靴，由前后两个戏装打扮的衙役抬杠，走起来一步三摇，上下晃悠，甚是滑稽。随后的闹剧为“五鬼闹判”，系皮毛行社所演。一剧六人，均头戴面具，判官身穿绿袍，腰围玉带，足蹬朝靴，手执一支大笔，俨如庙塑绿判。五个小鬼各着小身杂色衣服，手腕、脚腕均系小铜铃，与判官嬉闹斗玩。跟着为钱庄行社队伍，约一二十人，均为戏装武侠装束，各执刀枪剑戟，头戴英雄花，以演武对打为主，边走边演，为武侠保镖之意。其后为柴王推车，系粮店行扮演，推一单轮手推小车，上放油篓，用彩绸绕车，前系长绸布带。一丑妇足穿红鞋，脸涂厚粉花点，在车前引拉，扭捏行进，滑稽莫及，专往妇女群中乱窜。推车人为一老翁，身穿黄布戏装大袍衫，头戴草笠，面画白眉，口带假须，推车左右绕弯前进，饰演柴王（后周世宗柴荣）推车卖油。再后跟着架子，前为“跑搁”，约20多人，身绑铁架，用布垫衬，架上又绑有男童幼女，外着软衣戏装，扮作男女角色。架下人排列扭走，架上小孩随着扭摆起舞。次为“担搁”，架下一人横架一担，形似担水的扁担，两头上有两个架子，左右各架一个扮演的幼童，有《刘二姐逛会》《李彦贵卖水》《梁山伯与祝英台》等四五架。又一组为12人抬架的“抬搁”，架为木制，底架装配铁架，架上装有布景架，用于放置演出用的盔甲衣帽等。因有布景道具，最大的“抬搁”为二十四人抬行。下面为木形底座，连有铁架通上，中坐一人搬扭拨动，轴轮上架跟着旋转。架上布景高达六七米，又分顶、底两层，顶层与底层各有两童，顶层两童固定不动，底层两童活动前进，布景左右各有门洞，两人进出转动，与布景宛然一体。一架饰演《白蛇传》，顶层为金山寺，庙门前站立法海，许仙并列；底层左、右两山洞，白蛇与青蛇左右排列，转动过洞，向前行进。另一架顶层演《侯上官采花》，一女用石块击侯，侯已头向山下滚掉；底层演《拣柴》，乳娘与秋莲同样绕山洞转。再往后为前列銮驾，金瓜钺斧朝天镫，后随一乘八人大轿，内设龙龛，供着关羽的牌位。后紧随一乘小木轿，轿内置泥塑龙王坐像，乃由四道沟请回的降雨龙王。每班社伙及每组抬“跑搁”，均有鼓乐吹奏跟随表演。队伍有一里长，由南庙沿街行至北庙，再转回后街。演出完了，队伍出城外西河湾，各队起马的对子马纵马竞赛，在旷野中奔驰。城内城外街满巷塞，可谓极一时之盛况。

据老一辈回忆，此种“玩艺儿”于1787年（乾隆五十二年）时开始举办，以后逐渐增添。传说架子是在山西太谷制作，衣服装饰是派人在苏州制作，均按儿童身架定制，始终由商家福隆社主办，一直延续至今。中华人民共和国成立后又经改造，新增不少剧种，剧目增新，并改进为四轮轴承，行动较之前灵活很多。

隆盛庄前期的经济发展，推动了建筑和艺术方面的出现。约在嘉庆年间，先后建起南、北两个关帝大庙，当地通称南庙和北庙。两座关帝庙规模宏大，雕塑精美，宫殿配合严密，经历200多年依然完整无缺，雄壮巍峨。庙内有碑文牌匾，画栋雕梁，威严壮观。城周的南阁、北阁均有阁楼，形似城楼箭阁，是进出城必经的门户。南北客商第一次来隆盛庄，见如此规模的关帝庙和阁楼，都会肃然起敬。隆盛庄附近一二十里也保存了许多类似建筑，如松柏庄大庙、脑包山大庙、四美庄大庙等。庙宇前的戏台巍峨宽大，每年赛会演戏由正月间连续轮演五六个月，相沿成俗。此举一为祭神；二为娱乐；三为招商及招徕生意。

四、驼户、驼桥、驼庄和驼村

我们知道归化城作为一座著名的商城和驼城，她拥有骆驼数量最多的时候达 20 万峰。这个庞大的数字意味庞大的运力，同时也意味着数额巨大的运费收入。从归化到恰克图，以一峰骆驼驮载 360 斤计算，每峰驼的运费是 12 两白银（乾隆时运价），如果一家驼户出动 100 峰骆驼，走一趟可得白银 1200 两。这差不多就是当时绥远城将军一年的俸银。绥远城将军是什么身份？乃封疆大吏，正一品，相当于现在的正部级高官。

归化城是一座财富之城，也是一座充满希望的城市。就连北京、汉口、库伦这些远在千里之外的地方的人们都知道在驼城归化发财的机会很多。不要说你是一个大驼商，就算是一个普通的驼夫，走一趟恰克图，可得脚钱 20 两银子。在清代，20 两银子能买 30 只羊，能买 6 匹马或骆驼。第二年他再走驼道的时候就不再是单纯的驼夫了，因为别人得称呼他“掌柜子”了。从驼庄掌柜中，从驼夫中不断涌现新贵，成为有钱人，成为大老板。

经过百年的商业运转，归化城早已经突破了城墙范围，城里城外的召庙区、商业区和居民区已形成有许多街巷。那时候归化城有街巷近 200 条，其中大街 57 条、小街 53 条、小巷 85 条。

归化城的大街长度只有 400 多米，与北京城十里长街是没法比的。最小的小巷只有 3 ~ 5 户人家，长度也就几十米，也不规则，顺着的、横着的，都不是那么笔直，有的曲里拐弯，有的走着走着就没有路了，是死胡同。但是不管是大街还是小巷，几乎每一条街巷都有养骆驼的人家。像大十字街、新城道街、大召前街、长胜街、牛桥西河沿街、小东街，延伸到城外的通顺西街、营坊道街孤魂滩街、牛桥草市街、大西街、西顺城街、十间房街、北门外街、羊岗子街、西得胜街、圪料街，全都有养驼户居住。我找到一份民国初年驼运公会登记册，记录着一些驼户掌柜的名单：薛延喜，46岁，家住归化城义丰店巷9号；李有鹤，38岁，家住归化城新召前巷20号；薛延献，54岁，家住归化城小御石巷24号；刘占成，46岁，家住归化城南茶坊20号，等等。

不仅归化城的大街小巷住满了养驼户，绥远城也是如此。这一点在过去很长时间我都是不理解的。在我的印象中，绥远城是一座地地道道的军事城堡，是清廷委派的一品大员——绥远城将军领兵驻扎的地方，城中不应该有太多的百姓，更别说养驼户了。孰料历史资料却明明白白地记载了绥远城内众多养驼户的姓名、年龄、家庭住址。例如，王二丑，30岁，家住柴火铺后巷2号；杨航山，60岁，家住西落凤街26号；刘寅，38岁，家住工艺局巷14号；裴老虎，45岁，家住太泉巷10号；王二娃，家住江南馆巷；马文和，家住阳泉后巷；杨有富，家住牛肉铺巷；乔秃子，家住建设厅街；刘忠，家住西街，等等。

归化城、绥远城里布满了养驼户，加上呼和浩特四郊的驼村和散布在驼道上的许多饲养骆驼的牧场，曾经的呼和浩特真的是一座地地道道的驼城。

养驼户从归化城、绥远城里向四面八方延伸，越过城墙，进入城外数以百计的板申中，然后向北翻越大青山，到达武川、四子王旗、达尔罕旗、茂明安旗、苏尼特旗，继续向北越过大漠戈壁，进入乌里雅苏台、乌兰巴托，向西进入新疆的天山南北，沿线大大小小的驼场和成千上万的骆驼，其主人正是归化城的商人。

呼和浩特四郊的板申大多是骆驼板申，就是驼村。今天已经成为“城中村”的麻花板、姑子板、塔布板、场汉板、水泉村、添勉板、五路村等在过去都是地地道道的驼村。

在呼和浩特的驼村和驼运行，衡量一个人的能力、价值和财富，唯一的标准就是看你拥有骆驼数量的多寡。这种风气影响了很多人，成为呼和浩特的一种特殊风尚。他们不喜爱没有生命的东西，比如把金银财宝积攒起来。他们不喜欢拿钱去盖豪华的房子，置办好家具，更不喜欢去买田置地。这一点与山西人的传统理念相去甚远。倘若他们手里有几个钱，只要够买一峰骆驼，就会毫不犹豫地把手里的钱换成一峰骆驼牵回来。外人走进这些驼村，单单从住房上你是看不出他们的贫富差别的，因为各家各户的房子几乎一模一样，都是用村后大青山上的青石打根基，土坯垒墙，房顶拿红柳笆子压住，顶上抹一层和着麦茬的黄泥。远远望去，整个村子一片赭黄。要说有什么不同，便是院子的大小。院子的大小是依着主家饲养骆驼的数量而定，骆驼多则院子大，骆驼少则院子小。还有就是院子再大也不会种蔬菜花草，只用来养驼。大家遵守着古老的习俗：只要你有骆驼，尽管放心大胆地去扩大自家的院子，绝不会有人来干涉你、阻止你。事实上，若是看见谁家把旧墙推倒了，挖出新鲜潮湿的黄土夯筑新的院墙，村里人除了羡慕便是高兴。每当这时候，不用主家招呼，但凡是本村的人，不论男女老幼，都会主动前去搭一把手；就是插不上手，甚至什么活儿也做不了的女人和娃娃也要去凑个热闹。凡是来的人，主家一概欢迎，一概请吃饭，为的是图个喜庆。扩大院子是驼村人最引以为豪的事情，一般来说主家都会杀猪宰羊，像办喜事似的去操持。这已经成为呼和浩特地方约定俗成的规矩，成为世代相沿的风俗。这种乡俗成为呼和浩特地方文化的一大特色。

对骆驼的喜爱已经演变为呼和浩特人的一种历史情感。在归化城养驼人的行列中蒙古、汉、回等族人民都有。规模大的驼户有数百峰甚至上千峰骆驼，规模中等的有数十峰骆驼，小驼户有三五峰骆驼。大体上是蒙古族、汉族驼户少，每户养驼多；回民驼户多，每户养驼少。他们根据骆驼数量多少，组成大小不等的驼运店，自办短途运输或被人雇用。

说着容易做起来难，养驼其实是件很辛苦的事。母驼孕期 13 个月，一般春季产羔，接羔保育需要十分精细才行，稍有疏忽就会造成驼死羔亡。要知道一峰好骆驼的价格要超过3匹马！春季要剪驼毛，一般每驼产8～10斤。清明前后，要给骆驼灌大黄、绿豆汤、麻油等，以利清热消火。驼队回来后，要给骆驼放青，使其恢复体力。放青就是在好的牧场放养。此外，还要常对驼鞍、驼屉（一种用驼毛制成的垫子）进行修理。这件事是很麻烦、很费力的。每峰骆驼有一个驼屉，成百上千的骆驼屉子修补起来是很费工夫的。所以即便是驼运业的淡季，驼户的工作也很繁忙。

在归化城驼桥，每年骆驼的买进卖出数量都非常庞大。骆驼的卖主多是跑蒙古草原的字号、堂名或者单帮，他们把商人从内地运来的日用百货输送到蒙古草原的各个角落，输送到西伯利亚的寒冷大地，然后在回程的时候把那里出产的牲畜、皮毛、药材运回归化。归化的驼队返回的时间一般是在农历十月、十一月间。驼队归来，掌柜和驼夫回城柜或者自己家，与家人团聚后就休息了。而驼队带回来的马群被送进马店，羊群被送入羊店。养驼户把自己的骆驼带回家，其余的骆驼都送入驼庄。

约定俗成，骆驼进入驼庄后由驼庄代为推销，其中包括壮驼和乏驼。那些跑蒙古和新疆专搞运输的驼户，也把他们不用的骆驼交给驼庄出售。一般驼庄掌柜都有自己的驼圈，能圈放成百上千峰骆驼。头一天，驼庄把这些骆驼先圈在自己的驼圈中，驼庄掌柜安排伙计从草市上买草，进行喂养。卖主要价便宜的骆驼，驼庄掌柜便自己留下。驼庄买下来的骆驼在第二天分群，交给城南板定营子、章盖营子、桃花板申等村的蒙古牧民代为放牧。那些价钱太贵的骆驼或驼庄一时拿不出钱来购买的骆驼，即被拉到驼桥上出售。

下“桥”时，若未成交，揽放骆驼的蒙古牧民便把骆驼牵回城南放牧，第二天早晨再牵来上“桥”。这些放牧人都勤劳而有信。揽放的骆驼到明年五月端午出场，谓之“长放”，每驼每天赚5个制钱。揽放的骆驼每天上“桥”谓之“短放”，每天赚10~15个制钱。骆驼出售以后，售前所支的工钱、草钱均向卖主扣除。只要骆驼的数量能够得到保证，放牧骆驼的牧主或牧民也可获得相当可观的收入。这样在骆驼销售的过程中又形成一个环节，聚成一个群体，而这个群体的主体是蒙古族牧民。从表面现象看牧民所做的事情与以往没有什么差别，但是本质上已经发生了变化：他们已经参与了商业运作，参与了城市生活，成为归化城市经济运行中的一个重要环节。

和归化城其他牲畜交易的场所一样，骆驼市场就叫“驼桥”，它的位置在归化城北门外扎达盖河边。每天各地的骆驼，包括从喀尔喀蒙古贩回的骆驼，汇至驼桥进行交易。由于骆驼交易数量巨大，为协调办理骆驼交易行的事务，归化城还专门成立一个驼桥福庆社。骆驼价格时有波动。光绪初年，牲畜的价格为每峰骆驼 20 ~ 30 两白银，普通马 7 ~ 9 两，公牛约 8 两，羊 1 两 3 钱。一峰骆驼约相当 3 匹马、3 头牛或 15 ~ 20 只羊的价格。

我们返回来再接着说驼庄。清代，归化城的驼庄也随驼桥大都开设在归化城的北门外。按照规定，所有驼庄都向清政府的归化城二府衙门和民国以后的归绥县公署领取头等或二等牙帖。头等牙帖每年缴税款 60 元，二等牙帖每年缴款 30 元。此外，还有每年缴 15 元的三等牙帖。三等牙帖由好几个牙纪合组一个堂名领取一张，按每个人的每年进项摊钱，有的出 5 元牙税，有的出 3 元牙税。这类情况，必须父辈交往多年才能合伙共领，由一个人顶名，出钱多少并不在意，主要以此抵制外人参加骆驼交易——不是门里出身的，绝不允许插进这个队伍争饭吃。

驼庄除了依靠牙纪给介绍买主，也有自己主动上街去招徕客人的。不管是买主或是卖主，他们都是驼庄的相与，驼庄可以向买卖双方收取佣金，谓之双佣。如买客由牙纪介绍而来，驼庄只收卖主一方的佣金，牙纪只收买主的佣金，这叫单佣。双佣收 8%，单佣收 4%。驼庄和牙纪都靠佣金维持开支。如果按每头骆驼 50 两银子计算，双佣可收入 4 两，单佣收入 2 两，头数越多收入越大。但是驼庄致富主要还是依靠自己收买骆驼。贱买贵卖，赶上行市，每头骆驼 10 两、20 两地赚钱。牙纪则不同，自己缺乏资金，只好现赚现花。开设驼庄必须资本雄厚或与钱庄拉上关系，如此就可大批购进销售，运用自如，获利相当可观。每年冬季至翌年春季，驼庄本身收购的骆驼，都托城南的蒙民放牧，等待驼桥上的相宜行情。有些不急用钱的卖主，也把骆驼交给驼庄，和驼庄的骆驼在一起放牧。到了夏季来临，从端阳节驼桥收市以后，即把没有卖出的骆驼赶到阴山以北的武川、四子王旗、迭力畔一带放场。由驼庄派小掌柜、小伙计和大师傅（炊事员）前往，掌柜负责检点，大师傅负责做饭，小伙计有的跟班，有的下夜。

清代归化的驼庄一般都在阴山以北的草原上设有专门的驼场，或在武川，或在四子王，或在达尔罕旗、茂明安旗。按照规定，每一驼商家交蒙旗 2 钱水草银子。驼庄赶到后山放牧的骆驼，不仅有属于自己的，也有代别人放牧的。其中代别人放牧的骆驼多半是春天卖不上价钱的乏驼，这些骆驼经过放养，到了秋分以后起场，都可以变成肥壮的健驼。托驼庄放牧的人，既有常年在蒙古草原与内地之间经营骆驼买卖的客商，又有在当地专买乏驼的牙纪以及跟驼庄熟悉的其他人等。春驼一峰可以卖到二三十两银子，秋驼和冬驼每峰可卖五六十两，是一项很能赚钱的生意。外人托驼庄代放骆驼，除交驼庄每驼 2 钱水草银子，还要交场费银子 3 ~ 5 钱，并且骆驼身上所落的驼毛也都归驼庄所有。每峰骆驼一般情况能有 6 ~ 7 斤驼毛，也是驼庄一笔不小的收入。此外，驼庄还有一些隐性的收入。一般归化的驼庄掌柜和蒙旗的官员、王爷都有较好的交情，而蒙旗官员和王爷大都是豪爽大方的人，所以常常会在算账上给驼庄不少实惠。比如少算他们放牧骆驼的数量，这笔省下来的钱也是驼庄的收入。在归化开办驼庄发家的人不在少数。

驼庄的财东和掌柜们的生活比一般商号的财东掌柜要优越许多。比如双合功、万盛义和世德堂驼庄，它们的资本非常雄厚，财东和掌柜的生活非常奢华，在归化城里都有大宅院。

驼桥的交易时间和其他牲畜市场的交易时间一样，都是每天上午 8 点开始，到中午 12 点收市。因为下午必须放牧，所以只做半天交易。交易的时候，放牧人很早就把骆驼从城南牵到“桥”上，等待牙纪领上客人上“桥”相看。客人分东路客人、西路客人、南路客人和本地客人 4 种。东路客人来自北京，他们除收购到门头沟驮煤的骆驼，还买供宰杀的菜驼。西路客人是新疆奇台和巴里坤的驼户，他们承揽运输到归绥，需要补充新驼，还把母驼带回滋生。南路客人来自山西“府十县”和二州五县，买回骆驼自搞运输或转卖给其他驼户。本地客人主要是购买壮驼，用来跑蒙古草原、新疆等地的本地驼户。四路客商以南路的居多，因为太行、吕梁等山路运输以骆驼为佳。每年来自新疆巴里坤的骆驼买客约有20多家，其中有一次购买300峰骆驼的客人。至于本地客人，除跑新疆和蒙古草原的客人外，还有从事短途运输的农民，他们用骆驼驮粮、运煤，作为农闲时的一项副业。

买主到驼桥上买骆驼，主要依靠牙纪，因为牙纪熟悉骆驼的路分，能够辨明口齿。骆驼以喀尔喀蒙古西部突舌公、墨勒更王、杭盖、喇嘛哥哥四处出产的最受欢迎。具体说，突舌公的骆驼又分东部和西部两种。一般东突舌公的骆驼毛色发红，眼圈发黑，蹄畔也黑。牙纪一眼就能识别出来。而西突舌公出产的骆驼则是毛色发黄，眼圈发白，膝盖呈白颜色，蹄畔也是白颜色。突公舌的骆驼不论是白色还是黑色的，都有一个共同点：它们的蹄子都是木碗形的，提起放下不变形状。有经验的驼夫都知道，这种骆驼最善于在戈壁中行走，是骆驼中的最上等。具体说，东突舌公的骆驼比西突舌公的骆驼要好一些。

墨勒更王出产的骆驼以黄色居多，体格高大，性情急躁，行走快速，按照行话来说，叫“好发性”。

杭盖出产的骆驼从外形看长得愣头愣脑，但是坚忍耐劳，负载重量超过别地的骆驼，长途行走后也不容易落膘，就是说耐力好。

喇嘛哥哥出产的骆驼兼有以上三种驼的优点。

大盛魁、元盛德、天义德三大号在喀尔喀蒙古大多数旗都有牧场，饲养和使用的都是这几个地方的骆驼。所以他们的驼基本是在产地直接购买，在归化驼桥上补充的较少。

内蒙古四子王旗、达尔罕旗的骆驼，在戈壁中行走最易磨蹄，而且上膘慢，长途跋涉最容易累，所以在归化城驼桥上的行情不如以上四个产地的骆驼。

驼庄上街跑桥的掌柜和伙计虽然也知道骆驼的路分，但不如祖辈相传的牙纪那样清楚，所以内行的客人来归化买骆驼主要还是依靠骆驼牙纪。归绥驼桥上的牙纪，最盛时有100多人，其中以于门、文门、赵门三个家族的人充当牙纪的历史最长、资历最深。相沿渐久，牙纪都有各自相对稳定的相与，牙纪之间不能互相争夺客人，这是不成文的规矩。牙纪为买客负责，必须讲究信用。他们除了向买客提取4%的佣金，驼庄为了照顾牙纪的利益，遇到买三头两头的零散客人，常常要向卖主压价，给牙纪留点余地，每驼给牙纪一二两银子。例如买方出了50两银子，驼庄只给卖主49两或48两，剩下的一二两给了牙纪，卖主也知道这在驼桥上不算弊病。如果成交头数很多，牙纪佣金已经可观，驼庄便不给牙纪这份照顾了。牙纪必须亲自到场才能打佣，不像在马桥上，无论哪一牙纪成交，也得给“十大股好汉”分一些佣金。驼桥上的行市，在清末民初时非常稳定。最好的骆驼，每一峰的价钱上过80两银子；普通年份，每峰骆驼也都是五六十两银子；春天使累的乏驼和残缺不全的病驼一二十两不等。

病驼和废驼多由屠户买回处置。

骆驼浑身都是宝，身上没有一件不能利用的东西。驼峰是餐饮珍品，驼肉烙馅饼最好，驼掌、驼绒都是好东西。驼皮被当地经营皮行的人收去做了皮筋。驼掌是钉鞋最结实耐用的东西。驼头、驼蹄或驼肺腑也是美食原料。驼骨被骨局收去雕刻工艺品，还被河北人收去专卖给山东、河北的农民做肥田粉。

归化最初有4个驼社组织，分别是福庆驼社，由骆驼牙纪和驼庄组成；新疆社，系代表走西路驼户的组织；集锦社，代表走蒙古草原和俄罗斯的商社兼驼社的组织；第四个很是特殊，叫俱进会。俱进会本来是一个具有政治色彩的社团组织，但是因为这个社团受到回民驼户把持后，其政治色彩逐渐淡化，驼业内容居多，所以它也算一个驼社。福庆驼社设于北茶坊羊王庙，供奉四马明驼王，每年把驼王从羊王庙请来，在驼岗子搭台唱两台戏酬神。正月初八的社戏由驼庄和牙纪共同出钱，驼庄每家抽十吊八吊不等，牙纪每人一吊两吊不等。八月十五驼桥开市以后还要唱一台戏，所用经费按存场骆驼数摊钱，每一驼出

3钱银子。每年正月初八仍到羊王庙给四马明驼王领牲摆供。为酬神唱戏的事，福庆驼社还专门安置了一个年老的牙纪，每天负责登记各家驼庄交易的头数，从交易中每驼征收1钱银子。银子收齐之后，交给值年会首的驼庄保管，作为香资及支应差事之用。

据统计，这四家驼社，在京绥铁路通车以前，共有骆驼70000多峰。到1933年，据官方调查，尚有42800峰，但与鼎盛时期的20万峰骆驼相比已经是相差甚远了。

五、慈禧太后留在驼城的行迹

公主与呼和浩特有缘，慈禧太后也和呼和浩特有着撕扯不断的渊源。1849年（道光二十九年）七月至1852年（咸丰二年）正月，惠征担任归绥兵备道的道台。知道惠征的人不多，但是他的女儿赫赫有名，便是中国近代史上把持朝政48年的慈禧太后。你看呼和浩特真还是出人才的地方，也不是等闲之地。归绥新旧两城的人们都称慈禧太后为“惠娘娘”，语意之中透出一种亲切和自傲：当朝最高地位的娘娘和我们有关联。关于慈禧太后与呼和浩特的关系，后人有许多的传说和附会，总之是愿意和名人挂上关系，炒作自己，和现在人的心理一样。

慈禧全名叶赫那拉·杏贞，生于1835年（道光十五年），卒于1908年（光绪三十四年）。民间称之为西太后、那拉氏。慈禧太后是满洲镶黄旗人，曾执掌晚清政权48年，是中国历史上掌权时间最长的女人。慈禧一生给后世留下诸多谜题，其中颇有争议的就是她的出生地之谜。除了被多数专家学者认可的北京西四牌楼辟才胡同说以外，尚有5种说法：安徽芜湖说、浙江乍浦说、甘肃兰州说、山西长治说、内蒙古呼和浩特说。

而最让我们感兴趣的说法是慈禧出生在呼和浩特，具体说就是出生在落凤

慈禧赠送给美国总统罗斯福的照片

罗斯福总统就慈禧的七十寿辰发来了贺信，慈禧托美国驻北京的外交使团回赠以照片。不过为了显得年轻些，据说这是慈禧太后40岁时的照片。

街，而落凤街之名正是由此而来。果真如此吗？且让我们循着传说中的形迹，去掀开历史的一角儿。在今呼和浩特市新城区有一条东西走向的街道叫落凤街，中间以昭乌达路为界，东半边叫东落凤街，西半边叫西落凤街。据说，慈禧当年就出生在这落凤街上的道台官邸。

传说似乎并非没有根据。据清宫上谕档记载，慈禧之父惠征在道光二十九年时曾由一名吏部选司主事，被外放道府一级官职，同年4月，升任山西归绥道。当年的归绥道署就在归化城，也就是如今的呼和浩特第一中学校址。这是有史可查的。

但是慈禧出生绥远城落凤街之说与史有误。从清代史料上看，慈禧的父亲惠征确在呼和浩特任过职。当时惠征的官位低，家境应不算富裕。慈禧外祖父却在朝中官居二品，并且恰是归化城的副都统，其府邸就在今呼和浩特玉泉区议事厅巷。从现有的史料来看，慈禧的父亲惠征出任山西归绥道时，1835年出生的慈禧已经15岁了，正在准备进宫选秀女。呼和浩特市落凤街并不是慈禧出生的地方，但慈禧少女时代的确在这儿居住了好几年，说这里是她的第二故乡是准确的。

那么“落凤街”又是怎么来的呢？慈禧的父亲惠征升任归绥道时，年仅15岁的大女儿兰儿（慈禧的乳名）随父从安徽迁至归化城。为迎接新任道台，归化城副都统下令将道台衙门重新修缮。但工程还未竣工，惠征已到达归绥。当时的绥远城是满族人聚居地，惠征一家就暂时借居在协领衙门里。这座协领衙门位于当时绥远城庆封街的西边，与万寿宫隔街相望，大约在今呼和浩特市新城东街十九中学对面。道台衙门修好以后，惠征一家才搬回道台衙门

慈禧画作
镜心图（左）
凤凰来仪（右）

1905年，荷兰画家胡博·华士绘制的慈禧像

内宅居住。

道台衙门内宅的花园名叫怿园。园子里有座六角亭叫树滋亭，那里是兰儿经常玩耍的地方。有时候兰儿也与父亲下棋、弹琴。兰儿还喜欢作画，甚至还跟随父亲骑马打猎。兰儿在归绥大概居住了3年。她不但容貌秀丽，性格乖巧，而且精通汉文、熟读经史，还非常有魄力。她写得一手好字，其字刚劲浑厚，极有气魄。将军衙署西厢房展出的一幅字画便是她真迹的复制品。这幅字画以“福”字为框，将“禄”“寿”两字包含其中，整个字面又形成一幅寿翁画像，长须枯杖，栩栩如生。

随着慈禧在清廷的地位节节高升，她在呼和浩特生活过的地方便成了“圣迹”。1904 年（光绪三十年），归绥有位胡姓道台曾经筹集资金将慈禧少女时代经常游玩的树滋亭修葺一新。修缮过后的树滋亭改名为懿览亭。而绥远城的庆封街，随后也改成了落凤街，寓意则是“人间凤凰，曾经在这里落过脚”。这应该属于附会了。

相传，进宫后的慈禧对她的第二故乡绥远颇有感情，尤其是对绥远城内满族人发明的小吃豌豆黄、甜窝窝十分怀念。后来，她曾经专门派宫里人把绥远的糕点师傅请到宫里，为她做风味小吃。自从慈禧将它们带进宫中，这两样美食逐渐也像归化城的烧卖一样，名播京师了。后来，归化城大西街的双和元和半道街的惠丰轩两家馆子，把豌豆黄、甜窝窝引进自己的饭店，做成了独特的风味早点。

我在绥远城出生，在绥远城长大，豌豆黄和甜窝窝也是我自幼喜好的美食。

说起满族人发明的小吃，还有一种让我记忆深刻，就是酱兔子肉。我清楚地记得，是一个外号叫“麻猴子”的男人制作的，而且似乎只有他一个人做。他之所以叫“麻猴子”，是因为他是个麻子脸，就是天花后遗症。“麻猴子”身材高大，声音洪亮，是个非常爽快的人。他的酱兔子肉原料是自己在绥远城东门外抓的野生兔子。他养了一只很厉害的鹰，捕猎时一个上午能替他抓十几只兔子，闲暇时就用自己的胳膊把鹰架着来我家的店铺喝酒。“麻猴子”没有家室，所以有大把的时间泡在我家的店铺里。他定点叫卖酱兔子肉的地方就在我家瑞兴号店铺的门前。他在小推车上放着一个不值钱的圆白菜，把溢香的酱兔子肉置于新鲜的圆白菜叶子上，然后交给买客。而买客拿了酱兔肉之后，多数径直走进了我家的店铺。我家店铺里设有酒桌，买客就要二两烧酒，尽情享受。童年的我常常被这种情景吸引，父母就给我少许钱，让我自己去买酱兔肉解馋。有时候，“麻猴子”也白给我酱兔子肉吃。如今，我老了，常常想再尝上一口“麻猴子”做的酱兔子肉，可惜却吃不上了。“麻猴子”已经作古了，他也没有继承人，那溢香的酱兔子肉恐怕是永远也吃不到了。

六、茶路其实不仅是一条路

呼和浩特作为一座重要的商城，她所面对的广阔市场是整个蒙古高原，是广袤的西伯利亚，是遥远的欧洲；俄罗斯商人是她最重要的贸易伙伴。同样活跃在这块广阔舞台上的还有庞大的来自俄罗斯的商业队伍。与中国商人相比，俄罗斯商人更加具有冒险精神和开拓勇气。1725 年，叶卡捷琳娜女皇亲自为从事对华贸易的俄罗斯商人划分了商业组织和经营范围，划定六大对华贸易商帮。

清末汉口脚夫将茶叶装到船上

其中，莫斯科商帮以向中国出口海象皮、海赖皮为主；图拉帮以经营羊皮、猞猁皮和小五金为主；阿尔扎马斯科·伏罗格达帮以经营狐皮为主；托马斯克帮和伊尔库茨克帮以经营皮革、貂皮、狐皮和毛外套为主；喀山帮以经营皮革制品为主。那时候光俄罗斯图拉商帮一年就通过公开渠道向中国出口黑貂皮20多万张、灰鼠皮60多万张、獭皮1万多张。窥一斑而知全貌，可见当时中俄贸易量之大。

准确地说，被呼和浩特人称作驼道的茶叶之路，她的东方的起点应该从产茶的江南诸省算起，而她的西方终点便是欧洲的历史名城莫斯科。虽以茶叶为之命名，但茶叶只是大宗商品之一，其他的百货像丝绸、瓷器、粮食、药材、干果、

西伯利亚的老茶店

皮毛等等种类也十分繁多，数量也非常庞大。这些货物的来源地遍布大半个中国。同样的，俄国的轻纺织品、皮毛、粮食和其他的日用百货也是沿着这条商路进入中国市场的。这是一种互为市场的关系。而地处黄河中游的归化城就成了以茶叶为最大宗的各种中国货物和俄国货物的集散地。中原的货物运到归化，靠的是车和船。从归化再往北，面对一望无际的草原、沙漠，无论什么样的车和船全都不中用了，唯有依赖骆驼这种传统、可靠的运输工具了所有的货物到了归化一律改由骆驼载运，把这些货物送到蒙古高原、西伯利亚以及俄罗斯的欧洲部分。

如今，所有这些除了留在老年人的记忆中，大都旧迹难寻了。如今的呼和

茶商驼队进入北京城

浩特是一座初具现代化形态的城市，到处都是新建起的高楼大厦，新事物掩盖了旧事物的痕迹。在这座昔日的驼城里，你只有用心寻找，才能偶尔发现有几峰骆驼游弋在城区的某些角落。高大健壮的骆驼们或者在拉车，或者披红挂绿被主人牵着在一些景点供游人骑在背上照相取乐。它们成为这座昔日驼城的活的饰物，显得那么孤独和可怜，完全是一副英雄末路、虎落平阳的悲情模样。由于远离经济活跃的沿海地区，也由于观念的落后，呼和浩特成了经济滞后的地方。如今，昔日的英雄骆驼的落魄模样似乎成了这段特殊的、痛苦的历史阶段的悲情象征。它们的存在除了为历史做一个注脚之外，还会引起人们的某些联想。

茶叶之路不仅仅是一条路，她还是一条宽阔的经济带，是一个生机勃勃的经济世界。她是一张巨大的经济网络，草原上的每一个蒙古包都在她巨大的网络里。

我认为把这条横跨欧亚大陆的国际商道称作茶叶之路与它的实际内容更相符些。茶叶是最大宗的货物，每年都在数十万担甚至上百万担。对于生活在蒙古高原和西伯利亚的游牧民族和渔猎民族来说，茶叶是须臾不可或缺的生活饮品，而不是像佛教经典那样只是一种精神上的需要，因而茶叶之路肯定是物质的、现实的。

17世纪的俄罗斯虽然疆域辽阔，但是是一个十分闭塞的国家。除了它的西部，要想进入它的国土都是十分困难的。俄国的北冰洋沿岸和远东地区的大部分地方一年中总有半年以上是被厚厚的坚冰封锁着的。

西伯利亚，西起乌拉尔山脉，东至叶尼塞河，广延万里。而16世纪直到17世纪初，这里仍然是野兽出没、人迹罕至的地区，落后的生产方式、稀疏的人口和严酷的气候条件，使这里成为世界上最不发达，同时也是最难开发的地区之一。

而来自中国的茶叶最终成了开发西伯利亚的钥匙。茶叶之路就像一条负载着文明元素的河流源源不断地流入了这一片广袤而原始的大地，用物质文明之水浇灌着它，使它得以启蒙和开化。分散在寒冷土地上的西伯利亚土著居民，那些依靠狩猎和打鱼维持生活的人们，用皮革从来自温暖地方的中国商人手里换取茶叶、粮食、布匹和其他一切生产生活用品。物质文明的阳光照耀着寒冷的冻土带，使它一点点开化。西伯利亚在商业文明的滋养下迅速发展起来，变得一天比一天繁荣。

茶叶之路的开通与繁荣也给呼和浩特提供了快速发展的历史机遇。

无论是现在还是过去，城市都是经济的载体。21 世纪的经济竞争，是城际间的竞争。而城与城之间的竞争，又决定着区域经济的命运，甚至决定一个国家的经济命运。从大区域经济格局来看，欧洲是一个分布甚广的城市群落，城市间分工竞争，功能互补，每个城市均有自己的定位以及这个定位下的成长史。欧洲的发达城市数量占世界发达城市总数的近一半，它是欧洲文明领先全球的决定因素。

历史上中国城市的主要职能是政治都城，一般情况至少也是州和府的政权所在地。直到 21 世纪初，大城市都是政治、文化、经济中心，多是省会、直辖市；中、小城市就是市级政区政府所在地。这样的模式至今仍在延续。而呼和浩特作为一座召城、商城，肯定是个特例。身处内陆，历史上却是一个向国际开放的城市，这是很少见的。因此，呼和浩特的历史积淀和经验就是异常宝贵的文化

老字号“生生川”砖茶和商标

遗产，特别值得研究。

在中国，只有少数地区能够形成双向聚集的经济流向，清代的呼和浩特就是一个很典型的例证。当然，现代南方的苏南与浙北也是一个双向聚集的地方。江苏与浙江的经济资源都相对集中在长江沿线，因此这片区域富甲天下。其东有上海，西有合肥，形成一个超大的城市群，其中汇集许多个中小城市群。那么借鉴长三角地区的经验，今天的呼和浩特能否通过重新组建城市或增加城市来重新布局，再来一次城市群建设的尝试呢？答案是可以的。

七、驼工在驼道上的生活

养驼户不等于驼工，但是多数养驼户的掌柜都有拉骆驼的生活经历。而事实上就算是成了养驼户的掌柜，他们中间的大部分人还是会在驼队远行的时候自己亲自牵引一链骆驼。不但如此，他们中的大部分人同时还要兼做一些别的生意，很少有单打一的人。

我采访过数百名驼工，听到过许多他们驼道上经历的奇闻轶事。在那过去的年代，驼工们拉着一链一链的骆驼在茫茫草原和戈壁沙滩中走着，艰难地向他们要去的地方前进。他们历经艰险，用双脚踩出一条又一条驼道，从而给后人留下了许多遐想。

在驼道上长途跋涉，驼工们穿的匣子鞋又叫“铁鞋”，是结实、耐磨、却又沉重的意思。无论春、夏、秋、冬，他们穿的鞋都是前包头、后包跟（缝的皮革），鞋底打掌，前后掌钉钉（鞋底）。特别是冬天穿的毛窝（棉鞋），为了御寒，必须经过鞋匠一番加工，约有七八斤重。驼工穿的鞋大部分是家做鞋，也有定做的。鞋底是用上好的麻绳一针一针人工纳的，鞋面（鞋帮）是人工一针一线缝的。当时有专为驼工做鞋、钉鞋的鞋匠，在羊岗子，也就是现在的伊利广场一带就有好多家。

驼工几乎都自备着一个酱篓。这种酱篓上下椭圆，形扁，有扣盖，是用芦苇编制的。驼工起程前，都在家里炒好了肉酱，多放盐，晾冷后装进酱篓，好携带又不易变质。驼队在漫长的路途中，天灾人祸随时都会发生，为防不测，在无条件做饭的情况下，把炒好的酱倒出一些，用水冲开泡干粮吃。可见驼工的生活是多么艰辛。

驼工不只是要能吃苦，还需要有相当的技能，不然就当不了一个好驼工。如挽绳扣，骆驼驮运货物一般都要走长路，所以骆驼身上的货物都必须捆绑好，要经得起长途跋涉，不松动、不丢失，卸货的时候还要好卸不费劲。因此经驼工们所挽的绳扣既美观好看又节省绳索，卸货时一拉引绳，全部打开。驼工们挽绳扣的方法，是长时间与市场上的皮匠、草原上的牧民互相交流和借鉴才练成的一种技艺。而皮匠编花、编制各样牲畜笼头，牧民套马的绳扣等也应用了这种方法。

驼工除了需要有相当的技能，还要有良好的名誉，也就是信誉。驼工要在驼运公会或行社内进行登记，获取认可和资格才行。

驼工起垛时同样也需要技能。起垛时两人为一对手(搭档)，先把骆驼卧好(跪坐)，双方面对面站在驼峰两侧，都是单臂拿货，右腿前弓，把货放在大腿上，然后置于骆驼两个驼峰之间，最后同时系好绳索。两人配合相当默契，动作迅速敏捷，一气呵成，霎时一链子骆驼起垛完成，看上去毫不费力；若遇生手，那麻烦可就大了。

入秋以后开始驮运货物，为保护驼背，驼背上安有用毛毡制成的驼鞍，起垛时还要装上驼屉。驼屉一般都用驼毛细绳缝制，为长方形，里面装着穰，所以又轻又柔。一扇驼屉插着一根竹木夹杆，两扇驼屉恰好卡在骆驼的背上，把前后夹杆用绳扣固定，再把货物在驼屉两边系好，丝毫伤不了驼背，走起路来十分稳当。

既是驼工，就得管理好驼背上的鞍屉，每到一程，卸货之后，首先检查鞍屉，看有无损伤，如有磨损，一定要缝补完好。所以大多数驼工都有一手编织技术，像毛衣、毛袜都是自己编织。夏天放场（放场就是在草场放牧骆驼），驼工一边放牧，一边捡拾驼毛，织毛活儿。放牧结束，他们也给家里的亲人织好了驼毛衣袜。我在很多驼村里，看到那些耄耋老人手里拿个羊棒骨旋转着，手心里就有细密的绒线流出来。这也是大部分驼夫打发时间的一个方式。

在驼工的群体中，领“房子”人是绝对的主角。一般来说，领“房子”人都有极好的记忆力和观察力，他们的主要职能是要准确无误地将驼队领到目的地，而且是朝着既安全又有水的方向走。他们要会说蒙古话，当“通司”（翻译）的角色。驼队起程后，他们还要根据驼工的体力和技能进行组织搭配，仿佛是

茶路上寂寞的驼队

驼队的管家。领“房子”人都是从驼工中涌现出来的，都由商家也就是雇主直接聘任，当然是驼工们信任的人物。

在归化城搞驼运的人能够发财致富，甚至钉鞋的人也能赚大钱。为什么？很简单，因为驼运业发达，驼夫人数众多，所以穿匣子鞋的人就多。这就涉及另一个行当，就是鞋行。鞋行分制作和修钉。制作好理解，就是加工制造鞋的店铺和工厂，规模小的叫作坊。大规模的制作后面跟着就是大规模的修钉。

彼时归化城钉鞋是很特别的，主要是针对驼夫的，需求量很大。钉鞋的摊位在归化城能够成为一道特别的景致：沿着扎达海河左岸，一眼望不到头，全都是钉鞋摊。驼夫专用的匣子鞋必须经过有经验的钉鞋匠加工，前后掌、包头都用上好的牛皮包裹。一双钉好的匣子鞋的重量能够达到 14 斤重。驼夫穿上这样的鞋子走驼道去恰克图，来回六七千里地，返回呼和浩特时，脚上的鞋子能倒样不能塌帮。清代，钉一双这样的匣子鞋要半两银子，而一个驼夫走一趟恰克图可得 15 ~ 20 两银子。

钉鞋成为驼运产业链中的一个环节。简单一句话，钉鞋也能赚钱，也能发家致富。晚清的时候，在归化有一家有名的鞋店，叫义和鞋店。他的掌柜就是靠钉鞋起家的。掌柜姓姚，在归化城内有 3 处房产，娶了 3 个老婆，当地人叫大房、二房、三房。

八、从驼工到大财主的道路

因为一部电视剧，山西乔家大院的名声陡然大噪起来，可谓无人不知、无人不晓。其实乔家就是在驼道上发家的。乔家的创始人乔贵发是拉骆驼出身，还是给大名鼎鼎的大盛魁打工。作为大盛魁的驼工，乔贵发知道自己不是大盛魁的嫡传，就算是干得再好也不会得到什么机会。于是辞掉拉骆驼的工作去做买卖了，他要像东家掌柜们那样赚大钱。他一个拉骆驼的穷汉，为什么能有这大么的胆量和野心？这固然与他的精明能干有关，更由于榜样的力量驱动着他。他的东家大盛魁，财势赫赫，炙手可热，是归化城商界的大亨。可当初这个大盛魁商号的创始人却是三个穷汉：祁县人张杰、史大学和太谷人王相卿。这些穷汉老乡能打下这么大的江山，他乔贵发怎么不行？乔贵发就是要像大盛魁的创始人一样，白手起家，为自己，也为子孙打下一片买卖江山。

那他该去哪里做买卖呢？当时，他在归化城做点小买卖立足也不是难事。他拉骆驼赚了点小本钱，在归化城也有点人际关系，靠大盛魁和元盛德这两棵祁县老乡的大树也能受点庇荫，发点小财，但要图大发展却没有可能。自从康熙皇帝解除汉蒙贸易禁令之后，经过40多年的发展，归化城的商业已经形成了垄断的局面，市场已经被各大商号瓜分完毕；他若在这儿图谋发展，只能吃这些大商号剩下的残羹剩饭——大树底下好乘凉，但大树底下却长不出大树。

乔贵发把目光投向了萨拉齐。

前面我们说了呼和浩特东面的五路、隆盛庄，南面的河口，没有谈归化城西边的萨拉齐。其实呼和浩特西边也很重要。萨拉齐是一个比隆盛庄还重要的集镇，还是黄河上的一个码头。

萨拉齐位于土默川平原的中段、黄河左岸，土地肥沃，又有黄河水灌溉之利，经几个世纪的开垦，多数草原已成了农田。由于处于归化城通往西部蒙古的要道上，这里成了大批商队进出蒙古西部草原的歇足地，以补充粮食草料，所以在萨拉齐出现了许多为旅蒙商和农民服务的粮店、草料铺和饭店。

乔贵发来到萨拉齐，迈出了做生意的第一步。俗话说："地利如水，事业如船，水涨则船高，水落则船降。"他先在一家店铺当小伙计，琢磨发财之道，寻找发财之机。经过一段时间的了解，乔贵发发现当地冬季缺乏蔬菜，但豆类作物多，价格便宜，却没有做豆腐、生豆芽的。于是乔贵发开始做豆腐、豆芽的生意。乔贵发生做的豆腐和豆芽质量好，在萨拉齐又是独家买卖，加上萨拉齐有许多饭店、草料铺，于是他靠这个小买卖赚钱并发家了，由一个驼工、小伙计一跃而成为“乔掌柜”。

乔贵发并不满足，开始图谋更大的发展，但是单靠做豆腐、生豆芽已经不行了。乔贵发开始寻求合作伙伴，以便占有资金优势和人才优势，有利于日后的发展。这时候，乔贵发选中了太原府徐沟县一位姓秦的青年。秦姓青年在萨拉齐做种菜卖菜的买卖，精明能干，也攒了一些钱。两人一拍即合，并结为兄弟，准备共谋大的发展。

乔、秦二人准备在西脑包（今包头市东河区西脑包）开草料铺。当时，昆都仑口是连接内蒙古和喀尔喀蒙古的交通要道，是旅蒙商队的必经之地。但是昆都仑口地处河口，有洪水隐患，而且土地尚未开垦，缺乏粮源，又是蒙旗辖地，不便于开草料铺。而西脑包距昆都仑口最近，方便旅蒙商队筹集粮食和中转货物；地处土地肥沃的土默川，大批汉族人在此开荒种粮，便于采购粮食；虽然开发日久，却没有几家像样的草料铺。两人审时度势，认为在这里开草料铺占据天时地利的优势，一旦形成规模，比在萨拉齐开店更有前途。

于是，乔、秦二人来到西脑包开设草料铺，向过往商人供应草料，并兼营牲口行。草料铺开张后，生意兴隆，吸引许多人来这里设店开铺。渐渐地，西脑包的人口、商铺越来越多，逐步发展成一个初具规模的商业城镇，为包头城的形成奠定了基础。由于乔、秦二人最先来到这里发展，占尽了天时、地利，所以他们的铺子比别的草料铺更具优势，发展得也更快，资金积累也更大。

生意做大之后，乔贵发开始做一种“买树梢”的买卖：春季，他和农民议定一个粮食价格，并支付一部分钱，预先收购粮食。秋季收获时，不管市场粮价如何，都按议定的价格交易。这种买卖风险极大。如果秋季的粮价低于议定的粮价或农民因天灾绝收，他就得大赔；如果秋季粮价上涨，大大高于议定价格时，他就大赚了。这种“买树梢”的买卖很像现在的期货交易。

通过“买树梢”，他们的生意更加红火起来，乔贵发逐渐成为包头举足轻重的大贾。但是，“买树梢”中也隐藏着巨大的风险。1750 年（乾隆十五年），他们把大笔资金投入到一次“买树梢”时，由于粗心大意错估了形势，乔贵发把多年来的积累全赔进去了，以致到了破产的边缘。经此变故，乔贵发一度心灰意冷、萎靡不振，便把铺子留给秦姓兄弟，自己回到了老家乔家堡。

乔贵发走后，秦掌柜惨淡经营，勉强维持着草料铺。1755年（乾隆二十年），包头一带大丰收，粮价下跌，黄豆价格尤其低，秦掌柜以极低的价格进了一大批黄豆，以备做豆腐、生豆芽之用。第二年，包头地区大旱，秋粮歉收，粮价暴涨，秦掌柜抛售库存的黄豆，赚了一大笔钱。秦掌柜感念乔贵发的情义，千里迢迢来到乔家堡，把乔贵发请回包头，开始第二次创业。

第二次来到包头后，乔贵发经过几年的养精蓄锐，恢复了以前的精神状态。此一时、彼一时，草料铺虽然重新兴旺起来了，但他们在包头商界的地位却远不如从前。由于经济迅速发展，包头一带分散的居民点逐渐连为一体，形成了一个较大的商业集镇；很多旅蒙商把买卖从归化城、萨拉齐迁到这里，商户云集、行业众多，草料铺已不是包头最赚钱的行业；西脑包一带也失去了地理优势，包头一带的商业中心已经转移到了博托河西岸一带。

乔、秦二人审时度势后，猛然醒悟：他们所从事的行业和经营的地点，即将被快速发展的包头经济甩到边缘地位；而一旦处于这种边缘地位，纵然有天大的本事，也难成大器。乔贵发心高志大，岂能善罢甘休，固守现状？他俩商量一番，决定利用自己先来包头一步、比别人根深蒂固的“地头蛇”优势和资金优势，再次转移：转移地点，转移买卖。

乔、秦二人开始选择地点。此时，包头的商业中心已现雏形，但尚未最终形成。两人很费了一番脑筋，盘下了今包头东河区东门大街路北的一块地，建立了一个销售上至绸缎、布匹、皮毛，下至杂货、蔬菜、酒、米、面粉等的综合商铺，还兼营客栈、货栈以及“买树梢”、贩马，并请先生起了一个吉祥的字号——广盛公，成了一个正规的大商号。此后200年里，这个地方一直是包头的商业中心，乔家也借此一直垄断着包头的商业，可谓享尽了始祖乔贵发选中的这个“地利”。

广盛公开张后，凭借乔、秦二人多年积累的丰富经商经验和雄厚的资金，再加地利，买卖日新月异，十分兴隆，很快成了包头首屈一指的大商号。打下这个江山后，乔、秦二人年纪也大了，于是他们聘请掌柜处理号事，之后便告劳还乡了。

此后，由于广盛公买卖兴隆，信誉卓著，许多商家愿与广盛公打交道，许多有钱的人也愿意在广盛公存钱，使广盛公的买卖规模进一步扩大。“买树梢”、粮盘、钱盘等业务使广盛公的财源广进。

但是，快马失蹄，乾隆末嘉庆初时，广盛公又因“买树梢”栽了跟头，资不抵债，陷入巨大的危机中，在兑钱要账的风潮中摇摇欲坠。无奈，大掌柜只得来到祁县、榆次找乔、秦两个东家请罪求援。此时，乔、秦二老已经作古，他们的第二代人出现了分歧。

秦家也许对后人教育得不够。秦家后人只知道广盛公能赚钱、应赚钱，而不知商业上有赚就有赔的道理，或不讲这个道理。所以，他们对广盛公的亏赔不仅没有丝毫补救之意，反而责怪大掌柜。秦家人算着“小九九”：广盛公是死是活还不知道，若现在把已经赚回来的钱再补贴进去，岂不是字号亏了，家也穷了，这是双重损失。若现在袖手旁观，那已经赚回来的钱就实赚了，字号亏了，家却穷不了，这只是一重损失。

而乔家无疑教子有方。乔家后人不仅知道广盛公对乔家的重大意义，还知道生意上有赚有赔的道理，而且他们更有一种独担风险的豪气和义气。面对秦家的袖手旁观，他们把全部三四万两银子积蓄都拿出来，补贴进了岌岌可危的广盛公字号。乔家自然也算账，不过不是“小九九”，而是“大九九”：乔家靠包头的买卖致富，若过去没有这个买卖，乔家就富不了；若将来没有这个买卖，乔家还会变成穷人。所以这个买卖必须救：若不救，这个买卖必然倒，那乔家以后便没有了财源，乔家必然穷；若救而不成，积蓄就算白扔了，只不过早穷几天罢了；若救成了，乔家便会一直富下去。再者从道义上讲，若不救，亏了那些包头的老相与，岂不让人家骂乔家的祖宗八代，这不是给祖宗丢脸、给子孙造孽吗？日后的事实证明，乔家正是凭借这种独担风险的豪气、义气，成为后来的富豪；而这种“大九九”的算账法，算出了乔家未来的大贾地位。

在这场巨大的商业灾难中，秦家分文不拿，而乔家却拿出了全部积蓄。秦家一点亏也没吃，乔家却吃了大亏。

而几年后，由于乔家在资金上的及时补救和掌柜们的出色经营，广盛公恢复了元气，买卖又红火起来。1801年（嘉庆六年），广盛公重组，改名为复盛公，乔家的股份由一半提高到五分之四，秦家由于无功无劳，股份由一半降到五分之一。

重组后，乔家和复盛公的掌柜们开始筹划开设联号，扩大财源，谋求更大的发展。1829年（道光九年），乔家以3万两白银独资创办了复盛全钱庄，地址在今东河区财神庙附近的路口上。1862年（同治三年），乔家又独资开办了复盛西字号，地址在今东河区瓦窑沟南口。复盛公、复盛全、复盛西，这三个“复”字联号占据了包头当时最热闹的商业街。此外，乔家在包头又陆续开设了复盛西粮店、通和店粮行、复盛和粮店、复盛兴粮店、复盛菜园、复盛油坊、复盛协钱铺、复盛锦钱铺、广顺恒钱铺等十几个字号。这些字号独立经营而又彼此照应，在复盛公老号的节制下，形成了一张庞大的有纲有目的网络，几乎笼罩了包头市面，或者说垄断了包头市面。这样，包头的“大鱼”尽入“复”字号的商业网中；别家商号只能捕些漏出来的“小鱼”而已。

在此后的100多年中，复盛公一直称雄包头商界，不仅给乔家赚取了巨额利润，而且给乔家繁衍了许多小字号，成就了乔家商业在包头的垄断地位和在全国的巨商地位。

九、呼和浩特之一翼

张家口是归化城之一翼，往东可以到达著名的草原都市多伦偌尔。加上归化城西边的几座城市，它们都是归化这个商业中心的翼展之城。

张家口博物馆收藏有一张信票，是1903年（光绪二十九年）一位商人用过的，信票上未记该商人姓名。此票质地为白绵纸，雕版黑墨印制。长124厘米，宽88厘米。形制为长方形竖式，字框尾角呈圭形。四周饰6条龙，上下两边分别为双龙戏珠，左右两边分别是一条腾跃的龙。文字框顶部是满汉文横写标题"信票"，汉文居右，满文居左。下面为文字框，分为左、右两部分，右面竖写汉文（真书）12行，每行61~64字不等，共661字，内容为："理藩院为发给信票事。查定例，内载商人等出外贸易，由察哈尔都统、绥化城将军、多伦诺尔同知衙门领取部票。……又，前经本院会议，每年绥远城将军请领商民部票，系往各蒙古地方及新疆等处贸易，该商民等即经改领部票，前往新疆各城贸易，自应照章每票一张，不得逾一万两千斤之数。令于发票时注明该商姓名、前往何处贸易，详细造册、报院。并令遵照定制，于一年限内呈交部票，以免在外逗留生事。"

信票制度在执行过程中是非常严格的，主要原因是办理信票时征收的税款是政府的一项财政收入。商民办信票要交钱，然后再根据商人贩运货物的总量，按每百斤纳税若干，一并交清，启运时不再纳税抽厘，否则逢关纳税、遇卡抽厘。1868年（同治七年）九月十二日，《总署收绥远城将军文一件》说："绥远商人经恰克图，无论千两茶、珠兰茶应照张家口商民章税每票不得过一万二千斤之数。至票规银两，试办之初若按照张家口商民每一张交票现银五十两，实不足以体恤。自应比照张家口商民呈交票规银两数酌减。请令此外不得滥行勒索浮费以期踊跃示区别。"可见当时信票每票货不得超过12000斤，票规银每份价50两。

据记载，乾隆年间，张家口有养牛车户57家，大多集中在张家口大镜门外南天门、外东窑、元宝山、西甸子、乌拉哈达、四岔、稍道沟、石匠窑、正沟及平门外的永丰堡、乌墩台一带，崇礼县的黄土谣等村也有养牛车户。民国时期，最大的养牛车户是南天门殷氏，他家曾养牛千头、车700多辆，号称"吃饭大伙房，伙计查账房，牛车没法数，只听铁铃铛"。据传，殷家的车铃是特制的，声音有别于其他车铃。辨别殷家的牛车，听铃音就可知道。可见牛车之多，规模之大。

张库大道兴盛时的张家口一派祥和、繁荣的景象。康熙时，查慎行几次考察过张库大道。他总结道："车辙行腾市井嚣，百年修养得今朝。黄云匝地遮沙漠，衰草连冈走骆驼。"诗中描绘的张库大道交易和商旅的情景十分形象、逼真。

另据记载，张库大道全盛时最高年贸易额达 1.5 亿两白银。清末对定 1 两为 37.3 克，以每克白天银 3 元人民币计算，当时的年贸易额大约有近 170 亿人民币。这是怎样的天文数字！

张家口的繁荣，还可从两个小例子证明。一是张家口大镜门外一带商业繁荣，房价奇高。一处标准铺面包括栈房的月租金要 50 两白银，相当于现在的人民币 5000 多元，简直到了寸土寸金的地步。另一个例子是当年清朝官员到边塞任职是苦差，大多由被贬的官员去充任。而唯独派往张家口的官员，是需要花大把白银向吏部官员送礼，才可取得的。可见当时在张家口当个"海关关长"是上等的差事。

十、驼城美食——烧卖

前面我们说到过归化城的四个茶坊，那是早期的设施。到后来归化城迅速繁荣之后，茶馆就得到了极大的发展，成为归化城独立的、自成体系的一个餐饮系统。在这个餐饮系统形成过程中，烧卖这种美食就产生了。烧卖是成熟的商城呼和浩特的餐饮业结出的美丽花朵。

如果考经据典，烧卖之名在《元曲》好多剧目的道白中就已经提到，可以说是很有历史了。而归化城出现烧卖则是明末清初的事情。到了清朝中期，归化城经营早点的烧卖馆子数量众多，生意兴旺，散布于城市的各个角落。商号顶生意的掌柜、中产以上人家的男人们差不多每天早晨都要去烧卖馆子里喝茶。

其实喝茶只是一个形式，借此打听市场的行情和社会上的新闻，收集商业信息才是重要目的。这一点与广州的早茶相似，是一个休闲、讲究的早点。

这种休闲方式不仅限于上流社会的王爷、将军、都统、参领、道台，中产阶级的掌柜、先生、商号财东，就连驼夫、车倌、工人、耍手艺的艺人和普通市民，总之三教九流都好这一口。有事没事总要先到烧卖馆子里边坐一两个钟头，然后再去做其他的事情。在归化城居住年久的外路人，也容易养成此种坐烧卖馆子的习惯。因此，清朝和民国初年，归化城的人把“您老喝了没有”当作清早出门见面的问候语。因此，早年间呼和浩特人把吃烧卖称作喝烧卖。

归化城的烧卖之所以好吃，首先在于原料：草原上肥美的羊肉以及阴山以北出产的胡麻油和菜籽油。这些东西只有归化城才有，只有塞上草原才有。其次是当地食店行累积了200多年的烧卖制作技术，制作的烧卖皮子非常薄，馅儿拌得特别香。这些使得归化的人把烧卖视为代表地方风味的一种食品。

驼城美食——烧卖

归化城的烧卖馆子要数南柴火市永香馆起步最早。民初的时候，人们就说它已经有 200 多年的历史。大南街的中和元和上栅子的万明元，大东街的佳乐会馆，在小召前所立的碑上都有记载。那块碑是在 1787 年（乾隆五十二年）立起来的。听呼和浩特老辈人讲，最初归化城盛行一种长嘴子烧卖，蒸出来就像石榴嘴儿，白泠泠的，煞是好看。但是多数食客嫌长嘴子烧卖面皮子长而干涩，不适口，于是长嘴烧卖渐渐在挑剔的食客中失去了市场。接下来一种短嘴子烧卖风行起来，一直延续至今。短嘴子烧卖皮薄馅大，更加实惠，口感也好。

归化城早期的烧卖馆子中有一部分是由点心铺转型而来的，如大南街的三上元，大西街的晋三元和上义元。原因很简单，就是因为经营烧卖更挣钱。

烧卖馆子红火与否是由食客决定的。过去在归化城，烧卖馆子的客人大体分为 3 种类型。第一种主要是做“通司”行和皮毛牲畜行商号的掌柜、先生。掌柜就是老板，彼时在归化商界把会计师称作先生。此类人可以归为上流社会吧。第二种主要是做货店、茶庄、票号、钱铺、绸缎与纸马拦柜生意的掌柜，还有牲畜市场上的牙纪。我给出的定位——中产阶级。第三种食客范围最大，就是那些驼夫、车夫、脚夫、农民和走街串巷的小买卖人。

食客不同，茶馆服务的内容和方法就不同，环境也有很大区别。但是不管是上等茶馆、中等茶馆还是下等茶馆，归化城的烧卖馆有一个共同的扩大经营的做法，就是每年的四大节（阴历正二月、五月端午、八月中秋、冬至）差不多都做应时的“节气货”，捎带地出售粽子、绿豆糕、什锦南糖、油茶面、月套饼和太师饼等。这些食品一般都做得比较精细，属于高级食品。这个市场是由归化城和绥远两城的上流社会消费群体培养起来的。归化城的大商家和他们的家属，绥远城的满蒙八旗官兵和他们的家属，是这个消费群的主体。这个群体吃喝讲究，有的可以说是十分奢侈，所以一般的点心铺满足不了他们的需求。

归化城也好，绥远城也罢，中、下层的消费群体也很厉害，尤其是表现在吃上——舍得吃！就拿八月中秋的月饼一项来说，归化、绥远两城能消耗 30 万斤以上。

这种吃喝风波及社会的下层，比如手工业作坊里的学徒，不但可以在节日那天吃到月饼，而且吃完以后，掌柜或师傅还要给赠送2斤。商号和一般居民比工人吃得更多、分得更多。这30万斤月饼，只靠10家点心铺用“红炉”烙制，绝对承担不了此项任务，所以不得不由烧卖馆子中的“大炉”烙制。

端午和中秋两节，商绅最讲究互相送礼，患者和打官司的人也借送礼来酬谢大夫和贿赂官吏衙役。端午节送礼起码得20个麻团、20个粽子、20块凉糕和2斤绿豆糕，才能拿得出手。中秋节起码是1对西瓜、2套2斤重的套饼、2斤葡萄和2斤桃式梨等，谓之“四色水礼”，少了就拿不出手。

除瓜果而外，这些礼品都由点心铺和烧卖馆子供应，都是现做现送，图的就是新鲜。尤其是端午节的麻团、粽子和凉糕，不能预先制作，必须由烧卖馆子和点心铺一起加班加点突击，才能满足顾客的节日需要。另外，逢年过节，归化城的糕点还大量销往喀尔喀蒙古的前后两营。这些节日糕点的制作，也需要烧卖馆子分担点心铺的一部分业务。因此不少烧卖馆子把出售烧卖视为副业，将零售和批发糕点当成了赚钱的主业。这就是第一种类型的烧卖馆子。

这种烧卖馆子都集中在牛桥、驼桥和羊岗子一带。因为牛桥附近的太平街、太平召前和东、西、北沙梁设有牲畜交易市场、皮毛牲畜店和“通司”行，跑“桥”的回、汉牙纪每天早晨多来此吃烧卖，然后才上牲畜市场。而皮毛牲畜店和“通司”行的人，因为住处和烧卖馆子靠近，每天也来此喝茶。所以这一带烧卖馆子的服务对象相对稳定，生产一直兴旺。

归化城北边的这几家烧卖馆子和市中心与南头的烧卖馆子的区别在于他们还大量制造专销蒙古草原的糕点，人称“蒙民点心”。销给蒙古牧民的点心分为中果、提浆饼和上果三种。上果是用粗白面炸成小圆饼，外面裹一层米制的小糖。都是制成以后一百四五十斤一箱地装起来，批发给走蒙地的商人，销售给蒙古草原的喇嘛和牧民。在“茶叶之路”畅通的那些年，这些做蒙古点心的商号大都发了大财。

第二种类型的烧卖馆子分布在归化城的市中心。大南街最繁华，其次是大什字和小东街，所以专做货店、茶庄、票号和钱庄生意的烧卖馆子都在这三条主要街道上。皮裤裆街以北的路东路西，有归化城最大的东盛店和通顺店，那是茶庄和票号客人常出的地方。皮裤裆街以西的头道巷和二道巷内，有归化城第三个大货店长太店以及票号和许多钱铺。皮裤裆街以东的三贤庙巷子，设有统治归化城工商业的乡耆。因此归化城烧卖馆子中的权威字号中和元与广和元，一个开在皮裤裆街以东，一个开在皮裤裆路以西的二道巷口南边。这里既能做大南街北部绸缎铺的买卖，又能做大西街、宁武巷、太管巷皮庄的买卖及小东街一带的买卖。食客还可以从二府衙门过河，经土默特都统衙门和归化关出南门，也可到长盛元与长义元喝茶、吃烧卖。

过去，开设在归化城市中心区的烧卖馆子，因为主流食客都是掌柜子、财东、蒙古贵族和衙门的官员，所以座位清雅、食品质量好。尤其是中和元与广和元，里边只有烙小油旋的小炉，不备烙其他糕点的大炉，专心一意地在烧卖上下功夫。山西帮商人形容中和元和广和元的烧卖，说是从口里上来，一过西沟门（距归化城 90 里），进了土默川，就能闻见中和元和广和元的烧卖香味。所以归化城的人对中和元和广和元趋之若鹜，不仅是争先恐后地前去吃，还在冬天时买上往外寄。中和元和广和元只卖一个上午。这种习惯沿袭至今，现在呼和浩特的烧卖馆大都是早晨 6 点开门，忙活一个上午，到下午 3 点就关门了。

土默特旗的参领，二府衙门和道台衙门各房的掌案（即科长），归化关里收税的员役，都是每天在中和元和广和元喝完茶后才去衙门上班。许多大商号的老板也都是早起洗漱完到中和元和广和元喝茶吃烧卖。因此中和元和广和元与小班馆子一样，门口停着“红拖泥”和“绿拖泥”轿子和马车，座上全是穿长袍、马褂的人。

其实这些达官贾人家中或商栈、衙门里有的是高级点心，他们来中和元和广和元喝茶，大部分是专吃烧卖和小油旋的。茶馆当然知道，所以中和元和广和元的座上不摆列糕点。有时候官员和掌柜们还会吩咐跟班的小厮们带着陈醋瓷壶——他们嫌中和元和广和元餐桌上的醋不够讲究，甚至自己带茶叶的也不鲜见。

每年冬季，由于天气寒冷，中和元和广和元还大量供应山西帮商人“捎家烧卖”——将烧卖三百五百地装到柳条篓子里，由马车运回晋北和晋中。中和元和广和元无论零售还是整销，都保证质量，所用工人都是手艺最好的烧卖匠和油旋匠，手艺差的工人伺候不了中和元和广和元的掌柜。

第三种类型的烧卖馆子环列在归化城的南部边沿街巷和绥远城的鼓楼南街。在归化城南边由西往东数，通顺街有过义城斋和义顺斋，南柴火市有过四城斋和永香馆，五十家街有过四盛元、四和元、和德丰元，小召前有过大德元、荣生元。绥远城南街有过庆和元。

在这些烧卖馆子里喝茶的，都是拉炭、运煤、送货、赶脚的车夫和骡夫以及手工业作坊的工人和进城卖柴、草的农民。这些顾客在烧卖出笼以前，便迫不及待地以糕点充饥，所以第三种类型的烧卖馆子能销大量的干货，但不为旅蒙商制作出售给蒙古牧民的点心。

第三种类型的烧卖馆子中以永香馆和万明元的历史最长，均成立于乾隆年间。

提起归化城的第三种类型的烧卖馆子，很有必要把义顺斋比较详细地介绍一下。义顺斋的东家有3个人，其一是土默特蒙古族人士巴靖山的祖父（人称“噶兰达”），其二是乃莫齐召的大喇嘛，其三是毕克齐的汉族王姓地主。它的位置在通顺东街路北，靠近通顺东街和人市南北街的十字路口。

归化城的烧卖馆子有个不成文的规矩，就是每天只卖一个上午，一到午后即打烊关门。但是有例外。每天晚上都会有大量的架子车、老倌车进城拉货卸货，为数众多的车倌要吃喝。义顺斋专做这些车夫、骡夫们的买卖，下午和晚上均不关门，只要有客人到，随时都能把热腾腾的烧卖端上来。

还有走外路的车夫进了归化城，照例在装卸东西前后要各吃一顿烧卖。这两顿烧卖分别由掌柜和客人付账。归化城单是货车每天要进出四五百辆，车夫把牲口在车店喂好，连脸都不洗便来义顺斋喝茶、吃烧卖。他们都是饥肠辘辘，并且不惜掌柜和客人们的钱，食量比一般顾客大数倍。

义顺斋从清晨到黄昏，整天不摘幌子，人市上的闲杂人等和手工艺作坊的工人可以进去随便喝水而不算钱。义顺斋成了通顺街和人市上的免费饮水站。因为这个缘故，义顺斋和归化城下层的驼工、车把式们的关系处得非常好。

不仅车夫、骡夫、工人等去义顺斋吃喝，就连和尚、老道及保长之类的人也混在里边去吃。手工业作坊的工人平日在义顺斋喝茶，还常在店里聚集，那里无形中变成了工人们的议事场所。

第四章

驼城的记忆

一、记忆中的城池——买卖城

买卖城是一个已经消失的城市。但在清朝时，它可以说是清朝的北方海关。

1727年（雍正五年），中俄签订《恰克图条约》，规定两国以恰克图河为界，河北的恰克图划归俄国。清朝在恰克图河以南新建一座城市——买卖城。两座城市隔河相对，相距300米，彼此互市。

买卖城与归化城的关系极为密切，是大库伦向北的延伸。买卖城由政府批准建设、商民所建、官方管理。有必要说明的是，北京派一员护军统领到买卖城监管商人。从字面可以看出这是一个军队的职务。这一做法体现了清政府对边疆的管理方法，彰显了时代特征。就像绥远城将军一样，买卖城的护军统领

20世纪初蒙古画家所作买卖城地图

买卖城街上满载货物的牛车

对当地政治、经济、司法都有管辖权。有清一代，这个职位是有名的肥缺，并且越到后来越紧俏，甚至就算是皇亲国戚想要谋得这个肥缺，也得拿出20万两白银进行贿赂。这都是因为买卖城和恰克图之间中俄贸易的繁荣。

买卖城是清朝第一个陆路口岸、第一个自贸区。探究买卖城对今天来说有非常重要的意义。2009年，我去西伯利亚考察时曾经路过买卖城旧址，那里只剩下只砖片瓦和被遗弃的石础柱。

陪同我们的蒙古国茶叶之路研究会会长旭仁其其格告诉我，已经消失了将近100年的买卖城已获重生。它现在的名字是阿勒坦布拉格，又译阿尔丹布拉克，中文名称买卖城，是蒙古国色楞格省北部蒙俄边境上的一个城市，阿勒坦布拉格苏木政府所在地，北面毗邻俄罗斯布里亚特共和国恰克图。在蒙古语中，阿勒坦布拉格又称南恰克图。

清代，买卖城距俄罗斯边界的木墙，即普通的上了漆的栅栏大概不超过100俄丈（1俄丈＝2.134米）。城市的围墙是用高大的木桩联结成的栅栏。城门顶上有一个小塔楼，楼顶四侧有雕刻得很粗糙的木龙。龙是中国的徽记，只要有中国人的地方总能看到龙的形象——雕刻或绘画。

进入买卖城北门，首先看到的是一条狭长的街道，街道两侧是不太高的房屋，看起来像是石砌的，建筑样式独特，与俄式建筑完全不同。这些房屋类似一排排的商场，都开有朝街的大门。通过大门，走进带有回廊、四面有门有窗的庭院。这既是住所也是铺子。不论你走进哪一家，都能见到“欧亚合璧”的陈设。前

买卖城的寺庙

庭里摆设简单，但很整洁，收拾得像过节似的。前庭后面的房间相当讲究，有的还安装了俄国式的壁炉。屋内四周靠墙的是宽大的板床，上面垫着毡子，毡上再铺一条毛毯。墙上挂着俄国的镜子，有时也挂一些小幅的画。椅子和安乐椅很少，而且式样也很特别：又高又大，上着黑漆，有些地方还雕龙涂金，看着很舒适。这种椅子俄国人坐着倒很合适。中国人喜欢像布里亚特人那样盘腿坐在床上。房门上头贴着彩纸横幅，上面有汉字题写的店主的名号，特别显眼。桌子上或炕桌上摆着 10 碟或十几碟中国甜点心。中国人的甜食，如果酱、干鲜果品、蜜饯和用海菜制作的甜食等都别有风味。每家室内的陈设大致如此，只是讲究程度随主人财产的多寡而有所不同罢了。

房间里充满了中国烟草的气味，这种气味对衣服的熏染程度不亚于蒙古包

清代最早的对俄贸易口岸买卖城的主街

恰克图近景。远处的高大建筑即复活教堂

里的烟气。中国烟草有点泛红，有的是黄色，像瓦克什塔弗那种植物一样毛茸茸的，有芬芳气味。但俄国讲究抽烟的人不喜欢抽这种烟。中国烟的味儿很冲，但相当好闻。

这里的中国人不再拘束，颇有西方风度。即便对普通人，他们也非常亲切、殷勤地招待客人。俄国妇女们往往带着孩子及慈祥的双亲成群地涌进店铺，毫不客气地大嚼糖果，痛饮主人给他们这些不拘礼节的客人端来的绍兴醇酒和中国草浸酒。

恰克图和买卖城开市给归化城的商人打开了一座大门：直接面对俄罗斯，获得了一个广阔的市场。从1571年“隆庆议和”到1727年签订中俄《恰克图条约》，已经过去整整156年。一个半世纪的漫长时间里，归化城的商人早就发展成一支规模庞大、经验丰富的队伍。长期占有蒙古市场，使他们在中俄贸易中具有

恰克图博物馆收藏的中国商人的家具和日常生活用品

捷足先登的优势。

中国商人在不做买卖的时候也从早到晚一直待在恰克图，串门、吸烟、闲聊。如果当时主人正忙于做某件事，可以完全不必照应他们，而他们也同样不去麻烦主人。正如俄国人所说的，他们是每日都来的常客、朋友。俄国商人每天都自由出入买卖城。

除了商人，其他人要想进入对方的城市则要得到边防长官的许可。但也有例外，就是在每年阴历二月中国人过春节的头三天，也就是大年初一、初二、初三，任何人都可以自由进入买卖城。

中国春节的庆祝活动在无炮架小炮的轰鸣声中开始，然后札尔固齐（官名。源于蒙古语， 为断事官、理事官之意）通过翻译接受俄方边防长官和税务总监的新年祝贺。俄国商人也赠给自己的中国朋友一些小小的礼品表示祝贺。俄罗斯人成群结队地赶到买卖城，观看中国人的彩灯和燃放各种烟花爆竹。五彩缤纷的烟花腾空升起，继而又如彩色的瀑布从天飞落。买卖城狭窄的街道上，彩灯成行，辉映如昼，人们拥挤在这里观赏中国艺人和变戏法的精彩表演。游人虽冻得发抖，却乐不可支。

关于买卖城，美国作家艾梅霞在《茶叶之路》中写道："恰克图边境上的两个木结构的前哨代表着两个国家之间的贸易信息交流和两国人民的相互往来。这个边界就像细胞膜一样，使两个完全不同的文化有机会相互体验。至今，在恰克图俄罗斯和蒙古之间的边界还保留着一片大约 20 米宽的中立地带，既不属于俄方也不属于蒙方。……如今，中立地带俄罗斯一方的栅栏是俄罗斯的第一道界标。在栅栏的北部 1.25 英里的地方又有一道栅栏，这是俄罗斯的第二道界标。这中间的土地是俄罗斯的领土。如果蒙古人越过第一道界标，引起警报以

买卖城远景

买卖城的中国商人

及防御反应，那么他就可能在这块俄罗斯领地上被捕。直到20世纪90年代初，俄罗斯的卫兵和警犬都一直在这块土地上巡逻着。两道栅栏之间的土地地形不太相同，有的地方有几英里宽，但大部分在一英里左右。

“恰克图的商人修建了一个巨大的俄罗斯东正教堂，距俄蒙边界的俄罗斯一边只有200码，似乎是要明确宣示他们的领土权。这个教堂被称作复活教堂，其富丽堂皇的程度在沙皇俄国名列第二。名列第一的是圣彼得堡的皇家圣伊萨克教堂。复活教堂试图模仿圣伊萨克教堂的内部设计，水晶和孔雀石的柱子附有银色的装饰物。‘祭坛前的双重大门系由纯银所制，大约重2000磅。’19世纪时诺克斯（Knox）写道，‘除此之外，我还见到一吨左右的白银被用在教堂各个装饰处。这个教堂是建立在恰克图商人的钱包上的。’100年后，这个教堂却被改作马厩。从本书所附的一张 1996 年照片上可以看到教堂空空的中庭，其中的断垣残壁为主的围住的地方成了几十头牲畜的家。

“买卖城位于边界以南 200 码左右，也就是中立区满洲人和蒙古人的一边。弯曲的屋檐和照壁显示出与几百码之外的俄罗斯东正教堂截然不同的一种风格。中国传统建筑中的照壁是在入口处辟邪用的。进入买卖城也同样有这么一道照壁，把入城的路一分为二。”

二、关羽崇拜

中国商人身上体现出的中国文化特质也很鲜明。清代，在归化城、恰克图、库伦等地，天义德、元盛德、三合成、义合美、郭胡张、董宋王这样的字号比比皆是。从字面上一眼就可以看出，这些都是合伙经营的商号。最奇的是这些商号的合伙人都是 3 个。我曾经查阅过几十家字号的资料，得知三姓合股的商家在归化所有商号中所占比例约在七成以上。这是一个非常奇特的现象。这一特点就连俄国学者波德兹涅耶夫也注意到了。他在《蒙古和蒙古人》中论及恰克图市场时，就多次谈到中国商号的这一特点。

考察这一奇特的现象，我们不难发现这与中国商人中普遍存在的关羽崇拜有直接关系。这是他们有意无意从形式上对刘、关、张“桃园三结义”的直接模仿，充分反映了他们对“桃园三结义”的崇拜。这种崇拜发展到这种程度：即使某人有足够的资本开设字号，也一定要再邀两个投资人，凑足三家，合起来一块儿干。这种现象一时蔚成风气，在商人们的意识中好像只有三个人合在一起才能做成买卖，舍此似乎就不是做生意的正道。

其实这是一种典型的由关羽崇拜派生出来的社会现象，是中国人所拥有的一种特殊的精神力量。那么我们就有必要专门来说说关羽崇拜。

研究关羽故事，抽出他的精神内核，我认为可以用“勇武忠义”四个字来概括。忠者，忠于皇帝，忠于主子；义者，忠于朋友，不忘盟约之情，把兄弟之情看得比泰山还重。关羽以勇立功、以忠事主、以义待友，立业、立身、立名的事迹，正符合广大的在充满风险的商道上闯荡世界的商人们的精神追求。关羽的身上兼备了中国封建社会“完人”的全部美德，成为万人仰慕的楷模。同时，关羽身上的这些品质正好符合统治者的需要，所以历代皇帝对关羽不断加封，死去的关羽比活着的关羽要幸运得多，落在他头上的封号“级别”越来越高。据统计，历史上有16位皇帝23次为他加封：蜀汉后主刘禅追谥他为壮缪侯。宋徽宗先后加封他为忠惠公、崇宁真君、武安王，直到义勇武安王。明神宗万历年间被晋爵为帝，之后被加封为“三界伏魔大帝神威远震天尊关圣帝君”，关羽的夫人也被加封为皇后，其子关平、关兴封王，部将周仓加封公爵，并赐“宋末三杰”中的陆秀夫、张世杰为其左、右丞相。清朝顺治年间再封“忠义神武关圣大帝”，雍正年间第一次加封关羽祖辈三代为公爵，乾隆年间礼部奉旨避关羽讳，之后各朝累次加封，到光绪时，关羽的封号长达26个字，尽用赞美之词，把对关羽的崇拜推向极致。就封谥而论，被人们盛赞为“千古一圣”的孔子至唐朝时才被唐玄宗封为文宣王，明朝以后才被封为“至圣先师”。上下五千年，由侯而王、由王而帝、由帝而大帝，进而上升为神的，仅关羽一人。

我们都知道，中国是一个具有两千年封建传统的国家，历朝历代一直奉行的都是重农抑商的政策。在传统的封建观念中，手工业者为奴，商贾为贱民，在社会上普遍受到歧视，他们想取得成功又谈何容易！斯道绵绵，为了获得漫漫茶路另一头那巨大的商业利润，为争取社会的支持，为对付林立的关卡和名目繁多的捐税，为排除商路上的自然险阻和盗匪的打劫，为在商场上与对手周旋时能够在心理上占有优势，商人们太需要一种精神力量来支撑自己，期盼着能有一个代表挚诚、公正、信义的人来为他们主持公道。生活中找不到，他们就只好到历史中去寻找。事实上，面对所有的困难，商人们能够依靠的只有他们自己。商场险恶，在商道上拼争的商人们只有相互信任，讲义气、轻钱财，才能互相扶助，共渡危难；才能与商业伙伴达成商约，做成买卖。为了用一种众所公认的美好精神来规范自己的行为，“勇武忠义”的关羽就自然成了他们所仰赖的保护神——关羽的重义气和敢作敢为正符合在茶叶之路上闯荡的商人和商业投资者的心理。他们不但在组织形式上处处追求和效仿“桃园三结义”，而且在经营的时候也时时处处仰赖关羽的保佑，许多字号都在堂屋供着关羽的塑像。茶叶之路沿线的城市、乡村，到处都能够看到商人们修建的关帝庙。

关帝庙像闪光的珠子缀在茶叶之路上。像太原、归化、库伦、乌里雅苏台、科布多这些商人集中的城市，关帝庙修得气魄宏伟。而在小一些的、商人少一些的地方，关帝庙就盖得小一些。甚至在沙漠与戈壁的深处，也可以看到用几块砖或土坯简单搭起来的关帝庙，在那里经受着风雨的侵蚀和日月的磨砺。

从中原大地到茫茫的草原戈壁，从内蒙古、喀尔喀蒙古所有的城市和集镇到贝加尔湖湖畔，从寒冷的西伯利亚到莫斯科，只要是有中国商人出没的地方就一定会有关帝庙。这简直就是奇迹！形态各异的关帝庙就像人体内大大小小的神经节，布满了蒙古高原，成为一种突出的文化现象。它们给中国商人以巨大的精神力量和无比有力的信念支撑，使他们在面对风雪、沙暴、虫豸、土匪时都不会轻易言败，始终在茶业之路上拼争、奋斗。

三、大盛魁的财富秘密

作为一家旅蒙商号，大盛魁拥有200多年的漫长历史，时间之长，几乎与清朝存在的时间一样了。作为一家商业企业，大盛魁能够坚挺到最后，原因何在？

我们从大盛魁的管理体制入手，来揭开其中的奥秘。

第一，大盛魁的“公积金”。

大盛魁由一个没人投资的商号发展成为垄断性的商号，之所以能够存在两个多世纪，主要在于它有雄厚的“公积金”。因此，大盛魁一直把“公积金”当作生命一样来对待，任何时候也没有放松过对“公积金”的积累。这是大盛魁独具的特点之一。

大盛魁积累“公积金”有许多办法，主要有以下几种。

一是牲畜皮毛划价低。前营、后营、乌里雅苏台、科布多等分号做生意时虽有联系，但各自独立，每年从城柜受领物资多少，放出印票多少，收回牲畜、皮毛多少都得向城柜汇报，按不等价交换划价。其办法是牲畜、皮毛运回城柜以后，凡是卖出去的，照市价计算盈亏；卖不出去的，则划价很低，预防跌价造成损失，如能卖十几两银子的马，只划 2 两银子。交给京羊庄的羊要比市价稍低，为的是给他培养的小号留有余利。总号内部划价低于交给小号的价，能卖二三两银子的羊，只划几钱银子。对皮毛划价也如此。

二是货物落实才划价。城柜每年采购的货物，发到乌里雅苏台、科布多两号，落实了才划价。每年到农历十二月底时发不出去的货，概不划价。

三是铺底折价很小。城柜在达尔罕旗有 2 个骆驼场，养着 2000 多峰骆驼，每峰能卖 100 多两银子，只划 3 两。羊马“房子”上用的帐篷、水桶和炊事器具，骆驼上用的毡屉、接杆和包装等物，几乎等于物价，只是为在清册上列此一项。

四是“外该”折扣大。旧时归化商界称债权为“外该”。大盛魁对“外该”存有戒心，总怕对方还不了或者不能原数归还，所以有的按半价折扣，有的按四成、三成、二成甚至一成折扣；凡是没有指望的，一律剔出，不列清册。

五是提存护身。每个顶生意的员工，顶够 1 厘生意，就要提存 40%，即 1000 两银子的红利按 400 两提存；顶够 2 厘生意，按 800 两银子提存；往上依次递加。顶一厘生意就提存一次。名为“护身”，非至出号或死亡不得支取。

六是人力公存。城柜总账有一本公存帐。凡是顶生意的人，在公存账上都有户头。每个账期分得红利后，都要积存。积存数目多寡不等，按顶股多少和家庭情况，由公众评议，经理决定。公存的款不给出利，遇到婚丧事故，由经理酌定数目，准其借支。

大盛魁由于多年的积累，“厚成”很大。遇一年损失十万八万两银子，或多花十万八万两银子，都不在乎。到了账期，分配红利的时候，照样还是一股生意能开近1万两银子。蒙古人民共和国成立以后，废除了大盛魁的“印票”帐，没收了它的货物，约达二三百万两银子，但它仍然是归化城首屈一指的商号。大盛魁资财雄厚，令人惊奇。

局外人始终估计不出大盛魁的资金究竟有多少。大盛魁一直把“公积金”当作最大的机密来保守，不但“公积金”的数目不向人宣布，而且账面上根本没有“公积金”这个名称。——这是我们为了便于叙述，给它起的名称。据说，大盛魁“公积金”的数字是用许多隐蔽的方式来记载的。一般是化为细小数字，假设堂名，分散记载在各种账簿里边的。它不设专账，也不设专户来记载。这种账簿，只有经理和大先生才能看懂，别人是看不懂的。可见大盛魁的“公积金”是极其机密的，不仅对外人严格保密，对内部也是严格保密的。

第二，号规和惯例。

大盛魁的组织系统十分庞大而复杂。但是，正如前面所述，他的总号在管理上并没有订立过成文的规章制度，只有历任老掌柜们传下来的格言和长期形成的一套传统的号规和习惯。而这一套不成文的传统的号规和习惯，对于大盛魁的巩固和发展起了极大的作用。兹根据访问所得，对它的号规和惯例介绍如下。

一是分庄和分支机构的领导方法和制度。

总号对分庄、分支机构的指示、安排，分庄和分支机构的请示、汇报，都用编号和记日期的书信来进行传递。写信的方法多用暗语，像用日常问候、谈家庭琐事或气象冷暖的形式来谈号事，遇到机密的或重大的问题，就派高级掌柜往来口述；采取定期或不定期的查庄、查场的办法，以检查业务的得失和考核人、号的成绩。

二是对全号人员的号规和惯例。

号内人员一律不准携带家眷；号内人员不得长支短欠；号内财物不得挪用；号章不得用于作保；号内人员不得兼营任何其他业务；禁止嫖娼和吸食鸦片；

不接待个人亲戚朋友；号内人员非因号事不得到小号串门；号内人员在回家休假期间，不得到财东和掌柜家里闲坐；号内人员不得向财东和掌柜送礼；号内人员如有婚丧喜庆，由号内送礼，人员之间不得互相送礼；号内人员之间不得互相借钱；号内人员不得在外惹是生非；号内人员如有过失，不得互相推诿，不得欺瞒包庇。号内人员有以下情况之一者，即打架斗殴者、挑拨是非者、结伙营私者、不听指挥调动者，立即开除出号。

三是对各部分人员的号规和惯例。

财东方面：财东只能在结账时期行使他的权利，平时不得在号内食宿、借钱和指使号内人员为他们办事，并不得保荐学徒或干涉号内用人事宜；经理对外代表大盛魁，财东不得用大盛魁名义在外活动；财东代表只在结账会议上行使其所代表的财东们的权利，对外不代表大盛魁，也不代表各财东。

从业人员方面：经理和所有顶身股的大小掌柜都必须是本号学徒出身，概不从外号聘请；入号的学徒，除年龄、体格和文化水平都有一定的条件外，还必须是未曾在其他商号当过学徒者；学徒被开除后，不得再回本号；从业人员不得在营业所在地结婚；从业人员不得同蒙古妇女结婚；充任经理的条件，必须是曾经领导过“房子”、坐过庄或坐过场的，而且是曾经经理过前、后营分庄庄事的高级人员；学徒入号的头 10 年内，除在归化城总号学习 3 年做生意的一般知识外，还必须在前营柜和后营柜各学习 3 年，首先学会蒙古语言（对拉骆驼的、放场的、赶马的和赶羊的工人以及各手工业作坊的工人不做同样的要求）和适应当地生活习惯，然后学习做蒙古地区生意的方法，必须记熟营路的路线和宿息地点。学徒每月发工资银 1 两。学徒入号后，必须在号内学满 10 年才许第一次回家探亲 4 个月，第二次缩短为 6 年，第三次缩短为 3 年，以后每 3 年回家探亲 1 次

工人和牧民方面：各种作坊的工匠和饲养放牧的牧民都是雇佣性质，不属号内从业人员；工人分内工和外工，外工听从内工指挥和管理；工人和牧民中具有劳绩者，按照奖励办法给予奖赏，一般不提高工资；工人和牧民须另立厨

灶和宿舍，不得同号内从业人员同吃同住；工人和牧民，因工作问题需要请示或报告时，须通过柜上学徒予以转达。

上述不过是大盛魁全部号规和惯例中的几条，但从中可以看出它为了取得更多的利润，从培养学徒、积累资金、巩固组织和发展营业等各方面都采取了大量的具体措施。

四是总号和分支机构、小号。

大盛魁的经营秘密还体现在总号和分支机构和小号上。大盛魁的分支机构和小号分布范围很广。在购货、运输、销售等方面几乎都依靠他们来进行；在资本的周转、调拨和汇兑方面，基本上也是依靠自己的钱庄和票号进行。

按照清初设置贸易中心点的规定，凡进入蒙古各旗进行贸易的商号，必须申领经商票照，以1年为期，到期必须返回贸易中心点。从经商票照来看，这一类商号都是流动贸易的行商，不能算作蒙古坐地商。但是，清朝派驻将军、参赞和办事大臣的地方需要一些商号为他们贩运所需的物品，所以将军、参赞和办事大臣的驻地就成为事实上的贸易点。大盛魁也是一样。它起初在喀尔喀蒙古所设的贸易机构只有乌里雅苏台和科布多两处分庄，光绪末年又开设库伦分庄。这样看来，大盛魁在喀尔喀蒙古的分支机构很少。那么，它是怎样长期垄断喀尔喀蒙古市场的呢？

对喀尔喀蒙古，大盛魁不是依靠开设铺面，在柜台做生意，而是依靠驼队，在各旗进行流动贸易。这些驼队，实际上成为它在喀尔喀蒙古的主要贸易机构。它们的组织非常机动灵活，按实际需要来配备，不是完全固定不变的。

大盛魁每年由归化城运往喀尔喀蒙古的货物品种繁多，数量很大，通常是以“房子”的数目来计算的。它每年派出去的“房子”没有固定的数目，少的时候派出八九顶，多的时候出去二十几顶，通常是十几顶。现在就以15顶“房子”为例，来估算它在喀尔喀蒙古的流动贸易单位的大体数目。

总号从归化城派出去的“房子”是大“房子”，一般每顶“房子”包括14把子骆驼，每一把子有14只，共有196只骆驼，加上领“房子”掌柜们的乘马4匹，总共是200峰(匹)。15顶房子共有210把子，2940只骆驼。到了喀尔喀草原以后，就把每把子骆驼作为一个单位，改组为小“房子”，分别到各旗进行流动贸易。这种贸易单位组织也是灵活的。根据各地域和人口情况，可以用1把子骆驼组成，也可以用2把子或3把子骆驼组成。这些流动贸易单位各带1顶小型的帐篷，一般也称为一顶“房子”。每一单位有1个领“房子”掌柜和几个做生意的助手。这些流动贸易单位到各部各旗赊销货物，同时也协同放“印票”账的人员，把赊销货物的价款换算为“印票”账的价款，向王府取得贷款凭据，任务就算完成了。他们不做零星售货的生意。

此外，他们还组织若干流动贸易小组串蒙古包，做零星售货的生意。这种组织更为灵活，规模大小完全以销售货物情况来决定。有时组织驼队带着帐篷，驮着大量货物出去；有时用三五只骆驼，甚至用一两只骆驼驮着少量的货物出去，不带帐篷，住在蒙古人家做生意。这些小组直接和牧民进行现货交易。小组人员多是入号几年以后的学徒，他们既是售货员又是拉骆驼的。号内一方面利用学徒多做些生意，另一方面使学徒们在做生意当中接触蒙古人民，熟悉他们的生活习惯，学习蒙古语，在实践中学会做生意。大盛魁的从业人员，绝大多数是通过这样一个过程培养出来的。

为了便于经营和发展业务，大盛魁还投资设立了不少小号。

大盛魁在喀尔喀蒙古市场上销售的各种货物是由内地贩运去的。初期，它只是从归化城购买，没有力量从产地进货。后来，随着业务的发展，它投资开设了各行各业的小号，依靠这些小号从产地进货。这就把这方面的利润纳入自己的企业系统之内。初期，它的资金周转、调拨和汇兑，完全依靠别的钱庄、票号来办理，后来它也投资开设了钱庄和票号，把这部分利润也纳入自己的企业系统之内了。

大盛魁前后投资开设过的小号很多，有的一直存在，而且不断发展；有的因为亏本、东伙的关系不好或者是没有发展前途等原因而停止了营业。例如，它曾在归化城开设过借贷庄，在毕克齐开设过当铺，都因为利润太低而结束；

在归化城开设过4家京羊庄，后来并为2家；归化城和可可以力更各有1家六陈行推给其他人接办。总之，大盛魁投资开设小号的目的是为了便于经营和发展业务。哪家小号需要存在，哪家小号需要结束，哪些方面需要开设新的小号，都是根据经营需要来决定的。

大盛魁是一家股份制商业企业，并成功地建立起了两权分立的管理体制。这两条决定了它的经营体制的先进性和科学性。最为难能可贵的是，这种股份制不是从外国人那里学来的，而是在我们中国自己的土地上生长起来的。

大盛魁的经营范围之广几乎到了无边无沿的程度。过去在草原上流行这样的话：别家的商号是卖什么顾客买什么，而大盛魁则是顾客买什么它就卖什么。上至绸缎，下至葱蒜，无所不包。大盛魁大门门柱上一副残缺的楹联很能说明问题：

集廿二省之奇货裕国通商

步千万里之云程与蒙易货

200多年的时间里，大盛魁形成了十分庞大的组织机构，在归化，在整个内蒙古，在北京、上海、山东、山西、汉口、杭州、恰克图等地，拥有分庄、分号、票号、牧场、马庄、羊庄、茶叶加工厂多达几十个。

设在归化城的总号是这个庞大的商业企业集团的中枢机构，有效地指挥、调动、协调所有的分支机构，使之成为一架运转灵活的机器。

在我看来，更为难能可贵的是，在清代的呼和浩特，像大盛魁这样的商号数以几十计，而且这些商业企业在管理上都与大盛魁处在同一个水平线上。这是一个相当大的群体。它们中间有的商号的历史甚至比大盛魁还要悠久。他们共同的组织通司商会，使这些实力雄厚的商号团结在一起，形成了更强大的战斗力，造就了良好的生存环境。

清朝后期，在南方、中原大地几乎所有的市场都被外国资本侵占的严峻形势下，以大盛魁为代表的归化商业群体，仍然能够与俄国势力在中国北方的广大市场展开激烈的竞争并坚持许多年，其秘密就在这里。

四、驼道掘金者

彼时活跃在驼道上的商人，以地域为界，可以分为许多个商业集团，比如山西商人组成的晋商集团、蒙古商人组成的蒙商集团、北京商人组成的京籍集团、河北商人组成的冀商集团、俄罗斯商人组成的俄商集团等。所有这些商人构成的商业大军就像军队的野战兵团一样，人数动辄以万计，甚至以数十万计。其操作能力之大非常惊人：以茶叶、瓷器和丝绸为代表的物资多得数以千万计，源源不断地从京津、山东、山西、河南、河北、两广、福建等地辗转运到归化城，再转由强大的驼队运往蒙古高原、西伯利亚直至欧洲腹地，用气势磅礴来形容毫不过分。

茶道上的商人人数有多少呢？让我们来粗略地估算一下。归化通司商会、耆老商会等组织超过 100 家（包括手工业者和服务行业），清代内蒙古和喀尔喀蒙古各盟旗，加上张家口、包头、多伦、隆盛庄、库伦、乌里雅苏台、科布多，黑龙江沿岸的海拉尔、海参崴等地加入行社的、游动叫卖的“丹门庆”（蒙古语“货郎”的意思），专在暗中做黑生意的走私商人，总人数大概在 30 万至 50 万人之间。再加上俄罗斯商人，数量就更是庞大。这样一支庞大的队伍，发挥出的能量是无法测算和估量的。

仅就参与人数之多和活动范围之广来说，茶叶之路是古今中外商贸史上的一大奇观，是一个历时 200 多年间的商业奇迹。

这些来自山西、北京、河北等地的商人，他们原本都是生活在黄河两岸的农家子弟，祖祖辈辈靠耕作为生，过着面朝黄土背朝天的传统生活。因为土地的过于贫瘠或天灾人祸的打击，为了求得一口饭吃，他们离开祖辈生活的土地，踏上了漫漫商道。

这些农家子弟，怀抱着发家致富的美好梦想，奔向祥云飘动的归化城，奔向北方的大草原，走向天边一样远的俄罗斯。他们离乡背井，别妻离子，常年奔波在北方的草原上。正是他们不知疲倦的努力启动了巨大的经济引擎，推动了社会的前进。他们的智慧和坚忍、决心和毅力，是人类本能和原始激情的最充分的体现。种类多得无以计数的商品被他们输送到西起阿尔泰山，东到黑龙江，南起东海海滨，北至外贝加尔的上千万平方千米的土地上，改变和改善了无数人的生活。200 多年不懈的努力，其影响超过了任何一场规模宏大的战争。将他们说成历史的真正创造者，是毫不夸张并完全符合实际的。难道我们不该为他们唱一曲赞歌吗？

每年，每月，每天，每时，每刻，商人们都在驼道上往来奔走。早晨，当人们端起杯子喝茶的时候，当人们拿起工具做工的时候，商人就在他们的身边出现。人们身上穿的、头上戴的、嘴里吃的，都是商人带来的。就连召庙里的活佛、喇嘛做法事时使用的法器，也是经商人之手才得以走进神佛殿堂的。

在成为一个真正的商人之前，他们作为学徒，要忍受整整 10 年的熬苦。端茶壶、倒夜壶、学算盘、练书法，学习接人待物的本事，学习侍弄骆驼的技术，学会蒙古语和俄语……这些学徒是中国商人中最基层也是最庞大的一个群体，他们是商人之塔的塔基。

无数个日日夜夜在企盼之中过去，他们中大部分成了真正的商人，顶了生意（即拥有了人力股份），做了掌柜。在担当起更多责任的同时，他们必须承担更大的精神和心理上的压力。每一笔进货都需要他们审时度势、绞尽脑汁，每一次路途遥远的货运都使他们如履薄冰；账房内的运筹，市面上的周旋，各种社会力量的权衡，时时都考验着他们的智慧。一旦一招失算，就会导致全盘皆输。字号的利润，东家和掌柜的红利，乃至自己和伙计们的身家性命，全在计算之中。日复一日，年复一年，他们在流水般的生意中消耗着自己的生命。

商人群体分成若干个阶层。大商人们坐在暖和、舒适的屋子里运筹帷幄，指挥着巨额的资金运作。这些手里掌握巨额资金的商界巨子，一般都纳资捐官，在社会生活中呼风唤雨，发挥着不可替代的重要作用。

但是无论在什么时候，大商人毕竟只是少数，更多的是商号中的小掌柜或普通伙计，还有那些本小利微的小商人，他们构成了庞大的驼道商人的基础人群。可以想象得出，商队在泥泞的道路上挣扎，驼队在浩瀚大漠中跋涉；平底货船在急流险滩与汹涌的巨浪搏斗，船工的号子喊得像鏖战中军队的厮杀声一样震天价响；在北方商队与从草莽之中冲杀出来的盗匪做殊死搏斗中，每个商人与驼夫都是战士。他们必须应付各种预料之中和预料之外的天灾人祸的袭击，他们只能胜利不能失败——失败就意味着血本无归，意味着死亡。一切虚妄的褒

老少赶驼人和满载货物的骆驼

奖和鼓励对他们来说都是没有意义的。

这些人含辛茹苦地付出，而所得又常常非常微薄。他可能在过一条河流的时候，一失足掉进河里淹死了；也可能在夜晚的荒野，因为迷路而被狼群吞噬……其实他们每时每刻都在牺牲，一个人倒下了，其他人叹息几声，洒几滴同情的泪水，又继续朝前走。至于倒下的人，没有人知道他的名字，也没有人知道他是哪里的人。永远不会有谁为他树碑立传，更不用指望有谁会把他的名字和事迹写进史书里。他们中间的许多人甚至连商人的名分都不会有，因为他或许只是某字号一个不挣钱的学徒，或是一个“丹门庆”。没人为他奉上鲜花，也没有人为他唱起挽歌。他的死，就像世上死掉了一只小狗小猫一样微不足道，世界并未因他的死而发生任何改变。他不曾要求过什么，也不曾有过多奢望，他的追求只有一个——成为一个合格的商人，然后以一个真正商人的身份去追求商业利润，以养家糊口，进而发家致富。成为一个大商人是他心中永远也无法实现的梦。

还有一些人隐姓埋名，专走草莽荒野之地，做着更加危险的事情，这就是边境走私。这是一种一旦被官府抓住就会人头落地的冒险行当，干这种营生的人当然不会有什么名分。他们一旦死去，更是不见踪影，悄无声息。

一个商人在异乡的土地上倒下了，不管他是倒在草原上的深草丛中，还是倒在国境线旁边的密林内，大自然都会按照固有的法则处理他的尸体：兀鹰和秃鹫会在尸体上空盘旋，随后狼、野狗和专吃腐肉的獾会循迹而来。不消两个时辰，他就会被吃得精光，变成一副光溜溜的骨架，就像一朵白色的花儿开放在绿草丛中，以自己的生命的色彩来点缀荒野的寂寥。逝者已去，生者继续前行，一步步变成真正的商人。他们虽是成功者，但也不会考虑死亡会在前方哪个地方等待着自己，因为他们的大脑已经被进货、出货、结账、讨债塞满了。如果他们只是某家商号的小掌柜，他们所关心的是自己的命运和前途，企盼着升迁、回家探亲和拥有自己的股份。如果他熬成了坐庄的掌柜，就必须承担更多的压力，负担沉重的赋税，应付来自社会各方的收费，还要从事建桥、修路、赈灾济民等社会公益事业。

这里应该特别说说山西商人。山西商人能够占据草原市场，除了地理上的优势和两地传统的交往之外，山西人善于经商做贾的传统起了决定作用。这一点就连清朝皇帝都知晓。雍正时山西巡抚刘于义上奏说："山右积习，重利之念甚于重名。子弟之俊秀者，多入贸易一途，其次宁为胥吏。至中材以下，方使之读书应试。"雍正帝批道："山右大约商贾居首，其次者犹肯力农，再次者谋入营业伍，最下者方令读书。朕所悉知。"

清代，晋商牢牢占据蒙古市场。喀尔喀蒙古与俄罗斯接壤，恰克图商埠正好处在晋商的势力范围内。与俄国人做生意，晋商首先占了地利。经验十足的晋商是绝不会放过这个机会的。所以最先抢占恰克图这座商业桥头堡的应该是山西籍的旅蒙商，其次才能轮得上其他地方的商人。经验与心理优势也是晋商独有的。恰克图商埠开市之后，在中俄双边贸易的公开生意和"暗房子"（走私）交易中，晋商所占有的比重应该是非常大的。甚至我这样看待中俄贸易与旅蒙商的关系：与俄国的贸易只是旅蒙生意的一种扩延。我得出这样的结论有以下的依据：晋商长期占据蒙古市场，在商品的采购、运输和销售方面早就形成了一整套完整而有效的机制。他们在内地拥有牢固的商品产地，同时拥有强大的水运和旱运（即驼运）力量，因此在开展对俄贸易时，他们在进货渠道和货物运输方面无须再做任何新的努力，只要搭上早已完善的渠道就可以了。此外，茫茫的草原、沙漠和戈壁，对于不熟悉蒙古地区的人来说简直就是不可逾越的。

事实证明旅蒙商是一支成功的商业队伍。

他们知道，在蒙地经商最重要的是与蒙古人搞好关系，尤其是和蒙古上层搞好关系。所以，他们不但注意蒙古人的商品需求，而且尊重蒙古人民的宗教信仰和生活习俗。他们在草原上做生意一概说蒙古语，并按蒙古风俗做事，真正做到了入乡随俗。

旅蒙商不仅精于计算，还具有刻苦耐劳、甘于吃苦、勤俭守素的品质。他们常年在草原上经商，忍受着背井离乡与亲人离别的孤独和困苦，忍受着自然环境的考验，死亡就像影子似的始终跟在他们身边。致富，是他们终生的奋斗目标。他们的认真刻苦到了局外人难以理解的地步。在这方面，晋商的表现最突出。晋商的字号有着几乎相同的规矩：商人在 14 岁时离开家乡到归化城来当学徒学做生意，要学整整 10 年才能出徒。商号有着严格的铺规，不论学徒还是掌柜，一律不准携带家眷，不准打架斗殴，不准酗酒闹事，不准结帮营私，不准嫖妓赌博……商人们必须克制内心的欲望，将所有美好的情感压制在内心的深处，默默忍受着孤独，把自己一生中最精华的岁月倾注到辽阔的草原上。商号是靠众多底层的伙计和职员的努力奉献和牺牲支撑起来。当然，“不准携带家眷”的铺规也与清朝前期朝廷对入蒙地贸易的商人不准携带家眷、不准在蒙地娶当地女子为妻等限制有很大的关系。

斯道绵绵，铁衣重衿，旅蒙商忍受着常人难以想象的困难，在草原上奔波。他们经营的商品从茶叶、铁器、布匹、绸缎等几种逐步发展到几乎所有种类的日用百货，从牧民生活生产用品到宗教用品，头上戴的、脚上穿的、嘴里吃的以及各类奢侈品，可谓无所不包，应有尽有。旅蒙商渗透进了蒙古社会的各个阶层，就像人身上的血管一样给整个蒙古社会输送去了各种营养。随着时间的推移，旅蒙商对蒙古社会的影响居然达到了这种程度，即在广大的蒙古牧人的心中，除了直接统治他们的蒙古贵族之外就只有旅蒙商了。

五、扎达海河经济圈

从归化城向北穿越大青山进入高原的通道，有乌素图沟、水磨沟、万家沟、五当沟等几条山谷，谷内常年都有溪水流出，其中乌素图沟被《水经注》称为“白道中溪水”。这条河从北向南流经归化城西，所以人们一直叫它西河。因为河中有三个泉眼不停地往外出水，所以蒙古语称其为扎达海河，意为“乱水泉子”。后来，河道改造拓宽后更名为扎达盖河，蒙古语为“宽“的意思

清朝初年，即顺治年间和康熙前期，归化城只有南、北两个城门。南门在现今的恒昌店巷口。城南小召、舍利图召和大召周围，已有了从杀虎口出来的“通事”行旅蒙商人，并且有了小召后面山西庄的关帝庙和大召后面京庄的三官庙（其旁的圣母庙，有碑文可考，始建于顺治五年，即1648年）。城东是马莲滩，城墙底下有一片叫官园子的菜地，最早从右卫和大同迁来的少数回民集中居住在这里。他们做的生意是往口里贩运牛羊。那时，城北和城西的扎达海河两岸大多是荒凉的旷野，只是河东已有了西城墙外边的十王庙和北门外的回民清真大寺，河西南的高地上有了规模很大的朋苏召。十王庙修建子顺治年间或康熙初年。据《归绥县志》记载，朋苏召建于1661年（顺治十八年）。朋苏克本来是一个人的名字，他的身份是札萨克达喇嘛。1684年（康熙二十三年），札萨克达喇嘛朋苏克主持了召庙的修复，故称为朋苏召。

1688年（康熙二十七年）农历五月，清朝政府派往俄罗斯办理交涉事务的图理琛使团路过归化城。幕僚人员中的张鹏翮写的《奉使俄罗斯行程录》和钱良择写的《出塞纪略》两本书都提到归化城南的情况，有“外藩贸易蜂聚蚁屯”和“驼如林”等句。

1694年（康熙三十三年），抚远大将军费扬古坐镇归化城时，为了防御准噶尔部噶尔丹军队的进犯，发动土默特旗官兵和归化城六召的喇嘛，把归化城的南门移到现今的大什字，并向东、西、南三面发展，扩建了一座不规则的外城，由原来的“口”字城，变成了“凸”字城。把原先的南门城楼改成了城中心的鼓楼，在原南城墙里边的恒昌店巷和西马道巷（以后称驼桥街）外边开东、西两个新城门。

此时，为逃避噶尔丹军队的杀戮，蒙古喀尔喀部赶着牛羊牲畜到内蒙古避难。土默特人热情地为他们安排了借牧的草场，其中包括托克托、清水河、和林等地。

1695年（康熙三十四年），清军在昭乌达盟的乌兰布通打了一个胜仗，击

退了噶尔丹。第二年，康熙帝御驾亲征。费扬古指挥由右卫满洲兵，乌兰察布盟、伊克召盟、土默特旗、察哈尔部的蒙古兵及大同、榆林、宁夏等地绿营兵组成的西路大军投入战斗。农历五月十三，清军在喀尔喀蒙古昭莫多（今蒙古乌兰巴托东南，蒙古语“大森林”的意思）击溃噶尔丹主力。噶尔丹退至科布多。1697年（康熙三十六年），康熙帝第三次征讨噶尔丹，噶尔丹自杀（一说病死）。

从此，清朝统一了蒙古地区，土默川由边疆变为内地。归化城“商贾骈集，泉货流通，荒莱既垦，黔黎茂育，兵戈之余，倏成繁华之地”。清朝的北疆从此得到扩大和巩固，旅蒙商人向东、西、北扩大经商范围。曾被称为西口的杀虎口商埠也迁到了归化城。所谓“东口至西口，喇嘛庙到包头”，指的是清代内蒙古地区的四大商业城市，东口指张家口，喇嘛庙指多伦诺尔，西口已不是指杀虎口，而是指归化城了。

随着归化城一天天繁华起来，扎达海河两岸逐步发生了重大变化。

康熙前期，归化城已经围绕几座召庙形成了热闹的市场，当地老年人习惯称其为归化城的“南头起”。从康熙后期起，在扎达海河两岸又逐渐形成了新的市场，比“南头起”更热闹。和“南头起”对应，人称“北头起”。1697年，为了欢迎费扬古的军队凯旋，当地在扎达海河上建立了一座便桥，故定名为庆凯桥。这座桥的桥址在现今天主堂旁边架设木桥的地方。

扎达海河两岸的繁荣还由于归化城的商人把从喀尔喀蒙古贩运回的牲畜皮毛集中在这里出售。于是，扎达海河西岸的北沙梁成了皮毛牲畜店的集中区。东岸礼拜寺西南和北城门西北出现了羊的交易市场——羊岗子。牛的交易在扎达海河的庆凯桥附近进行，所以庆凯桥又名牛桥。扎达海河西岸，除了在北沙梁修建了北茶坊关帝庙外，还在关帝庙的西南修建了宁祺寺，即太平召。北茶坊关帝庙修建的年月已无文献可考，太平召修建的年代则是在1721年（康熙六十一年）。

扎达海河从大青山流出，在归化城北门外靠西一点的地方折向西，绕过北城墙又转向南，这样就在归化城的西北形成南北岸和东西岸的局面。而不断向外扩展的归化城商业区在康熙后期也沿着扎达海河形成新的区域。新的商业街区在北门外，顺着北城墙开辟了两条大街，就是沿着河沿南岸和西岸的东顺城街和西顺城街；原来的礼拜寺巷也变成通往北郊的一条南北大街，即今日的通道街；羊岗子北面也出现了由东河沿到礼拜寺巷的庆凯街。北沙梁成为皮毛牲畜交易的集中区域，经营者多为本地回民，人称“蹄角行”。同时，回族经营的屠宰业也迅速发展起来。随着这两个行业的发展，从业人员日益增多，在东顺城街到西顺城街一带，回民人口也就越来越多。

归化城的扩展不仅表现在城的西北方向，在康熙后期，归化城的东门外变化也很大。最早有姓丁的回民在东顺城街顶头开设了茶馆。接着在马莲滩以西，又出现一个叫丁茶馆的巷子。这条巷子和从小召后往北发展的街巷及南城墙外的大东街连接到了一起。过去从姑子板申村往西流淌着一条小河，河水流经营坊门前，给这里的居民带来许多不便。当地回民集资在河道上修起了和合桥与霸王桥。工程不很大，是因为营坊门前水量很小。但是两座小桥的出现给这一带带来了良好的风水，有水有桥的，人流增大，店铺增多，在迅速发展的归化城东南一带形成一个相对独立的商业区。

扎达海河两岸非常繁荣，牲畜市场、票号、剧院、饭馆、当铺、清真酒楼、烧卖馆、包子铺、焙子铺……一家挨一家。其红火热闹的程度超过了归化城内的大南街以及大召和小召两个召前市场。河西是道台衙门、太平召及众多毛毡、毛毯作坊。河西的太平街沿街布满了出售蒙古、新疆和俄罗斯物品的商店。钉鞋摊子更是沿街排开，多得数也数不清。庆凯街、羊岗子和东顺城街西口路南，有鼎足而立的北当铺、西当铺和东当铺三家当铺。由于朝廷不再严格控制马市，马匹的交易也和牛的交易一起，都集中到了牛桥到城隍庙的东河沿进行。

饮食行也进驻了。归化城兼营点心的烧卖馆子大部分集中在牛桥的羊岗子一带。因为牛桥附近的太平街、太平召前和东沙梁、西沙梁和北沙梁都设有牲畜交易市场，沿街都是经营皮毛牲畜的店铺和“通司”行。这一带属于回族人民传统聚居区，所以这里的烧卖馆一律都挂“白纸幌子”。以牛桥为中心先后聚集的烧卖馆子有庆三元、玉和元、兴盛元、兴和元等字号。“跑桥”的牙纪们每天早晨多来此吃烧卖，之后才上牲畜市场。皮毛牲畜店和“通司”行的掌柜们每天早晨也到这些烧卖馆去喝茶。相习历久，归化城烧卖馆服务对象逐步稳定下来，每年冬天旅蒙商人回来的时候为营业旺季。

土默川的经济发展非常快。据文献记载，雍正年间，在二府衙门西边盖起了西龙王庙，太平召北面的什拉门更村已有了骡店和缸房，什拉门更村的蒙汉两族村民成立起双合社。归化和绥远两城成了这一地区经济、政治、军事中心和国家的北方重镇。

道光以后，扎达海河两岸沿河开设了许多毛毡毛毯作坊。两次鸦片战争和太平天国运动虽未直接波及归化，但是法国遣使会的传教士、比利时人方济众却把自己的根扎在了这里。1856 年（咸丰六年），方济众买下了扎达海河上游营坊门前水北面、城隍庙北、常平仓西的一大片地皮，随后在那里盖起内蒙古西部最早的天主教堂——圣母圣心大教堂。这座教堂比圣母圣心会会祖南怀仁于 1865 年（同治四年）在张家口北的西湾子建立的天主教堂还早 10 年。

至此，扎达海河两岸不仅是蒙古、汉、回多个民族的聚居区域，而且是召、庙、寺、堂并存的宗教活动地区。各族、各教互相尊重，彼此和睦相处。

每年冬至，官府都要将成批的死囚拉到城南的孤魂滩杀头，在二府衙门大门口则置有站笼和“黄瓜蔓”等刑具，经常让盗贼站在站笼里或拴成一串示众。这种“杀鸡给猴看”的做法，使生活在归化城的人们非常惧怕王法。奉公守法，做顺民百姓，基本上成了当时归化人普遍认同的处世哲学和行动准则。他们恪守本分，胆小怕事，各阶级、各民族平日都能和睦相处。遇有风吹草动，仍按自己固有的行动准则行事，不接受他人的宣传鼓动。从西北回民起事到“扶清灭洋”的义和团运动，到辛亥革命及蒙古军南下，再到北洋军阀混战，尽管别处征尘滚滚、兵燹不已，但归化城大体上保持了风平浪静的局面，躲过一场又一场灾难。所以，呼和浩特老辈人都把这座能够逢凶化吉、遇难呈祥的城市称作“宝城福地”。

六、归化城的娱乐业

日进斗金的归化城成为繁华的商城，“南迎府里客，北接外藩财”。从大召广场到大南街、大北街，从归化城的扎达海河两岸经济圈到绥远城的马桥，到处都是涌动的人群，其中十之八九都是商业人口。

民谚唱道：“从南京到北京，红火不过归化城……”为什么？是因为发达的商业、交通运输业、饮食业和迅速崛起的娱乐业。

过年时归化城热闹非凡。每当除夕夜幕降临的时候，大召广场银佛寺要点起 100 多盏明灯，并把喇嘛集合起来。首先是诵经，广场上围满了诵经的喇嘛和信徒，气氛庄严肃穆。然后他们抬着纸制的 3 米多高的佛像及大象、长颈鹿等动物的模型，跳鬼的喇嘛穿上特别的服装，带上牛头马面，配上乐队，就在大召门前广场上闹红火。这时候会有更多的市民涌向广场看红火。闹上一个时辰以后，队伍开始向西移动，一直到西龙王庙。西龙王庙是一个聚居点，队伍要在这里给龙王做一些酬神的活动。然后转到北门，凌晨时抵达五塔寺。现在的五塔寺只有原来三分之一的规模，原来五塔寺门前的广场是非常大的。游行队伍在五塔寺广场上跳鬼、闹红火，市民也参加进来，扭秧歌的，打把式的，一直要闹到第二天的五更天。

归化城有正式的行社 120 多个，其中还没有包括绥远城的马王社和绥丰社。这个数据来源于咸丰年间在归绥道台衙门做师爷的张曾的《归绥识略》一书。据老辈人讲，《归绥识略》中忽略了一些行社，如忘寿宫、弥罗阁、关帝庙、城隍庙、财神庙、马神庙、山神庙、文昌阁等。更有甚者，当时归化城还有一个赌博汉成立的行社大仙社，这个大仙社每年也要唱戏敬神；妓女成立了自己的组织——良缘社，每年阴历的四月十四、十五、十六也要请戏班子在崇福寺（小召）

门前唱戏。

我们可以算算，120多家正式的行社，加上没有到官府登记的行社以及妓女和赌徒的行社，至少有130多家。就算是每个行社一年只唱一台戏，全城一年就有130多台戏。除了特别小的行社，一般情况下社戏都要唱3天。这样算下来，归化城差不多一年四季每天都有戏看。

上面说的是城里。归化城近郊村庄与内地的村庄不同，它们不是单一的农业村庄，而在经济上与城市保持着千丝万缕的联系。它们有的是羊马群的存放地，有的是商家驼队的驻牧地，有的是粮、油、酒的加工作坊。比如城西的什拉门更，早在雍正年间就有山西祁县人开设的专门供跑南路的“高脚”歇脚住宿的骡店。村里还有酿制烧酒的缸房。后来随着人口的增加，当地蒙古人和汉人一起在村子里修起了一座很特别的大庙。说这座庙特别，是因为这是一座“三合一”的庙，庙内同时供着关羽、龙王和释迦牟尼的塑像。这是呼和浩特与众不同的一个特点。像这样的庙在草原上到处都能看到，体现了宗教文化的融合，很值得学者进行深入研究。

庙是行社的标志，蒙汉合一的社名字叫双合社。在城南和城东，一些经营菜园的人联合起来成立了农圃社。农圃社不会只是安安静静地种地，它要折腾。农圃社筹钱在西龙王庙旁边搭起了一个戏台，每年分节气请戏班子唱戏，闹红火。土默川除了原来的佛教庙宇，后来又陆续建起了许多其他庙宇，如龙王庙、关帝庙、圣母庙、禹王庙、药王庙、奶奶庙、娘娘庙等。单是毕克齐一地就成立了5个行社，修建了8座庙宇。所有的庙宇旁边无一例外地都搭起了戏台唱野戏和台子戏，显示了张扬的地方性格。

每年一过霜降，虽然气温骤降，但是是归化的野戏唱得最红火的时候。此时兴奋的归化人哪还顾得上寒冷？因为归化城大大小小的商号的驼队，满载粮食、皮毛、药材和其他货物，陆续从科布多、乌里雅苏台、库伦、古城子、奇台、伊犁、恰克图等地归来。这是归化城商业的黄金季节。驼走羊奔马嘶牛哞，畜群踏起的尘埃遮天蔽日，数以十万计的骆驼的铃铛声彻夜不息。四方货物交汇，

茶叶之路沿线的古戏台遗址

八方商客云集；人要吃住，驼要站聚；百货交流，万银流通，于是归化城就变成了“不夜城”。

这时候城里的大小戏园、饭馆（旧时一些饭馆也搭台唱戏唱戏）都人满为患。归化城单是“走外路”的驼商商号就有千余家，再加上数以万计的没有正式名堂的小商户，还有数万驼夫，大家都要喝酒吃饭。那些有歌妓侑酒的上等饭馆，如小班馆子、大戏馆子、葫芦馆子等早在几天前就被人预订一空了。先说戏园和大小饭馆。大观园能容800人同时就餐和看戏。《古丰识略》中有生动的描写：

归化仅弹丸之地，戏楼酒肆大小数十百区，镇日间燔炙煎熬，管弦呕哑，选声择味，列座喧呼。问之，则曰某店肆新开燕贺请客也。又问，则曰某店肆算账赢余请客也。再问，则曰某店肆歇业出本抵债请客也。循环终岁，络绎不休。而开设戏楼酒肆之家，亦复彼此效尤，恣情挥霍，不数月而转易他姓矣。

归化城当年讲究吃喝娱乐的地方，单是厨师和跑堂的就有独属的4个行社：饭馆掌勺的定福社、商号做饭的协意社、店家做饭的诚敬社、烧卖匠与各饭馆堂倌们的合义社。

戏园子不够用就搭野台子。于是，那些设在街头巷尾、寺庙城头的野台子戏就红火起来。归化的野戏台子不同于别处，别的地方是搭在宽敞的地方，归化的是搭在热闹的街口。戏台特别高大，要底下能够通得过马车才行，为的是不影响交通。

不仅是饭馆和戏园子不能满足需求，戏班子也是供不应求，于是便出现了“劫戏”。劫戏是一种特殊的游戏。我们刚才说了很多行社都要请戏班子唱戏，可没有那么多戏班子供他们选择和聘请，而且每个行社为了面子都要请名角，可名角数量有限。比如某个行社打听到大同某戏班子出来一个新唱红的名角，然后派人带着钱去请人家，结果去了以后戏班子说已经跟别的行社签约了，100天以后才有时间。可行社这边的戏台子已经搭起来了，酬神的日子也定了，如果不能按时开锣唱戏就没法交代。“文请”不行就“武请”，行社派几个精干的小伙子，拿上刀，骑上好马，带上一辆轿子车，闯到戏班子唱戏的地方，把戏台子冲散，然后把那个名角儿抢上装在轿子车里，一晚上跑回归化城。这个戏子也不知道发生了什么事。行社已经把给她配戏的配角和锣鼓班子准备好了，她一到就重新化妆上台唱戏。戏班班主打听到劫人的行社，追到归化城要人。行社这已经唱完3天戏，便对班主要好言相劝，赔礼道歉，到饭馆里给人家洗尘压惊，然后给加倍的酬金并把人送回去。

官府衙门也受到这种娱乐风气的影响，每年道台衙门、二府衙门、土默特衙门、绥远城将军衙署都要出钱请戏班子唱戏。官府请戏班子唱戏称作“唱官戏”。

说是官戏，其实是唱给老百姓看的，做官的没几个人看，为的是显示与民同乐的官风。清代官府请戏班子唱戏，由衙署的户司或户房付戏班子酬金，还要给演员、琴鼓手好饭吃。官府的举动对归化城的娱乐之风起到推波助澜的作用。

对这种娱乐风气，也有人持不同的看法。曾在归化道台衙门做过师爷的张曾就以批判的态度表达了自己的看法。他在《古丰识略》中这样写道：

> 更或于春秋佳日，呼朋引类，提壶挈榼、牵羊担酒会饮各村社，名之曰踩青。男女杂坐，履舄交错，风雨间阻，竟夕不归。其间无耻匪徒乘机寻衅，诲淫诲盗，不一而足。……又各铺户自组侩而下至初学铺伙，每岁自立夏为始，午后携茶钱数文，轮流看戏，名之曰放工。无知少年，挨肩擦臂，对进对出，举过若狂，其流弊不可言状。……嗟嗟谁无子弟，谁无妇女，至流俗若斯之极！又不止以有用之钱财，填无底之沟壑矣！守土者虽于庙会所在，亦严禁醺酒赌博并妇女入寺烧香以及扮演灯戏各弊端，而在社者视为具文，正覆无所忌惮。此风将何所底止耶？清流者寻其源，安得谓其故习也而忽诸。

张曾认为男女同席，鞋子混杂在一起，实在是不成体统。看戏有碍男女大防，伤风败俗。

从以上记载可见归化城乡的行社利用唱戏铺张浪费，城里的商人在戏园酒馆中恣意享乐以及借“踩青儿”追求声色、淫靡之风由来已久。

七、新时代的勃发

在今天的呼和浩特，大盛魁已经成为一个神话，寄托了本地人的些许自豪与骄傲。是的，以大盛魁为代表的老一代商人曾经在这里创造了惊天动地的商业奇迹。从阿拉坦汗开始到茶叶之路的全线开通，400多的商业历史使呼和浩特积淀了太多的商业因素、商业经验和商业智慧。虽然很多过去的商业字号不见了，但是商业智慧和商业冲动没有消失。它们作为宝贵的城市基因保存了下来。一旦时机成熟，它们就会发挥作用，就会显示力量。

事情果然让我言中了！20世纪80年代，当改革开放的号角吹起的时候，呼和浩特的商业冲动就按捺不住了。首先是药品销售大军的崛起。数以十万计的呼和浩特人聚成一个团体，把药品销售当作突破口，四面出击，所向披靡！不久，平地冒出了上市乳品企业伊利，紧跟其后的是蒙牛。于是，药品、现代牧业、羊绒、乳品、肉食品加工、蒙餐等行业逐渐形成一支支骁勇善战的商业大军，从西到东席卷内蒙古全境，进而在全国掀起一股内蒙古的商业浪潮。财富在新浪潮中迅速积累，呼和浩特百业俱兴，唱起了新的财富之歌。其中，乳业是这一经济浪潮中激荡出的最美的浪花。现如今，“中国乳都”已经成为呼和浩特的别名。商城呼和浩特再一次以商业兴盛和非凡的创造力而名扬天下！鄂尔多斯羊绒在国内上市、伊利在国内上市、蒙牛在香港上市、小肥羊在香港上市、现代牧业在香港上市、永业集团在美国纳斯达克上市……各地的民族文化用品店、奶食品店、奶茶馆、蒙餐餐厅等宛若雨后春笋般地冒出来，呈现出一派生机勃勃的景象。

商城呼和浩特潜在的能量终于在新的历史时期爆发了！

众所周知，城市是经济的载体，无论是过去还是现在都是如此。经济竞争是城际竞争，而城与城之间的竞争又决定着区域经济发展的命运，直至决定一个国家的命运。

经济发展状况决定呼和浩特的命运。数百年来，以呼和浩特为中心，囊括东西南北诸多城市，借助茶叶之路，形成了自己的经济板块。这个板块在数百年里逐渐发展成熟，业已成为黄河中游辐射东西南北的最重要的支点和节点。开放时间早、开放程度高、高度商业化、具有某种国际品格是它的特征。

围绕着呼和浩特已经有一个分布甚广的城市群，城市间分工竞争，功能互补，农业、牧业、制造业、零售业、运输业、金融业、外贸、加工业等已经成为一个整体。每个城市都有自己的城市定位以及这个定位下的成长史，它是区域经济发展的决定因素，也是促进国家经济社会发展的重要因素。这种一体化包含了经济学意义上的公平和效率，加强了城市之间的交流与合作，降低了流通成本。作为商业中心、政治中心、藏传佛教中心和经济中心，呼和浩特也将进一步巩固自己北方中心城市的地位。

有朋友问我为什么痴迷于这座城市。我的回答是我出生在这座城市，生长在这座城市。这座城市的文化塑造了我的文化人格，这座城市的商业文化历史赋予了我几乎所有文学作品和史学作品的素材。如果我对她不能心怀感念，那肯定是我的耻辱。这就是我痴迷呼和浩特、感恩呼和浩特、研究呼和浩特的理由。

作者的话

本书写作过程中学习和参考了前辈和同代学者荣祥、郭象亟、刘映元、巴伊科夫、珠荣嘎、卢明辉、马逵英、代林、曹梦麟 、郎正之、钱占元、白燎原、甄可君、尹世华、沈世德、贾汉卿、云占鳌等人的文章，在此一并致谢！这些前辈和同代学者做出的贡献应该被历史永远铭记！